Los Negros Brujos

Colección

EBANO Y CANELA 2

Director: ALBERTO N. PAMIES

EDICIONES UNIVERSAL, Miami, 1973

FERNANDO ORTIZ
Profesor de Derecho Público de la Universidad de La Habana

HAMPA AFRO-CUBANA

Los Negros Brujos

(Apuntes para un Estudio de Etnología Criminal)

(con una carta prólogo de Lombroso)

Prólogo por:

Alberto N. Pamies

P. O. Box 353 (Shenandoah Station)
Miami, Florida 33145. U.S.A.

© Copyright 1973 by María Herrera
Vda. de Ortiz

Portada por RICARDO VIERA

Impreso en los EE. UU.

New House Publishers, Miami, Florida 33135

Caminante, son tus huellas
el camino, y nada más;
caminante, no hay camino,
se hace camino al andar.

Al andar se hace camino,
y al volver la vista atrás
se ve la senda que nunca
se ha de volver a pisar.

Caminante, no hay camino,
sino estelas en la mar.

Antonio Machado

Antonio Machado "Campos de Castilla:
Proverbios y Cantares XXIX" en
Poesías Completas de Antonio Machado
Madrid, Espasa-Calpe, S.A. 1969, p.158.

"... Difundir más y más el conocimiento del atavismo religioso que retrase el progreso de la población negra de Cuba, digno de todo esfuerzo que se haga por su verdadera libertad: la mental".

Fernando Ortiz

PROLOGO

La presente colección, en su "propósito de divulgar con perspectiva suficiente una de las modalidades más genuinas de la literatura hispanoamericana", aquella que ha recibido denominaciones tales como afroamericana, afroantillana, negroide y otras, presenta en este volumen la obra del notable antropólogo y etnólogo cubano Don Fernando Ortiz, intitulada *Los Negros brujos* (1906).

En parte obedece esta presentación al cumplimiento de un compromiso moral nacido de mi admiración hacia Don Fernando, y en parte a la convicción de que la valorización de los autores que irán apareciendo en esta serie no ha alcanzado, hasta el presente, el nivel que tanto la producción como los productores merecen.

La originalidad del proceso de esta expresión artística, sus multifacéticas proyecciones de fondo y forma, el impacto y alcance de este arte en la difusión de un mensaje de intermitente tónica social, no ha tenido la necesaria divulgación, para que sus méritos sean justamente apreciados. Agentes directos y reflejados en esta fase de la ciencia y del arte han constituido, y constituyen aún, elementos vivos de una cultura, una sociedad, una civilización, una forma de vida, que se ha agitado y se agita, buscando el camino de superación que les asimile al engranaje social que el período cronológico de sus vidas les ha asignado en el mundo. Tanto estos autores, como sus agentes motivadores, han sido enfocados a través de prismas emocionales, condicionados a prejuicios y partidarismos.

La ciencia antropológica y social, tanto como el arte literario y pictórico, han ido cristalizando fragmentos inarticulados de cuya unión se podría obtener uno de los más sólidos pilares en que apoyar la monumental tarea reinvindicadora y de superación de una raza que, por fuerza natural del universo, y para equilibrio de la sociedad, ha de adscribirse a la vida como impulsión del hombre, fuerza física y espiritual que por tanto tiempo ha permanecido y permanece todavía en menor escala, en potencia más que en existencia, en embrión más que en organismo desarrollado.

Ya en 1906 comienza el doctor Ortiz a "hacer camino al andar", y nos señala este camino en el prólogo de *Los negros brujos* al decirnos que:

> "La observación positivista de las clases desheredadas en tal o cual aspecto de la vida, y los factores que le impiden un más rápido escalamiento de los estratos superiores, forzosamente ha de producir el efecto benéfico de apresurar su redención."

Hagamos hincapié en la idea de "positivismo" y la de "rápido escalamiento". Mirar a una realidad, y verla tal cual es, es una actitud positivista. Por negativa que sea una realidad, por grande que sea un problema, el primer paso en busca de su solución está en aceptar esta realidad tal cual es, este problema como lo que realmente es, y en todos sus componentes parciales, tales como realmente son. No es agradable escrutar en la llaga. Amarga y dolorosa es la experiencia para los escrutados y el escrutador; pero es innegable que este dolor se justifica en su esencia. No hay lenitivo para enfrentarse con la realidad, y evadirla no es cambiarla. La verdad *negra* tiene su realidad, y esa realidad tiene sus raíces por las cuales se nutre. Hasta esas raíces hay que ahondar si queremos extirpar las dañinas y fortalecer las saludables, y esto es precisamente lo que hace el doctor Ortiz en sus "negros brujos" al estimar lo necesario que es:

> "...Difundir más y más el conocimiento del atavismo religioso que retrase el progreso de la población negra de Cuba, digna de todo esfuerzo que se haga por su verdadera libertad: la mental."

Sólo a la religión se refiere el aserto del etnólogo cubano al señalar esta necesidad de "difusión", pero su mensaje fue bien interpretado. El movimiento de vanguardia captó la onda, amplificándola y repercutiéndola en los ámbitos de la poesía, la prosa, la pintura y la escultura, e interpretando en un arte único, ya no cubano, ya no antillano, ya sí de autoctonía americana y de proyección universal, el calvario-conflicto del negro y del mulato en su ascensión por la escala de la dignidad social. Las voces de Ballagas, Cabrera, Guirao, Guillén, Palés, Pereda, Vizcarrondo, Cabral y más, han percutido entrañablemente este mensaje en su tónica socio cultural. Converger miradas hacia ciencia o arte que tenga como eje la expresión del negro en su vida, en sus valores o desvalores, directa o indirectamente, pura o "amulatada", revitalizar los ímpetus de aquellas voces de los veintes y los treintas, contribuir al eslabonamiento de una cadena unificadora de "libertades", mirar bajo un prisma de "observación positivista" es "continuar haciendo camino al andar".

Los negros brujos, Los negros esclavos y *Los negros curros* ([3]) del doctor Ortiz, formarían una trilogía científica complementaria de gran utilidad para el estudio de lo artístico y lo literario afroamericano. Responde esta trilogía a un interés y enfoque más científico que artístico, más correctivo que creacionista; y no obstante, sin detenernos a hurgar escrupulosamente, podemos detectar en estas obras una búsqueda de la explicación de muchos de los "porqués" clamados por los negrigenistas. Así, pues, se encuentra en *Los negros brujos* que los estudios de delincuencia de la raza negra de Cuba, durante cierta época, son intentos aclaratorios de antecedentes explicativos de formas de vida provocadas por una herencia ancestral religiosa, que se va "transculturando" dentro de una sociedad cuya savia religiosa está medularmente polarizada con la de esa herencia.

La negatividad de la circunstancia del negro resalta en algunas obras de Ortiz en forma tal, que ha llevado a la crítica a enjuiciar duramente al autor por la presentación descarnada de realidades valoradas como negativas para la superación de la raza negra. Si el etnólogo y el antropólogo han revelado estos aspectos, exponiéndolos con la mayor sinceridad, el poeta, el novelista y el pintor los han reproducido en formas que a ras de piel pudieran ser consideradas negativas. Vemos a veces al negro sumergido en tonos de burlas, rodeado de ignorancia, de pseudovalores, de amargo humorismo, y todo esto nos da la impresión de ir por un camino que se aleja más y más de la dignidad humana, de la dignidad de la raza negra; pero es que, como ya dijimos en párrafos anteriores de este prólogo, la realidad de fondo no se puede evadir sin alterar la realidad en sí. Una situación puede resultar trágica o cómica en apariencia y no serlo en sustancia. La resignación acepta negatividades con un cierto "humorismo evasionista". Es este humorismo en muchos casos, un escape espiritual de esa verdad negra, no ya sólo de color, sino también de raza y clase; esa verdad que la propia sociedad ha forzado en la subconciencia del individuo, que la ve o que la siente, ya sea negro o no, y cuya oscuridad se trasluce al reflejarla. De esta visión negativa y su consecuente crítico, veamos lo que nos dice, autorizadamente, por su doble posición de agente directo y reflejado, Gastón Baquero:

> "...Para anular al negro se emplearon otros métodos. Veámoslos de pasada, pues uno de ellos fue la titulada 'poesía' negra." [4]

Establecida esta base, que sigue como orientación el paralelismo existente entre la condición social del indio sudamericano y el negro americano, continúa hablando de métodos empleados para anular al negro, y señala "la risa", común denominador de la burla, como método "decisivo" para lograr esta anulación, "al indio se le elimina aislándolo, y al negro, riéndose".[5]

Parece indiscutible que los casos risibles son frecuentes, particularmente en cierta fase, la que pudiéramos llamar "populachera" de este género, que encontramos en la poesía afrocubana, y con matices más tenues en la de Puerto Rico. Nos dicen Eugenio Florit y José Olivio Jiménez aludiendo a Palés Matos que:

> "...La fundamental visión estética de ese mundo negro que en Palés Matos se da, tanto en sus magníficos poderes de creación rítmica y de sen-

sual metaforismo... como en, ..."los contenidos morales y sociales en él latentes, sin olvidar las hondas causas humanas y culturales que sostienen aquellos contenidos. Estos últimos aspectos explican particularmente, el gesto irónico, el matiz humorístico y el pesimismo básico de parte de su obra..."[6]

Martha E. Allen [7] ve a Nicolás Guillén como "poeta de lucha, de protesta"; como poeta "de realidad cotidiana". Podemos llegar a una síntesis de conceptos si nos apoyamos en lo de "la realidad cotidiana" y "la idiosincrasia especial", elementos integrantes de esa amalgama social que es nuestra América, con sus risas y sus llantos, con sus intangibles dilemas espirituales y con sus materiales necesidades de vivir.

"El arte de Lam jamás ríe del imponente misterio, ni trata de trocar en desprecio burlón lo que *debe ser temor reverencial*" [8] ... opina Ortiz. "...En este pintor cubano coinciden las (citadas) corrientes de escuela, que él dominó en París, con ciertos elementos afroides que (él) sentía consigo y que sólo pueden asimilarse en una convivencia mental con ellos, tan prolongada e intensa que haya llegado a *sedimentarlos en la subconciencia*". [9]

Podríamos pensar que Don Fernando se refiere aquí al atavismo o a la herencia ancestral, y que la nota positivista se expresa al exponernos que:

> "...Las musas de Lam son, las del misterio, pero en éste una luz, un ojo, un elemento germinal, un ánima viva, aunque sea un "ánima sola" que en fuego purgatorio sufre, sabe... ama... y *espera una gloria segura*. [10]

En 1936 vemos que el camino andado por Don Fernando en la búsqueda de la reivindicación de la raza negra señala nuevas sendas. El tono, ante la indiferencia de artistas e intelectuales, es ahora duro, acusatorio:

> "Cuba tiene todavía un tesoro abandonado, por el blanco que lo ignora, por el negro que lo esconde, por el presuntuoso ignorantón que lo desprecia." [11]

La aguda observación del escritor ha puntualizado. Parece ser otra exhortación, no ya referente al atavismo religioso de que habló en 1906, ni sobre la necesidad de liberación "mental" del negro de su confusión religiosa, sino tocante a una forma difusora de vigoroso poder comunicativo, la llamada por él "poesía mulata". El "modo negro", como opinó Guirao, "...puede, hermanado a la sensibilidad criolla, integrar la gran poesía vernácula..." [12]

Hoy nos parece sentir resonando el eco de aquellas palabras del doctor Ortiz del año 36, cuando uno de sus críticos más mordaces, tal vez el más acérrimo, Gastón Baquero, repite la idea de Don Fernando extendiéndola sobre un más amplio territorio antillano y continental. Nos dice Baquero:

> "...Los grandes poetas de toda la región antillana, no sólo de Cuba, volvieron de espalda al negro y a sus temas. Se sentía como vergüenza de tenerlo allí, tan inferior él..., ...y los mismos negros y mulatos, ya en Cuba, ya en Puerto Rico o Santo Domingo, ya en tierra firme, en cuanto se refinaban un poco se volvían poetas cultos, afiliados a las tendencias generales, y no tenían nada que ver con la realidad étnica, ni con los problemas que ésta implica en Hispanoamérica." [13]

Don Fernando Ortiz ha muerto. Su huella queda estampada, firmemente, con huellas de otros, que como él, "seguirán haciendo camino al andar"...

Es ambición nuestra rendir homenaje póstumo a este pionero del negrigenismo cubano. La colección "Ebano y Canela" se honra con devolver a la luz pública el libro de Don Fernando *Los negros brujos*, obra con la que profundizó el surco hasta alcanzar "la raíz dañina", en su incansable andar de buscador de libertades.

Quede constancia de nuestro grande y sentido reconocimiento a su viuda, Doña María Herrera de Ortiz, por habernos proporcionado la oportunidad de "seguir haciendo camino" hacia una positiva valorización del negro en América.

II

Don Fernando Ortiz: negrigenista cubano.

Entre las numerosas presentaciones que se han escrito de Don Fernando Ortiz, en distintas épocas de su vida, notamos ciertas líneas direccionales comunes que sitúan en un primer plano, en foco diáfano y firmemente perfilado, las características que más distinguen la obra cultural de este hombre extraordinario: la enorme erudición y la penetrante agudeza de observación del investigador cubano.

Su legado cultural, producto de un feliz acoplamiento de su tenacidad, clara visión e inteligente persistencia en el logro de los objetivos señalados, ha hecho de este científico escritor uno de los más grandes contribuyentes de todos los tiempos a la intelectualidad cubana; y sin lugar a dudas, el mayor contribuyente de estudios sobre la "cubanía" negra en el presente siglo. Aún a la hora de su muerte, 10 de abril de 1969, nos deja en preparación dos obras que esperamos algún día ver póstumamente publicadas bajo su nombre y en su memoria, por aquellos a cuyas manos ha llegado este valioso tesoro. Me refiero a *Los negros curros* y a "los negros de España". *Los negros curros* constituirían el tercer miembro de la trilogía que comenzó en 1906 con su libro *Los negros brujos* y continuó en 1916 con la publicación de *Los negros esclavos*. La muerte determinó que él no viera impresa su obra *Los negros curros* cuando muy poco faltaba para que sus "hojitas", como las llamaba, se convirtieran en la que tal vez hubiera sido, teniendo en consideración su madurez, su experiencia, su prolongada investigación, y la vigencia del sujeto, el negro, en la problemática social del presente, otra obra cumbre de su talento.

Sobre el legado cultural de Don Fernando, hace atinada observación Salvador Bueno en su escrito "En la muerte de Don Fernando Ortiz" al señalar que:

"Las nuevas generaciones deben conocer y estimar a este intelectual que, frente a la indiferencia y aún a la hostilidad, dedicó toda su vida a esclarecer no sólo la composición étnica y social de nuestro país, sino a examinar los rumbos y trayectoria de nuestra existencia como pueblo." [14]

La preclara visión del futuro, así como la multiplicidad de su producción, impresionan también, vigorosamente, a los que le conocen. Ya en 1946, Pedro Manuel Flores nos habla de la "tremenda capacidad de trabajo", "de la insaciable curiosidad intelectual", "de los impulsos dados a los estudios superiores", "del estímulo ofrecido a dos generaciones de intelectuales..." Unos años más tarde. Lino Novás Calvo, en su "Mister Cuba" [15] nos reitera este dinamismo de Don Fernando y lo retrotrae al significativo año 1914. Se refiere al discurso de Ortiz "Seamos hoy lo que fueron ayer", en el cual éste invoca a los cubanos a seguir el ejemplo de los grandes progresistas del Siglo XIX, aquellos hombres que "estableciendo revistas, periódicos, escuelas, universidades, museos, jardines botánicos, becas; importando profesores; y publicando libros y trabajos sobre problemas cubanos nos enseñaron cómo el trabajo de un grupo de hombres de fe puede tallar un pueblo y una nacionalidad en una colonia explotada". [16]

No predica Don Fernando sólo con la palabra. Bajo su enérgica iniciativa toman cuerpo importantes organizaciones culturales y científicas, y adquieren frescos bríos otras ya existentes. Podemos contar entre unas y otras, la Sociedad Económica de Amigos del País, la Hispano Cubana de Cultura, la de Estudios Afro-cubanos, la Alianza para un mundo libre, y varias más. Funda o colabora en revistas, *Surco, Ultra, Bimestre Cubana, Estudios Afro-cubanos, Archivos del Folklore Cubano* y edita dos valiosas colecciones, "Colección de libros inéditos y raros" y "Colección de libros cubanos". Ya en 1946, en la clasificación de sus obras se podían notar siete campos primarios del saber. [17] Su bio-bibliografía, publicada en 1970, sólo un año después de su muerte, cuenta de 250 páginas, y constituye uno de los más recientes testimonios de la gigantesca obra de este escritor. [18]

De la importancia del aporte de Don Fernando al estudio del negro y su cultura, eje central de nuestra colección

"Ebano y Canela", hace una relevante síntesis Salvador Bueno en el párrafo que reproducimos a continuación:

"Ya desde Los negros brujos (1906), que tiene prólogo de Lombroso, había iniciado sus estudios sobre la población cubana negra. Pero de ese examen meramente criminológico pasará a análisis de mayor profundidad y perspectiva. Será el primero que estudia científicamente los aportes culturales africanos traídos por los esclavos negros. Debía analizar todas las facetas de esa aportación en el campo de la música, el baile, la religión, el lenguaje, para obtener clara visión de cómo se fusionaban, ligaban y mezclaban con los aportes blancos, europeos, y daban floración a una nueva cultura criolla cubana. En definitiva declaraba: 'Sin el negro, Cuba no sería Cuba. No podía, pues, ignorarlo'. De ahí brotan sus estudios magistrales de índole social e histórica como *Los negros esclavos* (1916), de carácter lingüístico como *Glosario de afronegrismos* (1924), los amplios trabajos de penetración etnográfica y folklórica: *La africanía de la música folklórica de Cuba* (1950) y los cinco monumentales temas de *Los instrumentos de la música afrocubana* (1952-55). Tales investigaciones suscitan admiración en los círculos especializados de todo el mundo. Alfred Metraux, el conocido etnólogo, dice: 'Ha realizado Fernando Ortiz una obra documental que es muy útil a todos los que se especializan en los estudios afroamericanos. En cuanto a mí concierne, me ha resultado indispensable.' ". [19]

En su vida de defensor de libertades, es el racismo una de las debilidades sociales que ocupan su energía con preferencia. Su equipo constructivo y sus armas de combate los provee la ciencia. De ese interés suyo por los derechos del hombre negro cubano, y las causales que le impiden disfrutar esos derechos, surgen estudios, artículos, polémicas. Su posición contra "cualquier discriminación racial" le acarreará conflictos. El lo sabe, pero dice: —No me arredra".

En 1928, en Madrid, su palabra levanta conciencias cuando declara: "Ni racismos ni xenofobias". En 1942, en su ensayo titulado "Por la integración cubana de blancos y negros", encontramos un resumen de su actitud "contra toda discriminación". En 1949, el 19 de mayo, en el Club Atenas de La Habana, expone a su auditorio la base científica del antirracismo, en la conferencia titulada "La sinrazón de los racismos". [20] Las ideas de esta disertación ya habían sido ampliamente desarrolladas en su libro *El engaño de la raza* (1946), publicado por la Editorial Páginas.

Ni los años, ni las paradojas de la vida, ni los achaques de la edad, lograron mellar la jovialidad que vitalizaba aquella siempre alerta, siempre clara, siempre abierta, mente de Don Fernando. Aún en los últimos meses de su vida, sabemos por conversaciones con su esposa e hija, de las palabras de consuelo y de razón con que él, el que se iba, las alentaba a ellas, las que se quedaban. Poco se habla de esta faceta tan humana de la personalidad del escritor. Alfonso Reyes observa en este sentido que "el estudio no lo aisló del mundo", "es sabio en el concepto humanista y también en el concepto humano", "su sencillez está hecha de señorío natural, su firmeza ignora la adustez, si bien puesto a la obra, no se perdona esfuerzo alguno ni se consiente la menor negligencia". ¿Es que la colosal estatura del hombre de estudios ha cubierto con su sombra estas cualidades espirituales de Don Fernando? Quien medita sobre toda una larga vida dedicada a defender al desvalido abogando por la libertad y la justicia, no puede menos que pensar que su semblanza permanece todavía inconclusa...

III

FERNANDO ORTIZ y *Los negros brujos*

Observaciones del editor.

Reproducimos a continuación fragmentos de la conferencia que el Dr. Ortiz pronunció en el Club Atenas, La Habana, el 12 de diciembre de 1942, e insertamos también, opiniones de crítica y evaluación de la obra. Ordenamos este material, enunciándolo, a fin de que el lector pueda seguir, con mayor eficacia, el proceso de gestación y cristalización de *Los negros brujos*; obra que señalamos como principio de la sólida cadena "negrigenista" eslabonada por Don Fernando en el estudio del negro cubano. [21]

Antecedentes del negrigenismo cubano.
"...Sin el negro Cuba no sería Cuba. No podía, pues, ignorarlo. Era preciso estudiar ese factor integrante de Cuba; pero nadie lo había estudiado y hasta parecía como si nadie lo quisiera estudiar..."

"...Había literatura abundante acerca de la esclavitud y de su abolición y mucha polémica en torno de ese trágico tema, pero embebida en otros mitos, políticas, cálculos y romanticismo..."

"...Había también algunos escritos de encomio acerca de Aponte, de Manzano, de Plácido, de Maceo y de otros hombres de color que habían logrado gran relieve nacional en las letras o en las luchas por la libertad; pero *del negro como ser humano, de su espíritu, de su historia, de sus valores positivos y de sus posibilidades sociales... nada.*" (La cursiva es del editor).

Circunstancias sociales del momento.
"...Hasta hablar en público del negro era cosa peligrosa, que sólo podía hacerse a hurtadillas y con rebozo, como tratar de la sífilis o de un nefando pecado de familia."

"...Hasta parecía que el mismo negro y especialmente el mulato, querían olvidarse de sí mismos y renegar de su raza, para no recordar sus martirios y frustraciones, como a veces el leproso oculta a todos las desgracias de sus lacerinas."

Circunstancias culturales
"...Comencé a investigar, pero a poco comprendí que como todos los cubanos, yo estaba confundido. No era tan sólo el curiosísimo fenómeno de una masonería negra lo que yo encontraba, sino una complejísima maraña de supervivencias religiosas procedentes de diferentes culturas lejanas y con ellas variadísimos linajes, lenguas, música, instrumentos, bailes, cantos, tradiciones, leyendas, artes, juegos y filosofías folklóricas; es decir, toda una inmensidad de distintas culturas africanas que fueron traídas a Cuba, harto desconocidas para los mismos hombres de ciencia..."

"...Y todas ellas se presentaban aquí intrincadísimas por haber sido trasladadas de uno a otro lado del Atlántico, no en resiembra sistemática sino en una caótica transplantación, como si durante cuatro siglos la piratería negrera hubiese ido fogando y talando a hachazos los montes de la humanidad negra y hubiese arrojado, revueltas y confusas, a las tierras de Cuba barcadas incontables de ramas, raíces, flores y semillas arrancadas de todas las selvas de Africa..."

La brujería, preocupación central
"...La llamada brujería en Cuba era sobre todo un complejo de religiones y magia africanas mezcladas entre sí, y con otros ritos, leyendas hagiográficas y supersticiones de los católicos y con las supervivencias del paganismo precristiano que entre nosotros se conservan..."

Clasificación de la obra por el autor
Los negros brujos, ...Un breve ensayo de investigación elemental acerca de las supervivencias religiosas y mágicas de las culturas africanas en Cuba, tales como eran en realidad y no como eran aquí tenidas.

Reacciones al libro de la sociedad cubana de la época
"...Para los blancos aquel libro sobre las religiones de los negros no era un estudio descriptivo, sino lectura pintoresca, a veces divertida y hasta con punto de choteo. A los negros les pareció un trabajo exprofeso contra ellos, pues descubría secretos muy tapados, cosas sacras de ellos reverenciadas y costumbres que tenidas fuera de su ambiente por bochornosas, podían servir para su menosprecio colectivo. Sentí yo esa hostilidad muy de cerca, pero no me arredró..."

Evolución de la actitud del negro cubano
"...Pasaron los años y seguí trabajando, escribiendo y publicando sobre temas análogos. Como que no había acritud despectiva alguna en mis análisis y comentarios, sino mera observación de las cosas, explicación de su origen étnico y de su sentido sociológico y humano, y además su comparación con idénticos y análogos fenómenos presentados en el seno de las culturas típicas de los blancos según los tiempos y los países, a la hostilidad prejuzgadora que me tenía la gente de color, sucedieron después el silencio cauteloso y la actitud indecisa y una respetuosa cortesía, mezcla de timidez, de disculpa y de demanda de favor.

No gustaba que yo publicara esos temas, pero no se me combatía en concreto..."

Aceptación de realidades

"...Hoy día (1942) ya la confianza en las investigaciones etnográficas va creciendo y existe en Cuba una minoría escogida, consciente, capacitada y con visión clara hacia lo futuro, la cual comprende que la única vía de liberación contra todos los prejuicios está en el conocimiento de las realidades, sin pasiones ni recelos; basado en la investigación científica y en la apreciación positiva de los hechos y las circunstancias..."

Dificultades para "hacer camino"

"...Desde hace cuarenta años me hallo en labor exploradora, de clasificación y de análisis, por esa intrincadísima fronda de las culturas negras retoñadas en Cuba, y de cuando en cuando he ido dando algo a luz, como débil muestra y ensayo de lo mucho que *puede hacerse y está por hacer* (subrayado del editor) en ese campo de la investigación, aún casi sin explorar..."

Dos opiniones sobre el libro. [22]

"Es un libro que se lee sin sentir, o lo que es lo mismo, con verdadero gusto. Está hecho a conciencia sin haber perdonado medios de informarse bien. La observación personal, el auxilio, el conocimiento de una copiosa literatura concerniente a diversos asuntos directa o colateralmente relacionados con el principal, todo ha sido aprovechado. La argumentación además está bien entretejida y ordenada, con intercalación y acompañamiento de muchas notables y agudas observaciones psicológicas, religiosas, antropológicas, criminológicas, etc. Se advierte también que el autor tiene el temperamento sólido de un hombre de ciencia. A lo que conviene añadir que escribe suelta y literariamente." Pedro Dorado Montero.

"Son materiales asombrosamente ricos, escogidos con aplicación y perspicacia de las más meritorias. Valioso además por sus numerosas observaciones psicológicas que acompañan e ilustran la exposición de los hechos." Max Nordau.

Alberto N. Pamies

IV

Cronología selecta de Don Fernando Ortiz Fernández.

1881. Nació en la calle San Rafael No. 148 esquina a Lucena, en la ciudad de La Habana, el día 16 de julio, hijo de Don Rosendo Ortiz y Zorrilla, montañés, y de Josefa Fernández y González del Real, habanera.

1882-1900. Su madre lo llevó a Menorca donde transcurrió su infancia y primera juventud. Terminó sus estudios de bachillerato en Mahon (1895) y regresó a su patria. En la Universidad de La Habana estudia Derecho. Vuelve a España. Estudia en la Universidad de Barcelona y se gradúa de Licenciado en Derecho (1900).

1901. Estudia en la Universidad de Madrid (Filosofía del Derecho Jurídico, Legislación Comparada, Historia de la Literatura Jurídica e Historia del Derecho Internacional). Recibe el Doctorado en Derecho.

1902-1905.—Vuelve a La Habana. Termina sus estudios en la Universidad. Entra en el servicio consular y ejerce en la Coruña, Génova, Marsella y París. En Italia estudió criminología y fue amigo de César Lombroso y de Enrique Ferri.

1906. Publica en la ciudad de Madrid *Los negros brujos,* primera parte de su Hampa Afrocubana, apuntes para un estudio de etnología criminal, con una carta prólogo del criminalista César Lombroso.

1907-1915 Ingresa en la Sociedad Económica de Amigos del País (1907). Se casó con Esther Cabrera (1908) y de cuyo matrimonio nació su hija Isis. Fue profesor por oposición durante nueve años de la Facultad de Derecho Público de la Universidad de La Habana. Delegado Oficial de Cuba en el Primer Congreso Internacional de Ciencias Administrativas (Bruselas). Publica "Las rebeliones de los afro-cubanos" (1910) y "Entre cubanos, psicología tropical" (1913, París). Pronuncia su discurso "Seamos hoy como fueron ayer" (1914). Participa en la Universidad Popular (1914) y en política (1915).

1916. Publica *Los negros esclavos,* segunda parte de Hampa Afrocubana; estudio sociológico y de derecho público.

1917-1923. Representante a la Cámara (hasta 1927). Partido Liberal. Junta Cubana de Renovación Cívica. Sociedad de Folklore Cubano. Publica: "La fiesta afro-cubana del 'Día de Reyes' ", "Los Cabildos Afrocubanos", *Un catauro de cubanismos, En la Tribuna.*

1924. Publica *Glosario ds Afronegrismos,* un estudio de lingüística, lexicología, etimología y semántica.

1925-1936. Ponencia oficial del "Proyecto de Código Criminal Cubano". Participa en la Tercera Conferencia Panamericana en Washington y es delegado a la Sexta, en La Habana. Funda la Institución Hispano Cubana de Cultura. Viaja por Europa. Desterrado voluntariamente en Washington (1931-1933). Funda las revistas *Surco* (1930) y *Ultra* (1936).

1937. Funda la Sociedad de Estudios Afro-cubanos en La Habana...

"El objeto de la Sociedad de Estudios Afro-cubanos será el de *estudiar con criterio objetivo* los fenómenos (demográficos, jurídicos, religiosos, literarios, artísticos, lingüísticos y sociales en general) producidos en Cuba por la convivencia de razas distintas, particularmente de la llamada negra de origen africano, y llamada blanca o caucásica, *con el fin de lograr la mayor inteligencia de los hechos reales, de sus causas y consecuencias,* y la mayor compenetración *igualitaria* de los diversos elementos integrantes de la nación cubana hacia la feliz realización de sus *comunes destinos históricos.* (De los estatutos de la sociedad. Subrayado del editor).

1940. Publica *Contrapunteo cubano del tabaco y el azúcar.*

1941. Organiza en el seno de la Institución Hispano Cubana de Cultura la "Alianza cubana por un mundo libre".

1942. Publica *Martí y las razas.* Siendo viudo se casa en La Habana con María Herrera y González de Salcedo.

1943-1944. Publica *Las cuatro culturas indias de Cuba.* Es Presidente del Instituto Internacional de Estudios Afro-americanos creado en México. Presenta varias ponencias para evitar el uso del vocablo raza en los documentos oficiales.

1945-1946. Publica *El engaño de las razas.* Representa a Cuba en el Congreso Internacional de Arqueología del Caribe en Honduras. Nace su hija María Fernández, el 16 de agosto de 1945.

1947. *El Huracán, su mitología y sus símbolos.* Editado en México.

1949. Representante de Cuba en el Congreso Indigenista Interamericano de Cuzco.

1950. *La Africanía de la música cubana.* *(La Africanía de la Música Folklórica de Cuba).*

1951. Los bailes y el teatro de los negros en el folklore de Cuba. Con prólogo de Alfonso Reyes. La Habana.

1952. *Los instrumentos de la música afrocubana.* (Trabajo en cinco tomos iniciado este año). Representa a Cuba en el Congreso Internacional de Americanistas en Oxford, y en el Congreso Internacional de Antropología y Etnología en Viena.

1954. Doctor Honoris Causa, Universidad de Columbia, junto con la poetisa chilena Gabriela Mistral (Premio Nóbel de Literatura en 1945) y otras personalidades mundiales. Congresos: Internacional de Americanistas, Internacional del Folklore (Sao Paolo), Indigenista Interamericano (La Paz).

1959. Publica *Historia de una pelea cubana contra los demonios.* Universidad de Las Villas.

1964. *Contrapunteo cubano del tabaco y el azúcar.* Reeditado por el Consejo Nacional de Cultura y la Universidad Central de Las Villas, Cuba.

1965. *Africanía de la Música Folklórica de Cuba.* Segunda edición revisada. Universidad Central de Las Villas, Cuba.

1968. Fue Delegado al Congreso Cultural de La Habana.
Durante los últimos años de su vida trabajó incansablemente hacia la publicación de sus próximos libros, particularmente en la tercera parte de *HampaAfro-cubana: Los negros curros.*

1969. Muere en La Habana, en su casa de la calle L esquina a 27, en el Vedado, el día 10 de abril, a la edad de 87 años.

Notas.

1 Fernando Ortiz Fernández, *Hampa Afro-cubana; Los Negros Brujos (Apuntes para un estudio de Etnología Criminal)*, Biblioteca de ciencias políticas y sociales (Madrid: Editorial América, 1917), p. 15. Todas las citas serán tomadas de esta edición.

2 Ortiz, *Los Negros brujos,* p. 18.

3 En el año 1911, aparece reseñado en *La Discusión* del 16 de febrero, el discurso pronunciado por el doctor Fernando Ortiz bajo el título de "Los negros curros'", título bajo el que iba a aparecer la tercera obra de su trilogía de estudios sobre "el hampa afro-cubana". En su obra *"Los negros esclavos"* (1916) al pie de la página 311 define a los negros curros como "...ciertos matones que infestaban la vida habanera del primer tercio del siglo XIX..."

4 Gastón Baquero, *Darío, Cernuda y otros temas poéticos* (Madrid: Editora Nacional, 1969), p. 211.

5   Gastón Baquero, p. 211.

6   Eugenio Florit y José Olivio Jiménez, *La poesía hispanoamericana desde el modernismo* (New York: Appleton-Century Crofts, 1968), p. 314.

7   Martha E. Allen, "Nicolás Guillén, poeta del pueblo", *Revista Iberoamericana*, 15, no. 29 (feb. julio, 1949), 31.

8   Fernando Ortiz Fernández, "Las visiones del cubano Lam", *Revista Bimestre Cubana*, 66, nos. 1, 2, 3 (julio-dic. 50), 257.

9   Ortiz . . . . . .

10   Ortiz, "Las visiones de Lam", 270.

11   Fernando Ortiz Fernández, "Más acerca de la poesía mulata; Escorzos para su estudio", *Revista Bimestre Cubana*, 38, no. 2 (marzo-abril '36), 226.

12   Ramón Guirao, citado en G. R. Coulthard, *Raza y color en la literatura antillana*, (Sevilla: Escuela de Estudios Hispanoamericanos de Sevilla, 1958), p. 45.

13   Baquero, *Darío, Cernuda y otros temas poéticos*, p. 228-229.

14   Salvador Bueno, "En la muerte de Don Fernando Ortiz", *Asomante*, San Juan, Puerto Rico, 25, no. 3 (julio-sept., '69), 31.

15   Lino Novás Calvo, "Mister Cuba", *Américas, Washington*, June, 1950, 6-8.

16   Novás Calvo, "Mister Cuba", 8.

17   Pedro Manuel González, "Cuba's Fernando Ortiz", *Books Abroad*, Norman, Oklahoma, 20, no. 1 (winter, '46), 12.

18   *Bio-Bibliografía de Don Fernando Ortiz*, Biblioteca Nacional José Martí, compilada por Araceli García-Carranza (La Habana: Instituto del libro, 1970).

19   Bueno, "En la muerte de Don Fernando Ortiz", 33.

20   Fernando Ortiz en *Contra la discriminación racial* (Club Atenas (La Habana: Edición del Club Atenas, 1950), pp. 8-27.

21   En el año 1905 Don Fernando Ortiz publica en Turín, Italia, "La criminalitá dei Negri in Cuba", trabajo que consideramos más como antecedente que dentro de su labor como negrigenista cubano.

22   *Bio-Bibliografía de Don Fernando Ortiz*.

Alberto N. Pamies.

La Magicienne.—Les Trophées.

CARTA-PROLOGO

Sr. D. Fernando Ortiz.

Distinguido abogado: He recibido su manuscrito, lo he leído y lo juzgo de un interés extraordinario, tanto, que debo rogarle se digne cederme para mi revista, el Archivio di Psichiatría, ecc., *su estudio acerca del suicidio en los negros, el de la criminalidad afro-cubana y también el del delito de violación de sepulturas.*

Me será grato asimismo recibir para el Archivio, *la traducción de los trozos más interesantes de su libro y la cesión de ciertas figuras.*

Creo acertadísimo su concepto sobre el atavismo de la brujería de los negros, aun en los casos en que se observan fenómenos medianímicos, espiritistas e hipnóticos, pues estos últimos eran también muy frecuentes en la época primitiva.

Sería interesante una investigación acerca de si los brujos presentan fenómenos medianímicos, espiritistas o hipnóticos, p. ej.: hacer mover una mesa, ver al través de los cuerpos, etc. Sería también utilísimo un análisis de las bebidas especiales usadas por los brujos.

Nada tengo que sugerirle respecto a sus futuros estudios de etnografía criminal, como no sea la adquisición de datos acerca de las anomalías craneales, fisonómicas y de la sensibilidad táctil en un determinado número de delincuentes y brujos, y en un número igual de negros normales.

Puede usted servirse de mis pocas líneas como quiera.

Agradeciéndole la consideración que le he merecido y augurándole un feliz regreso a su patria, me suscribo su admirador

CESAR LOMBROSO

Turín, 22 de Septiembre de 1905.

Partout je sens, j'aspire, á moi-mème odieux,
Les noirs enchantements et les sinistres charmes
Dont m'enveloppe encor la colère des Dieux...

      JOSE Ma. DE HEREDIA

La Magicienne.—Les Trophées.

ADVERTENCIAS PRELIMINARES

Sean mis primeras palabras para testimoniar al señor profesor César Lombroso mi cordialísimo agradecimiento por su benévolo juicio acerca del presente libro, honor éste inmerecido, que no puedo recordar sin emoción muy íntima. Solamente los que profesan con el fervor de los neófitos el credo de una escuela científica, joven, viril y noblemente audaz, pueden apreciar la intensidad del sentimiento de mi gratitud hacia el genio creador de la antropología criminal, por el espaldarazo de iniciación con que ha querido distinguirme armándome caballero de esa triunfadora cohorte de investigadores que lo aclaman sobre el pavés como caudillo y lo veneran como gran maestro.

* * *

He titulado *apuntes* al presente estudio, no por falsa modestia, sino porque, efectivamente, no es sino una recopilación de ellos. La dificultad de las investigaciones positivas en el ambiente del hampa; las relativamente escasas fuentes de estudio, la vastísima complejidad del tema, y mi ausencia de Cuba durante estos últimos tiempos, han impedido que mi estudio fuese más completo y acabado. En él hallará el lector, sin duda, numerosos huecos, muchos problemas no resueltos, otros observados sin la detención deseable y algunos esbozados apenas. Pero mi trabajo es de muy limitadas pretensiones, y si bien inicia el estudio metódico y positivista de la poliétnica delicuencia cubana, el modesto nombre que por esto pudiera ganarme únicamente se debería a la concomitancia de factores circunstanciales, que no al mérito de mis esfuerzos. No obstante doy a la Prensa mis apuntes, convencido de hacer obra útil, siquiera para alentar el trabajo de plumas mejor cortadas que la mía, que profundicen el estudio de ese campo inexplorado y fecundísimo en preciosas observaciones, cual es el de la mala vida cubana. La etnografía criminal está en sus inicios—especialmente con referencia al delincuente negro se ha hecho muy poco—y Cuba, en donde, en más o menos cercanas condiciones de ambiente, han podido determinar su delincuencia razas tan diversas como la blanca, la negra y la amarilla, ofrece una vastísima base de estudio superlativamente tentadora. A los cubanos pensadores toca roturarla y hacerle rendir los frutos que la ciencia tiene derecho a exigir de ella y de ellos.

* * *

Así como algunos erotómanos hallan en la contemplación de las figuras ilustrativas de los científicos tratados de anatomía descriptiva un incentivo para sus aberraciones sexuales, y algunas personas de impresionabilidad aguda no pueden soportar la descripción de ciertas enfermedades, así hay individuos que buscan en los libros acerca de la mala vida, una fuente de nuevos excitantes para sus vicios, y otros que no resisten su lectura sin sentirse asqueados ante la gangrena puesta en ellos al descubierto.

Aunque decir supersticiosos es decir ignorantes y éstos ciertamente no se complacen en hojear libros serios, no obstante, convencido estoy de que entre el bien llamado *vulgo culto* ha de haber alguien que al saber de una obra acerca de la brujería ha de procurarse su lectura por una curiosidad nacida de sus propias supersticiones. Por otra parte, algunos lectores, al recorrer las páginas de este estudio de patología social, no podrán reprimir una mueca de disgusto y hasta dudarán de la conveniencia de sacar a la luz semejantes úlceras de nuestro pueblo.

A unos y otros, a los que aún son supersticiosos y a los que no gustan de escenas repugnantes por la miseria moral que las informa, les recomiendo sinceramente que no pasen adelante en la lectura de mi trabajo. Los primeros no han de encontrar en él esas descripciones literarias de escenas misteriosas y envueltas en el velo de lo tenebroso, que tan profundamente sugestionan sus infantiles mentes, ni han de aprender secretos de la magia doblemente negra de los afro-cubanos, ya que me he ceñido a no citar otros hechos y datos que los exigidos para la apreciación sociológica del fenómeno estudiado y en forma que no se aparta de la precisa para servir de base a consideraciones positivas. Para los segundos he procurado disfrazar en lo posible la crudeza de ciertas necesarias observaciones; pero, no obstante, si no sienten afición a esta clase de lecturas, es inútil que intenten la de las páginas que vienen a continuación. Antes de que unos y otros lectores puedan reprochar al autor el haberles engañado acerca del carácter de su obra, se cree éste en el deber de hacer aquí las anteriores advertencias. Después de todo, los supersticiosos no habrán de elevar su mente con la lectura de este libro, ya que la derrota del miedo a lo desconocido y a lo sobrehumano puede producirla tan sólo una sólida cultura integral; ni los impresionables habían de perdonarme el haberles hecho descender conmigo a la observación del legamoso fondo salvaje de nuestro subsuelo social, olvidando quizás que para conocer y apreciar el grado de civilización ética alcanzado, nada mejor que volver la vista hacia los rezagados, hacia los infelices que, impotentes para trepar a un superior nivel moral, chapatalean en los lodazales del vicio.

* * *

El autor se cree también en la necesidad de hacer otra aclaración previa. Aunque no puede deducirse de sus afirmaciones, ni siquiera de los datos por él ordenados, una opinión racista que repugnaría a sus convicciones sociológicas, no obstante quizás del grupo de los que entre nosotros escriben o hablan para el público—especialmente desde las capas inferiores de ese reducido mundo, porque también el intelectualismo tiene su hampa—puede surgir una malintencionada voz que achaque a este libro conclusiones apasionadas y pugnantes con el sano juicio que merece la observación científica de todos los caracteres psico-sociológicos de la población cubana de color. Sin embargo, el estudio e interpretación del valor real, positivo o negativo, que para la evolución de la sociedad cubana tienen los múltiples y a menudo olvidados coeficientes que han determinado el estado actual de la raza negra en Cuba, de cada día más próspera y asimilable, no significa que los que en tal dirección acentúen sus esfuerzos intelectuales sea inspirados en impulsos bastardos, que serán ciertamente y en absoluto inmotivados.

La observación positivista de las clases desheredadas en tal o cual aspecto de la vida, y de los factores que les impiden un más rápido escalamiento de los estratos superiores, forzosamente ha de producir el efecto benéfico de apresurar su redención social. Así sucedió con los trabajos de los Pinel, los Esquirol, los Morel, etc., sobre los desgraciados locos—que si bien ya no morían como antes con la afrentosa coroza en las hogueras de los autos de fe, eran tratados aún como malhechores, como susceptibles de volverse cuerdos por la pena, según todavía recuerda el refrán popular—, los cuales trabajos el desarrollo de la psiquiatría que hoy exige que los alienados sean atendidos con la afectuosa tutela que merecen los enfermos y los niños. Así como los gigantescos esfuerzos de los Lombroso, los Ferri, los Lacassagne, los Tarde, los Dorado y de toda la falange de criminalistas modernos harán viables los idealismos de la teoría correccionalista, socavarán las inútiles prisiones y abrirán una era de tutelar tratamiento para los criminales —infelices que naufragan por la inestabilidad del esquife de su organismo, juguetes del enfurecido oleaje del ambiente; inocentes, sin embargo, de la defectuosidad del primero, que ellos no escogen al embarcarse para el viaje de la vida, y de la procelosidad del segundo, que ellos no motivan al tratar de fijarse un rumbo sin brújula y sin timonel.

Tómense, pues, las observaciones de este libro en el sentido real y desapasionado que las inspira, y rectifíquense si son equivocadas, y complétense si deficientes, que todo esfuerzo intelectual en pro del conocimiento científico del hampa afro-cubana no será sino una colaboración, consciente o no, a la higienización de sus antros, a la regeneración de sus parásitos, al progreso moral de nuestra sociedad y al advenimiento de esos no siempre bien definidos, pero no por esto menos nobles ideales que, incuba toda mente honrada y objetiva, polarizados hacia una corrección de la doliente humanidad, para que los egoísmos se refrenen y canalicen y los altruismos se aviven, y para que libres de prejuicios étnicos y de aberrantes factores artificiales de selección, la evolución superorgánica siga su curso determinado por las fuerzas de la Naturaleza, encauzadas por sentimiento de amor y cooperación universal, que no son todavía tan humanos como nos lo hace creer el orgullo de nuestra especie, demasiado adormecida por las ideas antropocéntricas que la han mecido durante tantos siglos.

Observemos con escrupulosidad microscópica y reiterada —*cum studio et sine odio*—nuestros males presentes, que la consideración de su magnitud nos producirá la pesadilla que ha de despertarnos más prontamente de nuestra modorra y nos ha de dar valor y fuerzas para alcanzar la bienandanza futura.

* * *

Hasta aquí, el prólogo de la primera edición de este libro. Hoy ve de nuevo la luz en la Casa *Editorial-América* de Madrid, después de varios años de estar agotado.

La dedicación del que suscribe a los estudios del *Hampa Afro-cubana* no ha cesado. Acaba de producir un libro: *Los Negros Esclavos*, y en breve concluirá otro: *Los Negros Horros*, y después habrá de terminar tres más: *Los Negros Curros, Los Negros Brujos*, y *Los Negros Ñáñigos;* todos ellos integrarán la serie titulada *Hampa Afro-cubana* que inicié en 1906 con la publicación de este libro que hoy de nuevo se edita, sin pensar en su refundición completa. *Los Negros Esclavos* y *Los Negros Horros*, son ampliación de lo que fue la primera parte de la presente obra. Esta queda reducida en la presente edición a la parte propiamente dedicada al estudio del fetichismo afro-cubano.

Queda intacta. Para tocarla y completarla con los datos acumulados en diez años sería necesario la refundición completa. Esta edición, pues, obedece a una insistente demanda de librería, que no permite esperar una labor extensa y difícil, como la refundición, forzosamente lenta.

Y el autor estima también oportuno difundir más y más el conocimiento del atavismo religioso que retrase el progreso de la población negra de Cuba, digna de todo esfuerzo que se haga por su verdadera libertad: la mental.

FERNANDO ORTIZ

Habana, 1917

CAPITULO PRIMERO

LA MALA VIDA CUBANA

I. Interés especial de su estudio.—Componentes étnicos de la sociedad de Cuba.—II. Condiciones sociales de las distintas razas. Su fusión parcial.—III. Fenómeno característico de la mala vida cubana.

I

El estudio de la mala vida habanera, y, en general, el de la cubana, ofrece un interés especial e indudablemente ha de ser fructífero, en igual grado que el conocimiento del hampa de las capitales americanas y europeas. Las grandes ciudades civilizadas se parecen todas, tanto en la mala vida como en la vida honrada de sus habitantes. En todas se descubren las mismas llagas de la mendicidad, en todas la repugnante gama de vicios sexuales se muestra completa, en todas la delincuencia habitual adopta formas parecidas... Dada la semejanza de los componentes sociales de las grandes poblaciones, no podía suceder diversamente. Los tipos de su mala vida han de parecerse, como los de su *vida buena*, pues así como la enfermedad se desarrolla según las condiciones fisiológicas del individuo en quien hace presa, así el hampa es un reflejo de la sociedad en que vegeta.

En cambio, entre los factores que han contribuido a fijar los caracteres de la mala vida en Cuba hay algunos que no se encuentran en las sociedades comúnmente estudiadas, factores que han contribuido de un modo especial a formar la psicología cubana, hasta en las más inferiores capas de nuestra sociedad. Por esta razón el estudio del hampa cubana en general ha de dar lugar a observaciones originales y ha de sacar a la luz tipos no conocidos fuera de Cuba, que se diferencian grandemente de los hampones de otros países.

Estos factores que se manifiestan de manera particular en la mala vida de Cuba y que determinan los caracteres distintivos de ésta, son especialmente antropológicos.

La observación de la composición étnica de la sociedad cubana, tan diversa de las europeas, basta para poner de manifiesto las diferencias que han de acentuarse en la mala vida de Cuba con relación a la de los demás países.

En resumen: puede decirse que tres razas, tomando esta palabra en su acepción clásica y más amplia, depositaron sus caracteres psicológicos en Cuba: la blanca, la negra y la amarilla, y si se quiere una cuarta, la cobriza o americana, por más que ésta ejerciera escasa y casi nula influencia.

La raza blanca entró en Cuba representada por los españoles de la conquista y por las sucesivas inmigraciones que importaron el temperamento, el grado de cultura, las costumbres y los vicios de los habitantes de las diversas regiones de España.

Los primeros colonizadores vinieron a las Indias como aventureros. Ellos trajeron con los prolegómenos de la civilización la impulsividad propia de su pueblo y profesión guerrera, impulsividad filtrada a través de ocho siglos de guerras incesantes. Expulsados los árabes y después los judíos, en Iberia sobraron una turba de nobles y soldados hambrientos, imposibilitados de continuar su vida azarosa y de adquirir tierras enemigas a botes de lanza, y un clero belicoso y de intransigencia exacerbada por la continua lucha con los infieles. El clero hizo presa en el pueblo harapiento, que se divertía con los autos de fe, y los aventureros de la guerra se alistaron en los tercios que corrieron por Europa o cayeron sobre las Indias, que los sustentaron parasitariamente. Consúltese el libro de Salillas, *Hampa*, para comprender en toda su extensión la psicología de los conquistadores españoles.

A Cuba llegó un puñado de esos audaces, castellanos y andaluces principalmente, en los que latía el heredado fervor bélico de las aún recientes guerras contra la morisma, a las que habían asistido muchos de ellos. El hecho de prohibir la Reina Católica, apenas verificado el descubrimiento, el pase a las Indias de los que fuesen castellanos (1), pero especialmente la circunstancia de monopolizar la navegación entre España y América el puerto de Sevilla hasta 1720 y después el de Cádiz hasta 1764, hizo que siguieran llegando a Cuba solamente españoles del sur de la Península, en los cuales el carácter impulsivo y el afán de lucro inmediato eran más agudos que en los habitantes del Norte, avezados al trabajo sedentario, después de varios siglos de vida relativamente pacífica. Tales aventureros vinieron a hacer fortuna sin trabajo; para librarse de éste sometieron a los indígenas, y la sumisión fue tan cruel, que a fines del siglo XVIII los aborígenes ya no existían (2) y sólo han dejado algunas huellas filológicas, principalmente en los vocabularios geográfico, zoológico y botánico regionales, y escasos restos arqueológicos. Para sustituir el trabajo del aborigen introdujeron ya, desde los primeros tiempos, la esclavitud negra, que les transmitieron los árabes. Las rebeliones de indios y negros fueron continuas; así que no faltó en Cuba ocasión para dar rienda suelta a los impulsos belicosos. Pero, no obstante, a los nobles y a los andaluces en general, que llegaron en los primeros siglos, se deben las costumbres gentiles y la esplendidez de la hidalguía castellana, que transmitieron a sus descendientes y que formaron la estratificación básica del carácter de las antiguas familias cubanas, así como otros muchos caracteres de nuestra psicología.

Al finalizar el siglo XVII, después de creados en 1764 por Carlos III dos correos mensuales entre los puertos de La Coruña y de la Habana, y después de declarada libre en 1774 la navegación entre siete determinados puertos de España y de la isla de Cuba, pero, sobre todo, después de las gestiones del cubano Francisco de Arango para la introducción de trabajadores blancos en 1794, iniciose la verdadera colonización de Cuba, y a la colonización principal-

---

(1) PREVOST, citado por BACHILLER y MORALES.
(2) Véase, sin embargo, lo que dice BACHILLER y MORALES en su obra *Cuba Primitiva*. Habana, 1883; pág. 258.

mente militar y burocrática de las regiones meridionales de la Península sucedió la agrícola de los hijos de Canarias (1) y la comercial e industrial de los naturales de las provincias gallegas, cantábricas (2) y catalanas (3).

Casi contemporáneamente con la raza blanca llegó a Cuba la raza negra; pero su importación no fue considerable hasta que, por el impulso dado por los inmigrantes blancos a la vida económica del país, se dejó sentir extraordinariamente la necesidad de brazos para las plantaciones, de tal manera, que al mediar el siglo XIX hubo en Cuba más negros que blancos. Y así como los blancos trajeron consigo diversos caracteres psíquicos, según la región de su procedencia, así sucedió con los negros, según la comarca africana de donde fueron arrebatados, agrícolas, pacíficos y algo civilizados unos; guerreros, indómitos y salvajes otros, etc.

También a mediados de la última centuria entró en Cuba la raza amarilla, llegando a contarse en 1862 más de 60.000 chinos procedentes de Shangai y de Cantón por lo común, asimismo para las faenas agrícolas, como los negros, y sometidos de hecho a un régimen muy poco distante de la esclavitud a que éstos estaban sujetos.

Vinieron todavía a completar el mosaico étnico de Cuba los indígenas de Yucatán, mas en cantidad tan reducida, que apenas han dejado recuerdo de su paso.

II

Pero todas estas razas encontraron en Cuba un ambiente tan nuevo y tan radicalmente distinto de aquél del cual

---

(1) Véase ARBOLEYA, *Manual de la Isla de Cuba*, Habana, 1859; páginas 41 y 115. Mientras en 1846 los habitantes españoles de Cuba, originarios de la Península, formaban el 13,07 por 100 del total de la población, los canarios ascendían al 6 por 100.

(2) Los vascongados trabaron relaciones con Cuba ya en 1668 mediante la creación, por el Gobierno español, de la escuadra mercante y de corso llamada *Compañía Guipuzcoana*.

(3) La inmigración de otros países no ha tenido gran importancia, por el escaso número de inmigrantes. Puede señalarse, sin embargo, la francesa, originada por la revolución de Haití, que obligó a varios millares de colonos franceses a trasladarse a nuestra isla a fines del siglo XVII.

eran originarias, que les era de todo punto imposible desenvolver su actividad y energías bajo las mismas normas que en sus países de procedencia, por lo que al factor antropológico se unieron otros sociales para determinar las características de la vida cubana.

Ha sido de gran transcendencia la posición que entre sí mantuvieron las razas y aun los varios núcleos de individuos de origen y condición diferentes.

La raza blanca se dividió en dos partes: cubanos y españoles, aparte de escasos individuos de otras nacionalidades, y ambas se odiaban mutuamente y se trataban como enemigas. El blanco nativo, en general, y especialmente el intelectual, fuera del ejercicio estricto de su profesión, veía sus energías obstaculizadas por las autoridades españolas, sin otra válvula que la constante conspiración política; el cubano adinerado no halló en el ambiente que le rodeaba manera de crearse constantes y cultos pasatiempos ni trabas para entregarse a los vicios, que, a veces, lo hacían caer en el lodo de la mala vida; el cubano proletario estaba al descubierto contra todo factor degenerativo que pudiera contagiarlo y en contacto forzoso y constante con las otras razas, que insensiblemente iban influyendo en su psicología.

El español, o llegaba por la inmigración en busca de una fortuna y dispuesto a emplear para su conquista toda la rudeza de su psicología aldeana, azuzada por el ambiente hostil en su mayor parte, o bien arribaba a Cuba por el ejército o la burocracia, en uno y otro de estos casos con el ejercicio de una supremacía despótica y el convencimiento de que no tenía que hallar censores que castigaran su corrupción administrativa.

La raza negra, de repente, y en un país extraño, se halló en una condición social extraña también para los más de sus individuos: la esclavitud, sin patria, sin familia, sin sociedad suya, con su impulsividad brutal comprimida frente a una raza de superior civilización y enemiga que la sometió a un trabajo rudo y constante al que no estaba acostumbrada. Cuando el negro fue libre su libertad le sirvió para subir algo en la escala de la cultura, habiendo perdido varios jirones de su psicología africana en los zarzales de la esclavitud; pero no pudo salir de su ambiente restringido y separado del blanco.

La raza amarilla supo concentrarse, aislarse en tal forma, que significó psicológicamente poco en la sociedad cubana, aunque influyó más sobre las otras razas que éstas sobre ella.

La oposición entre cubanos y españoles produjo las sucesivas revoluciones separatistas que ensangrentaron el país y que tan hondamente sacudieron la sociedad cubana. Las rebeliones armadas y la conspiración incesante fueron otro factor social que, penetrando intensamente en toda la vida del pueblo cubano, contribuyó a diferenciarla de la de los demás pueblos, incluso en la esfera de la delincuencia.

Asimismo el deficiente régimen de gobierno colonial imperante ocasionaba en todos los campos de la actividad social diferencias con las sociedades extranjeras regidas por gobiernos buenos o malos, pero propios.

La misma esclavitud en que tenían que vivir los negros y hasta los chinos, al menos durante largo tiempo, influyó desfavorablemente, contribuyendo al atraso moral de los blancos que estaban más en su contacto, haciéndolos más rudos y crueles. "La condición moral y social de la isla de Cuba—dice Marivale (1)—parece que ha declinado bajo la influencia de la esclavitud... El plantador español se ha hecho más cruel e inmoral". "En todas partes donde la esclavitud existe desde antiguo—escribe Humboldt (2)—el simple desarrollo de la civilización obra sobre el tratamiento de los esclavos con menos eficacia que la deseable. La civilización se extiende raramente entre un gran número de individuos, pues no alcanza a los que están en contacto inmediato con los negros en los lugares donde éstos trabajan". "La inmigración china en Cuba, que se ha hecho en gran escala, ha traído un nuevo elemento de inmoralidad" (3).

---

(1) Cita de LEROY BEAULIEU.
(2) Idem, ídem.
(3) LEROY BEAULIEU: *De la Colonisation chez les Peuples Modernes*. París, 1902; t. I, pág. 256.

La inmigración que tiene tal preponderancia en la formación de la sociedad de Cuba ha influido también desfavorablemente desde el punto de vista moral en ésta como en los demás países donde las corrientes inmigratorias son igualmente violentas y asimismo introducen, junto con elementos sanos, otros de inferioridad nociva (1). La mayoría de los inmigrantes—todavía hoy sucede con frecuencia—salían por primera vez de su aldea para pasar el Atlántico; en su país nativo, especialmente en algunas regiones que dan el mayor contingente de emigrantes, todo barniz intelectual, aun el más simple, el alfabeto, les era ajeno, y aún los que podían alcanzar este primer grado de cultura no se libraban de ser presa de toda suerte de supersticiones y prejuicios, desprovistos de altruismos, imbuidos por un clero igualmente ignorante y pobre de espíritu, y presas también de una impulsividad egoísta, difícil de refrenar. Estos caracteres, hoy muy atenuados porque la civilización va germinando en todos los lugares, se manifestaban en los inmigrantes de la primera mitad del siglo último con la crudeza más feroz. Llegados a Cuba, la lucha por el capital en el campo, en aquel ambiente primitivo de servidumbre y tiranía, o en la ciudad, en el terreno de la explotación comercial, absorbía todas sus fuerzas, toda su vida, sin que ni siquiera la forma elemental del altruismo, la amorosa, pudiera conducirles sino raramente a un grado menor de rudeza. Si el individuo en tales condiciones no podía progresar por la virtualidad de sus innatas dotes, apenas si ascendía sobre el ínfimo nivel psicológico con que salió de su país, agravado a veces en las consecuencias de su defectuosa estratificación por la conciencia de la fuerza que una fortuna le proporcionaba.

De una lucha económica tan despiadada, donde los egoísmos eran desenfrenados, forzosamente tenían que resultar muchos vencidos, que rodaban hasta los últimos peldaños de la escala social, o que no lograban ascender por ella.

Además, por la arteria del ejército, forma especial de inmigración, llegaban a Cuba elementos nocivos, detritus

---

(1) Véanse algunas pruebas en LOMBROSO: *El Delito*. Traducción española; Madrid, 1898; páginas 91 y siguientes.

de la metrópoli, con frecuencia criminales declarados judicialmente; por otra parte, los elementos sanos que el servicio de las armas traía a Cuba eran a menudo absorbidos por el ambiente y se hacían nocivos, desarrollándose por el ejercicio sus móviles antisociales, que eran favorecidos por la vida militar colonial de entonces, de forzosa y casi continua holganza y de supremacía en todos los órdenes.

La escasa densidad de población en el interior de la Isla era un factor más de la delincuencia, y, unida a las especies de cultivo más comunes, facilitaba la permanencia del abigeato, del bandolerismo (1) y de los incendios delictuosos, tan frecuentes todavía hoy en nuestros campos (2), etc.

Todos estos factores peculiares de la sociedad cubana son los que en el poliedro de la mala vida señalan las aristas más salientes. Pero entre todos ellos, el factor étnico es el fundamental; y no solamente produjo hampones especiales de cada raza, sino que, aportando cada una de éstas a la mala vida sus propios vicios, se fue formando un estrato común a todas por la fusión de sus diversas psicologías, estrato que constituía y constituye el núcleo de la mala vida. Para llegar a esto fue preciso que algunos estratos sociales resultaran accesibles a la vez a blancos y negros especialmente (3), en que ambas razas, desde varios puntos de vista, vivieran en un ambiente común favorable a la fusión, o, lo que es lo mismo, que las psiquis del blanco y del negro en ciertas capas sociales tuvieran unas mismas exigencias intelectuales, emotivas, etc., que fueran, en fin, homogéneas. Y no cabe dudar de que así fue en las capas ínfimas de nuestra sociedad, donde la transfusión física y psíquica entre todas las razas ha sido y es intensa. Téngase en cuenta, sin embargo,

---

(1) Véase un artículo sobre este tema de E. J. VARONA, publicado en la *Revista Cubana*, t. VII, pág. 481.

(2) Y también en las ciudades. El delito consistente en incendiar un establecimiento industrial o comercial, previamente asegurado, es muy común en Cuba, y a menudo llama la atención de la Prensa.

(3) No me refiero a los chinos, porque éstos han llegado relativamente tarde a Cuba, y por su influencia poco intensa.

que el diverso temple psicológico de los elementos que integran la sociedad cubana no me permite dar a la expresión de *capas ínfimas* un significado casi exclusivamente económico, como suele entenderse en otras sociedades, sino que al referirme a los estratos más bajos de nuestra sociedad me fijo en aquellos donde la psicología primitiva de los varios componentes étnicos vibra con un mismo diapasón, por más que la tonalidad económica sea diversa.

Si se observan las clases psicológicamente inferiores de la raza blanca, sobre todo de tiempos que fueron, cuando la raza negra alcanzó su apogeo numérico y era base principalísima de nuestra economía social, se podrá comprender que la separación psicológica entre ambas razas, desde ciertos puntos de vista, no era tan radical como puede creerse observando superficialmente. En efecto: dando por repetidas las breves consideraciones acerca de la psicología impulsiva de los aventureros de la conquista, a formar el sedimento de la raza blanca contribuían en primer lugar los elementos ínfimos de la inmigración, a cuyas condiciones morales e intelectuales ya me he referido. Los blancos nativos de Cuba, que dedicados a las tareas de la agricultura no habían recibido instrucción, no se separaban apenas de semejante nivel psicológico, como tampoco, aunque en grado más elevado, los obreros sometidos al trabajo asalariado; pero unos y otros, por la atenuación de aquel grado supremo de ambición que es propia de la psicología del inmigrante, especialmente de aquel entonces, por la interrumpida influencia femenina de la madre y de la esposa, por el influjo de una noble aspiración de libertad nacional y por otras circunstancias de diversa índole, no inspiraban su actividad en tan crudo egoísmo, ni su caída moral era tan fácil. Tales elementos negativos precipitaban, de resultas de enérgica y constante reacción social, formando el estrato inferior de su raza, sedimento diferenciado por la ignorancia y por el egoísmo impulsivo, es decir, por la primitividad psíquica. ¿Será necesario ahora recordar la misma primitividad psíquica de la raza negra?

Ambas razas se soldaron en estas capas psicológicamente comunes o muy afines por lo menos, y hoy la sociedad cubana se desarrolla psíquicamente por una gradación insensible desde el blanco, cuyas dotes lo colocan al nivel del hombre refinadamente civilizado, hasta el negro africano que restituido a su país natal reanudaría sus libaciones en el cráneo mondo de un enemigo. La soldadura fue completa, no sólo psicológica, sino también fisiológica, pues para que ésta se realizara fueron las mismas concausas, igualmente extenso el contacto e íntimo y permanente a la vez. Todos sabemos cuán frecuentes eran hace cincuenta años las uniones duraderas de blancos y negras (1). Aun hoy día la voluptuosa mulata es la sacerdotisa más fervorosa de la deidad que la trajo al mundo, del amor libre. Por el influjo recíproco de ambas razas la negra fue adquiriendo un impulso de progreso, cada vez más desarrollado, que la hizo despertar de su secular somnolencia y salir en parte del subsuelo social en que la retenía su falta de cultura, y la raza blanca africanizó su clase ínfima aceptando aquellas formas que traducían de un modo orgánico completo y exacto sus impulsos primitivos, aún no aplastados por el peso de superiores estratos de cultura.

En este campo gris, para expresarlo gráficamente, vegetan con preferencia los parásitos de la mala vida cubana. La prostitución vergonzosa, la mendicidad abyecta, la criminalidad habitual y la organizada, la superstición absurda, la ignorancia crasa, la impulsividad salvaje se barajan como las razas en este subsuelo de Cuba. A este fondo legamoso fueron y vienen a parar todos los elementos nocivos de la sociedad, sin distinción de colores. De ahí

---

(1) Digo blancos y negras, porque las uniones entre blancas y negros fueron escasísimas. El hecho es común a todos los países donde conviven diversas razas de civilizaciones muy distanciadas. "En los cruzamientos entre razas humanas desiguales el padre pertenece casi siempre a la raza superior. En todas partes, sobre todo en los amores pasajeros, la mujer se resiste a descender; el hombre es menos delicado... La negra o la india se cruza fácilmente con el blanco. La mestiza, nacida de esas uniones, orgullosa de la sangre de su padre, creería decaer entregándose a un individuo de color, y guarda todos sus favores para aquellos a quienes el cruzamiento ha acercado". (M. DE QUATREFAGES: *L'Espece Humaine*. París, 10a, edición; páginas 200 y 202).

que los caracteres de la mala vida en Cuba sean particularmente complejos en proporción a las varias cloacas que en ella vierten sus patógenos detritus.

La raza blanca influyó en el hampa cubana mediante los vicios europeos, modificados y agravados bajo ciertos aspectos por factores sociales hijos del ambiente. La raza negra aportó sus supersticiones, su sensualismo, su impulsividad, en fin, su psiquis africana. La raza amarilla trajo la embriaguez por el opio, sus vicios homosexuales y otras refinadas corrupciones de su secular civilización.

Pero los elementos blancos de la mala vida cubana no bastan para diferenciarla grandemente de los que se observan en los demás países poblados por la misma raza, y su fruto más desarrollado, el *bandolerismo*, que sin solución de continuidad se remonta a los aventureros de la conquista, puede hallarse allende el Atlántico con parecidos caracteres. Los chinos, por su vida social concentrada, no transmitieron a las demás razas los más funestos de sus vicios, y únicamente han difundido, aunque con sobrado arraigo, esa forma de delincuencia fraudulenta, tan propia de su carácter, el juego o rifa *chiffá*, llamado vulgarmente *charada*... La raza negra es la que bajo muchos aspectos ha conseguido marcar característicamente la mala vida cubana, comunicándole sus supersticiones, sus organizaciones, sus lenguajes, sus danzas, etc., y son hijos legítimos suyos la *brujería* y el *ñañiguismo*, que tanto significan en el hampa de Cuba.

III

Después de las antecedentes observaciones queda patente un fenómeno social que basta para caracterizar por sí solo la mala vida cubana, y que es el eje fundamental alrededor del que giran las principales manifestaciones de aquélla.

En la mala vida de cualquiera de las sociedades formadas solamente por blancos entran aquellos individuos de la misma sociedad que por defectuosa estratificación étnica, debida a factores antropológicos o sociales, no pueden elevarse a la esfera moral en que se mueve la generalidad de sus convivientes, y los que, incapaces de mantenerse en ello, caen rodando hasta el fondo de la hería, o sean los rezagados del progreso moral. En Cuba toda una raza entró en la mala vida (1). Al llegar los negros entraban todos en la mala vida cubana, no como caídos de un plano superior de moralidad, sino como ineptos, por el momento al menos, para trepar hasta él. Sus relaciones sexuales y familiares, su religión, su política, sus normas morales, en fin, eran tan deficientes, que hubieron de quedar en el concepto de los blancos por debajo de los mismos individuos de la mala vida de éstos, pues para el hampa blanca no faltaban algunos lazos de unión con la masa honrada; su desadaptación no era completa, mientras que sí lo era en un principio la de los infelices negros. En sus amores eran los negros sumamente lascivos, sus matrimonios llegaban hasta la poligamia, la prostitución no merecía su repugnancia, sus familias carecían de cohesión, su religión los llevaba a los sacrificios humanos, a la violación de sepulturas, a la antropofagia y a las más brutales supersticiones; la vida del ser humano les inspiraba escaso respeto, y escaso era también el que de ellos obtenía la propiedad ajena, etc.... Para aumentar la separación estaban el lenguaje, el vestido, la esclavitud, la música, etc. El desnivel moral era agravado por el intelectual. Fue necesario el transcurso de mucho tiempo y la sucesión de complejos acontecimientos para que de la excomunión en que era tenida la raza negra se fuera excluyendo una parte de ésta ya, encarrilada hacia la civilización, parte que cada día va afortunadamente siendo mayor, restringiendo así más y más el campo de la mala vida en su más amplio concepto.

A pesar de esto no puede decirse con rigurosa expresión que los negros al llegar a Cuba no fuesen honrados y sí inmorales, dado el carácter de relatividad que sociológicamente tiene el concepto de la honradez y de la moral. Los negros eran honrados con relación a su criterio moral; no lo fueron cuando tuvieron en el nuevo medio que regular

---

(1) En Europa un fenómeno análogo puede observarse en la posición social de los gitanos, aunque diverso bajo muchos aspectos.

sus actos con arreglo a los criterios más elevados que los blancos tenían para sí y que impusieron a sus dominados.

Pero la inferioridad del negro, la que le sujetaba al mal vivir era debida a falta de civilización integral, pues tan primitiva era su moralidad como su intelectualidad, como sus voliciones, etc. Este carácter es lo que más lo diferencia de los individuos de la mala vida de las sociedades formadas exclusivamente por blancos. En éstos no se trata, por lo general, de una psiquis primitiva completamente desnuda por falta de estratos que la recubren en todas sus partes, como sucedía en el negro, sino de un desgarro parcial de estos estratos psíquicos que pone al descubierto solamente la *primitividad moral* de una psiquis (1), que no obstante sigue revestida por las capas de cultura que se mantienen sobrepuestas e intactas al resto de la misma.

Sin embargo, en la actualidad, cuando ya algunas generaciones de individuos de color han vivido en el medio civilizado, cuéntanse también hampones negros que muestran ese desequilibrio en su evolución psicológica, y relativamente civilizados intelectualmente conservan todavía rasgos de su moral africana, que los precipita en la criminalidad.

En conclusión: el estudio de la mala vida cubana es. de especial interés, porque a medida que se profundice y extiendan las investigaciones en ese sentido, preferentemente con relación a la raza negra, han de aportarse originales y preciosos datos a la etnografía criminal, ciencia que aún está en estado de formación y que ha de venir a completar la antropología y sociología criminales contemporáneas, basadas casi exclusivamente todavía sobre la observación del hombre delincuente blanco.

---

(1) Este concepto de la *primitividad moral* es preferible al de *parasitismo social* expuesto por Max Nordau, aun con la enmienda restrictiva que ya antes habían propuesto B. de Quirós y Ll. Aguilaniedo, la de *anormalidad*. Me limito en este lugar a consignar el concepto de la mala vida que domina en el presente trabajo, que no es sino el del *atavismo moral por equivalentes,* de Ferrero, extendido en su aplicación a los diversos aspectos de la mala vida.

El presente libro es una modesta contribución a empresa científica de tanta monta. Su objeto es el estudio de *la brujería,* una de las principales características del hampa de Cuba.

CAPITULO II

LA BRUJERIA

I. El fetichismo africano en Cuba. — Triple aspecto de la brujería afro-cubana. — II. La religión. — Dificultades para su estudio. —Dioses de Yoruba. — *Oloruñ*. — Los *Orishas*. — *Obatalá*. — *Shangó*. — *Ifá*. — *Yemanyá*. — *Osho-oshí*. — *Ogún*. — *Oshún*. *Orúmbila*. — *Ololú*. — *Babayú-ayé*. — *Didena*. — *Orisha-okó*. — *Eshú*. — *Elegbará*. — Los *Jimaguas*. — Otras divinidades. — Otras religiones. — *Alá*. — El culto *Vodú*. — Amuletos. — Supersticiones necrófilas. — Resumen.

I

Si se tiene presente que las regiones occidentales de Africa, que las regiones de las cuales fueron arrebatados casi todos los esclavos traídos a Cuba, son los baluartes del fetichismo; que esta forma religiosa exige un culto simplicísimo, hallándose en todas partes y al alcance de la mano cosas convertibles en fetiches; y que las ideas religiosas son de las que arraigan más firmemente y defienden su vida tras el más rudo misoneísmo, se comprenderá sin esfuerzo que en la evolución psicológica de la raza negra en Cuba la superstición sobrenadó allí donde fue el naufragio de casi todos los demás factores sociales africanos.

El afro-cubano, aun cuando llegue a decirse católico, sigue siendo fetichista. Sería pueril pretender que el negro nativo de Africa, que llegó a Cuba trayendo impresas en su cerebro primitivo las aberraciones fetichistas, y que fue precipitado apenas llegó (y para ello fue traído) al abismo de la esclavitud, tan profundo en lo económico como en lo intelectual, se hubiese despojado de sus propias creencias religiosas para vestir el ropaje del catolicismo.

No cabe duda de que hay negros merecedores del calificativo de *calambucos* (1) y de que entre las asiduas frecuentadoras de templos se cuentan en no escaso número las negras; pero a poco que se lime en esa capa de relativa civilización religiosa se descubrirá el fetichista africano.

El fetichismo africano entró en Cuba con el primer negro. Pero fetichismo no significa para las sociedades africanas la expresión de una pura idealidad religiosa. Aquél es la forma más primitiva de religión, el principio de la diferenciación social del fenómeno religioso; así es que aparece todavía completamente amalgamado con otros fenómenos sociales, en especial con uno de éstos, larvado aún, si así puede decirse; fenómeno que debe lograr una ulterior germinación, un puesto más elevado en la escala de la seriación de los fenómenos sociales, cual es el científico. Para el negro fetichista su religión es el escudo que opone a las fuerzas desconocidas que le atemorizan procurando convertirlas en propicias. Los fenómenos de la Naturaleza, la muerte, los sueños, las enfermedades, el respiro, las sombras, el eco, las imágenes reflejadas, son los ejes de sus supersticiones. La creciente división del trabajo social ha ido separando las diversas funciones que antes se confundían en el cargo sacerdotal, y el sacerdote se ha visto, en parte, sustituido por el médico, por el alquimista, por el astrólogo, por el físico, por el filósofo y por los demás explicadores de lo sobrenatural; por más que aún hoy los creyentes invoquen a las divinidades por mediación del primero, para que en cooperación con el médico (y a veces sin ella) los salve de una dolencia, o para que ayuden al físico a librarles de los rayos, etc. En las religiones primitivas todas estas funciones sociales tendentes a enseñorear al hombre de la Naturaleza y a librarle del miedo a lo desconocido, que es el forjador de dioses, como se dijo ya por Epicuro, venían desempeñadas por el fetichero. En esos primeros estratos psico-sociales, todas las fuerzas de la Naturaleza eran desconocidas; pero el hombre se las explicó dando vida semejante a la suya a todo lo que le rodeaba; y para él fueron seres animados

---

(1) Beatos, católicos.

y autónomos el viento, el agua, el fuego, la piedra, el árbol, etc., es decir, antropomorfizó todos los seres y fuerzas de la Naturaleza, concediéndoles una psiquis como la suya, capaz, por tanto, de dañarle y de beneficiarle, capaz de mantener con él relaciones iguales a las sostenidas con los semejantes: de cambio de servicios (el *do ut des, facio ut facias* de todas las religiones) y de lucha (así el negro golpea al fetiche cuando éste no le rinde favores).

El fetichero fue aquel a quien se le atribuyó, por motivos de que no importa tratar aquí, la facultad de conjurar los males, especialmente los de causación no humana, de alcanzar el auxilio de las potencias sobrenaturales, de averiguar el porvenir, etc., y a la vez fue sacerdote, hechicero y agorero.

El fetichero en las comarcas de Africa tuvo también su carácter de orden político y jurídico, puesto que a él estaba encomendada la investigación de ciertos delitos, el descubrimiento y castigo del culpable, etc. Una vez en Cuba perdió este carácter, de una parte, porque era imposible mantenerlo en el nuevo ambiente social y de otra, porque fue sustituido desde ciertos puntos de vista por el *ñáñigo*. Pero la intervención del fetichero en la vida social puede reducirse a los tres aspectos ya mencionados: sacerdote, hechicero y agorero.

De modo que desde tres puntos de vista debe ser considerado el negro fetichero de Cuba como su antecesor el de Africa, personajes idénticos ambos, si la diferencia del ambiente no hubiese influido haciendo diversas sus actividades. El fetichero afro-cubano generalmente, y tal como se manifestaba tiempo atrás, cuando la trata negrera impedía la desafricanización de los negros, era también a la vez sacerdote, hechicero y agorero, como lo fueron los *behiques* de los aborígenes de Cuba. En rigor, y por las razones ya expuestas, el carácter religioso es inseparable de sus funciones curativas y adivinatorias, las cuales aparecen siempre consagradas por la invocación a las divinidades, cuando no por una intervención directa de las mismas. Sin embargo, la finalidad de los actos de los feticheros, meramente de índole religiosa, o principalmente médica o pronosticativa, permite distinguir los tres indicados aspectos de su actividad.

Bien por la importación de algunos feticheros de Africa, que, pese a su carácter sacerdotal, padecieron la esclavitud junto con sus fieles, lo cual no es imposible, o bien porque la necesidad que tuvieron los negros de curarse a sí mismos sus enfermedades a su manera y de practicar su culto, hiciera germinar espontáneamente los feticheros entre aquéllos, y de todos modos por la iniciación de criollos en los sagrados ritos y misterios, y por su transmisión hereditaria, en Cuba hubo y hay todavía feticheros proporcionados al número de los fieles y de los que sin ser religiosamente fetichistas reconocen en aquellos sacerdotes determinados poderes sobrenaturales. Al fetichero se le llama en Cuba *brujo*, sin duda porque al traducir por primera vez la palabra, que en lenguaje africano significaba *fetichero*, aún esta última (cuya raíz es portuguesa) no había sido introducida en el vocabulario usado en Cuba.

I I

La especie religiosa de los negros africanos en Cuba, como en su país, es el fetichismo con manifestaciones animistas que lo hacen avanzar hasta el politeísmo.

El fetichismo es aún intensísimo en Africa occidental, de donde fue traído a Cuba. Como dice Taylor en su obra *La Civilización Primitiva* (1): "Todavía hoy el Africa occidental es el país de los fetiches. El viajero los encuentra en todos los caminos, junto a todos los vados, sobre la puerta de todas las casas; con ellos hacen collares que el hombre lleva siempre; los fetiches evitan la enfermedad o la producen cuando son olvidados; ocasionan la lluvia; llenan el mar de peces que se dejan coger ellos mismos por las redes del pescador; descubren y castigan a los ladrones; dan valor a sus adoradores y combaten contra sus enemigos; en fin: nada hay que los fetiches no puedan hacer o deshacer, a condición de que se encuentre el fetiche conveniente". Supersticiones tan arraigadas y que de

---

(1) Trad. fran., t. II, pág. 207.

tal modo inficionaban todos los actos de la vida del negro, no podían menos de ser importadas en Cuba y alcanzar en este país gran desarrollo, paralelamente al de la raza negra.

No es fácil conocer íntimamente la religión de los negros en Cuba, por varias circunstancias desfavorables. La principal es el secreto que de sus cultos y creencias guardan los brujos, secreto que en algunos de éstos llega hasta hacer prestar juramento solemne a sus adeptos de que no revelarán los misteriosos ritos, bajo amenaza de ser hechizados. Como dice un autor brasileño que he de citar numerosas veces, el Dr. Nina Rodríguez (1), los negros tienen gran interés en conservar sus prácticas en secreto por la importancia y crédito que les da el misterio; su revelación acarrearía la pérdida del prestigio de lo desconocido. Esto aparte, según Tylor (2): "Aún consagrando mucho tiempo y afanes, teniendo conocimiento de su lengua, no es siempre fácil obtener de los salvajes datos acerca de su teología. Ellos se esfuerzan, por lo común, en sustraer a la atención del indiscreto y desdeñoso extranjero los detalles de su culto y todo trato con sus dioses, que parecen temblar, como sus adoradores, en presencia del hombre blanco y de su Dios más poderoso".

Además, cada pueblo africano importó su panteón y sus ritos. Hubo un tiempo, hasta el cese de la trata, en que los cultos debieron conservarse relativamente en su originalidad africana; pero a partir de esta época, cuando las relaciones con Africa se rompieron (3), todos los cultos se falsearon más o menos. Las ideas religiosas hubieron de sostener una lucha por la vida, por el predominio, y éste fue de la que tuvo mayor número de primitivos adeptos, predominio no logrado sin transacciones, esto es, añadiendo al número de sus dioses algunos de las religiones vencidas. El abandono en que por parte de los

---

(1) *L'Animisme Fetichiste des Negres de Bahia.* Bahía, 1900; página 8.
(2) Obra citada.
(3) Digo así porque, en efecto, los negros de Cuba no sostienen ni sostuvieron relaciones con los países de su orígen, como sucede, por ejemplo, con los de los Estados Unidos y del Brasil.

investigadores cubanos se ha tenido el estudio de los cultos negros imposibilita hoy su perfecta distinción, tanto más cuanto que todos ellos han sufrido la influencia del catolicismo, del ambiente extraño y a veces hostil fuera de cierto radio. Todas las prácticas de las primitivas religiones africanas se encuentran hoy confundidas y bastardeadas, y la confusión es mayor por ser todas ellas muy semejantes entre sí.

De la natural lucha entre las religiones africanas triunfó en Cuba, como en el Brasil, aunque maltrecha por el enemigo común de todas ellas, el catolicismo, la religión de los negros de Yoruba o Nagos. Estos negros son los que en Cuba entraron como *lucumís*. Debióse ello, sin duda, al considerable número de esclavos que de tal procedencia llegaron a América (1), al mayor progreso de su teología comparada con las demás de aquellas comarcas, a la intensa fuerza expansiva de los yorubas, a lo muy denso de su población (2), a la difusión de su lengua, que hablan más de tres millones de negros (3), etc.

Dice el misionero Bowen (4) que la religión de Yoruba está calcada sobre la organización civil de aquel pueblo, que así como existe un rey terrenal hay un monarca celestial, y que éste como aquél se comunican con sus súbditos valiéndose de intermediarios, que dotados de poder relativos forman su corte.

Para los yorubas el *Jupiter optimus maximus*, el *señor del cielo*, es *Oloruñ* (5), conocido también por otros nom-

---

(1) Véase lo que escribe A. B. ELLIS a ese respecto en su obra *The Yoruba Speaking Peoples of the Slave Ceats of West Africa*. Londres, 1894; pág. 15.

(2) Véase el mapa de BINGER: *Du Niger au Golfe de Guinée par le pays de Kong et le Mossi*. París, 1892; pág. 398.

(3) BOUCHE: *Etude sur la langue Nago*. Bar-le-Duc, 1880; página 4.

(4) *Grammar and Dictionary of the Yoruba Language*. New York, 1858.

(5) Me es imposible seguir la precisa ortografía que establece BOWEN, so pena de adoptar tipos de imprenta especiales, lo cual, si se hace necesario para reproducir fielmente los sonidos del lenguaje yoruba en un diccionario y en una gramática, no lo es en un trabajo de la índole del presente. Escribo, pues, las voces yoruʲas valiéndome de las letras y signos ordinarios, remitiendo

bres, como *Olodumare* (el siempre justo), *Oga-ogó* (glorioso y elevado ser), *Oluwa* (señor), *Oba-ogó* (rey de gloria), *Obañgidzi* (el señor), *Eledá*, *Elemi*, etcétera. *Oloruñ* no está representado por ídolo alguno ni merece culto especial; los fieles deben comunicarse con este dios por conducto de divinidades secundarias, llamadas *orishas* (1). Esta creencia monoteísta es bastante común en el occidente africano. Un dios muy elevado, lejos de la comunicación con los hombres, sin culto especial, sin ídolo, lo tienen los dahomeyanos (2), como los baulés (3); así es el *Nyankupón* o *Aniankopóng* de la Costa de Oro (4), etc. En Cuba no me ha sabido dar razón de *Olorúñ* ningún brujo; este olvido se nota también entre los negros del Brasil, con seguridad debido a la falta de signo material de adoración, como observa Nina Rodrigues.

Los *orishas* voz derivada, según Bowen, de *asha:* ceremonia religiosa (5) se dividen en tres rangos. En el primero no caben sino tres, llamados: *Obatalá*, *Shangó* e *Ifá*. El segundo lo forman un sinnúmero de dioses de menor poder, muchos de los cuales apenas alcanzan reconocimiento antropomórfico fuera del fetiche donde se fijan. El tercero comprende a los demás fetiches, amuletos, *gris-gris*, etcétera, innominados por lo general.

Obatalá es el primero y más grande de los seres creados. Su etimología (de *oba-ti-nlá:* el rey que es grande, o de *oba-ti-alá:* el rey de la blancura o pureza, según Bowen) parece probar la derivación evhemerica de esta

---

al lector que quiera conocer con toda exactitud la pronunciación de dicho lenguaje, a la obra de BOWEN, que desde este punto de vista es fundamental, al apéndice de la citada obra de A. B. ELLIS, en que este autor trata del mismo tema, y a otros estudios filológicos.

(1) La pronunciación de esta palabra es parecida a *oricha*. La *s* acentuada que usa BOWEN representa un sonido intermedio entre los del idioma castellano *s* y *ch*, que expresaré por *sh*.
(2) T. OMBONI: *Viaggi nell'Africa Occidentale*. Milán, 1847; página 309.
(3) CLOZET ET VILLAMUR, *Les Coulumes Indigenes de la Côte d'Ivoire*. París, 1902; pág. 24.
(4) A. B. ELLIS: Ob. cit., pág. 35.
(5) A. B. ELLIS da otras dos etimologías, que excuso citar.

divinidad. Otros nombres sirven también para designarla, como son: *Orisha-nlá* (el gran *orisha*), *Alamorere* (el de la buena arcilla, porque, como Jehová, creó de barro el cuerpo humano), *Orisha-kpokpo* (el *orisha* de las puertas, porque es el guardián de todas ellas), *Alabalasé* (el que predice lo futuro) (1), etc.

Obatalá es andrógino. El principio femenino llamado *Iyañbá* está figurado por una mujer amamantando a un niño. Por su carácter bisexual *Obatalá* significa las energías productivas de la Naturaleza, distinguiéndose de la potencia creadora, de *Oloruñ*. Este da vida a los hombres (y por ello se llama *Eleda:* creador); pero *Obatalá* forma los cuerpos. Al elemento femenino A. B. Ellis lo llama *Odua* u *Odudúa*. Extiéndese en su explicación; pero no habiendo encontrado entre los brujos afro-cubanos supervivencias de él, creo prolijo extractarla. Del culto al *orisha Obatalá* quedan, en cambio, reminiscencias importantes.

A la *regla* de brujería más extendida se le llama comúnmente *religión Babalá*. Otros la llaman *Batalá* o *Batarás*. Palabras todas usadas por corrupción indudable de la voz yoruba *Obatalá*. No es que esta palabra haya desaparecido por completo del habla propia de los negros afrocubanos; solamente puede afirmarse que los criollos y los que en mayor o menor grado han penetrado los misterios brujos no la usan en su puridad.

Refiere Nina Rodrigues que en Bahía las clases inferiores de la población identifican a *Obatalá* con Cristo que según los cristianos, es la divinidad superior, y con Santa Ana, pues así como ésta es para los últimos madre de María y ésta a su vez madre del Dios que ha creado

---

(1) Así dice A. B. ELLIS (ob. cit., pág. 39), como lo dijo antes LE-BRUN RENAUD (*Les Possessions Françaises de l'Afrigue Occidental,* París, 1886; pág. 158); pero dudo de que habiendo otro *orisha* llamado *Ifá,* dedicado casi exclusivamente a los oráculos, se atribuya también a *Obatalá* esa función. BOWEN calla a este respecto. Quizás únicamente en Porto Novo, y para el descubrimiento del criminal por una especie de ordalía, como explica el mismo A. B. ELLIS, sea donde se reconoce a *Obatalá* como inspirador de los oráculos.

todos los santos, resultando con lógica irrefutable que dicha santa es origen de todos los demás santos, así para los negros todos los *orishas* dependen de *Obatalá*. En Cuba, con criterio que juzgo análogo, se le confunde con la Virgen de las Mercedes, que junto con la del Cobre y la de Regla alcanzó privilegiado culto. También a *Obatalá* se le llama en Cuba el *Santísimo Sacramento*, aludiendo a la transubstanciación dogmática del Dios de los católicos. Asimismo, a veces, aunque no con frecuencia, representan a *Obatalá* por la imagen de Cristo crucificado, como se ve en el altar brujo de la fig. 10, inserta más adelante.

No obstante hay brujos que conservan aún el ídolo que representa a *Obatalá*, tosco muñeco de madera, vestido al parecer femeninamente, con la cara tatuada a usanza de los negros conocidos en Cuba por *carabalís*.

En Bahía se consagra el viernes a *Obatalá*. En Cuba sucede lo mismo (1).

El segundo gran *orisha* es *Shangó* (el dios del trueno), llamado también *Dzakuta* o *Jakuta* (arrojador de piedras), suponiendo que desde el cielo lanza piedras meteóricas sobre la tierra, las cuales son conservadas por los negros como de gran virtud sobrenatural. Los adoradores de *Shangó* creen en la existencia humana y remota de su dios, señalando el lugar de su nacimiento y el de su reino. Fue caudillo afortunado en las guerras, en recuerdo de cuyo carácter belicoso llevan sus fieles de hoy un saco como símbolo del botín. Si una casa es destruida por el

---

(1) Para saber el curso futuro de una enfermedad se invoca a *Obatalá* ó *Batalá* en la forma que verá el lector más adelante. Cuando el dios se muestra ofendido hay que repetir la operación, pero ha de ser precisamente en viernes. Los yorubas tienen, según A. B. ELLIS (Ob. cit. cap. VIII) sus semanas de cinco días, llamados: 1o. *Ako-ojo*, primer día; 2o. *Ojo-awo*, día del secreto; 3o. *Ojo-ogún*, día de *Ogún*; 4o. *Ojo-shangó*, día de *Shangó*; 5o. *Ojo-obataláa*, día de *Obatalá*. Empezando a contar los días de la semana por el lunes, como se acostumbra en Cuba, el viernes resulta en quinto lugar, y por esto fue quizás consagrado a *Obatalá*. No obstante, BOUCHE dice que el domingo es el día dedicado a este *orisha*, como el lunes a *Ifá*, el sábado a *Shangó*, el martes a *Ogún*. Ambas opiniones son contradictorias, pareciendo más fundada e ilustrada la primera.

rayo, o sea por *Shangó*, sus adoradores tienen el derecho de saquearla; éstos se dedican siempre al merodeo de cabras y de aves. Hoy *Shangó* reside en un gran reino, viviendo en un palacio con puertas de bronce y con 10.000 caballos. De la anterior versión, que he tomado de Bowen, difiere la expuesta por Nina Rodrigues, traducida de un libro yoruba. *Shangó*, considerado como divinidad, es hijo de *Oruñgañ* (medio día) y nieto de *Agañdzú* (el desierto). Su madre es *Izemodzá* (la madre de los peces), un riachuelo de Yoruba (1). Son sus hermanos *Dadá* (Naturaleza) o dios de los niños recién nacidos, y *Ogún*, dios de los guerreros y de los forjadores de metales. Sus mujeres son los ríos *Oya* (el Niger), *oshúñ* (río de este nombre) y *Oba* (ídem). Es compañero de *Orishaokó* (dios de la agricultura); tiene por esclavos a *Birí* (tinieblas, secreto) y a *Aidokhuedo* (el arco iris).

Shangó es también conocido en Dahomey (2); sin duda su acción sobre el rayo, por su destructor efecto como por el resplandor que le acompaña y el ruido que le sigue, estruendoso en las regiones intertropicales, hizo extender su culto más que el de los dioses benéficos, aún los más poderosos. *Primus in orbe deos fecit timor.* En Cuba como

---

(1) A. B. ELLIS da otra genealogía dogmática de *Shangó*, que puede resumirse así como sigue: *Oloruñ* es el firmamento; *Obatalá* el cielo y *Odudúa* la tierra; de la unión de estos dos nacen *Aganyú* (la tierra, el país) y *Yemanyá* (el agua). Estos dos orishas hermanos producen a *Orungan* (el aire). Este, después de unirse incestuosamente con *Yemanyá*, la mata, y de las heridas de ésta brotan *Dadá, Shangó, Ogún, Orishackó*, etc.

Como divinidad representante de la fuerza, *Shangó* lo simbolizan en Africa con una clava, llamada *otché*.

(2) *Onichango* lo llama COURDIOUX en los *Anales de la Propagation de la Foi* (1870, pág. 70). Pero debe nacer de una confusión. Dicha palabra puede descomponerse así: *Oni-Shangó Oni*, que tiene varios significados, es además un prefijo para formar un sustantivo derivado de otros, expresando una idea de oficio, profesión, etcétera. Así de *Bode* (aduana) se deriva *Onibode* (empleado de aduanas); de *Gbajamorh* (barbería) se forma *Onigbajamorh* (barbero) (a). De modo que *Onichangó* expresa hombre dedicado a *Shangó*, es decir, el sacerdote, pero no la divinidad. En Dahomey conservaría, pues, *Shangó* su nombre sin corrupción.

en el Brasil, y ello demuestra la lógica con que han procedido los negros al asimilar sus *orishas* a los santos católicos (1), *Shangó* equivale a Santa Bárbara. Ambas divinidades son patronas del trueno y del rayo. En este punto la identidad religiosa de católicos y fetichistas africanos es absoluta, y estos últimos la reconocieron sin vacilación en uno y otro hemisferio. Ante la igualdad de funciones de *Shangó* y Santa Bárbara hicieron caso omiso de la diferencia de sexo; *Shangó* es Santa Bárbara macho, dicen los brujos de Cuba, como los del Brasil. Acaso contribuyó también a ello la circunstancia de representar frecuentemente a Santa Bárbara con una espada en la mano, lo que pudo parecer a los fetichistas africanos otra analogía con *Shangó*, que fue en la tierra un célebre rey y guerrero. El brujo *Bocú* defendióse hábilmente ante el tribunal que lo condenó, diciendo que el altar que tenía en su casa estaba dedicado a una divinidad católica, a Santa Bárbara, y que, por lo tanto, no era brujo. En Cuba y en el Brasil *Shangó* está simbolizado por una piedra meteórica. Los brujos afro-cubanos las llaman comúnmente piedras del rayo. La

Fig. Ia.—Idolo brujo *Shangó*. (Del natural).

fig. 1 representa a *Shangó*. Es un muñeco de madera vestido con un lienzo blanco con franjas rojas (colores de este *orisha*, como se verá) y adornado de collares de abalorios de los mismos colores. La especie de corona mural que lleva parece ser copiada de la que los católicos atribuyen a Santa Bárbara en sus imágenes.

El último de los tres grandes *orishas* se llama *Ifá*, que es el revelador de lo oculto y el patrono de las relaciones

---

(1) Los brujos, en vez de *orisha* dicen comúnmente *santo*.

(a) Véase S. CROWTHER: *Vocabulary of the Yoruba Languaje*. Londres, 1848; pág. 47.

sexuales y del parto. Se le llama también *Bangá* o dios de los frutos de cierta palmera, porque se emplean diez y seis de éstas para obtener los pronósticos. En Bahía se utiliza una especie de collar para deducir los augurios; asimismo en Cuba, donde se llama a mi juicio erróneamente, por algunos *Ifá de Osunda* (1). *Ifá* tiene un compañero: *Odú*, y un mensajero: *Opelé*.

Nina Rodrigues no cita el santo católico asimilado a *Ifá*, ni yo he podido averiguarlo. Probablemente los negros no encontraron entre el sinnúmero de santos profesionales uno que pudiera satisfacer sus deseos de conocer el porvenir y las demás cosas ocultas.

Los *orishas* inferiores son numerosos.

Inferior es *Yemanyá* o *Yemayá*, aunque nacido de *Obatalá*. Es adorado como diosa de los arroyos y de las fuentes, y su fetiche es una piedra procedente de éstos: En el Brasil se le asimila a N. D. das Candeias; en Cuba a la Virgen de Regla, seguramente por ser ésta patrona de los marineros y estar representada sobre el mar, es decir, sobre las aguas de la bahía de La Habana, a cuyo borde se levanta el santuario.

Oshó-oshí, nacido de *Yemanyá* según A. B. Ellis, es el dios de los cazadores y de los caminantes. Está simbolizado por una figura humana armada de un arco, y a veces por el arco tendido sosteniendo una flecha, es decir, por el arma de que se servía el dios en sus expediciones cinegéticas. Sin duda significa a *Oshó-oshí* el arco y la flecha que se ve en el frontis del altar de la fig. 2, que se inserta en otra página. Es una invocación a *Oshó-oshí* lo que refiere un anónimo articulista (2): "Los brujos cuando ven un *majá* (3), para que no les haga daño le gritan por tres veces estas palabras: ¡*Osí, osá, osé!*, y el animal queda inmóvil. Si se repiten con frecuencia estas frases, el majá se enfurece consigo mismo. Creen los brujos que

---

(1) Más adelante hablaré de dicho instrumento.

(2) Artículos publicados por *Ele Te Eme* en *La Caricatura* de La Habana desde el día 21 de Mayo de 1893 hasta el 2 de Agosto del mismo año.

(3) La culebra de mayor tamaño en Cuba. *Epicrates Angulifer*, según LA SAGRA.

cuando el animal cumple un siglo de edad (entonces le llaman *Yuyú* (1) se lanza al mar, convirtiéndose en serpiente (?) y que en esa nueva vida sufre mucho, razón por la que cada vez que se les presenta un majá tratan de matarlo, pues al llegar el momento de su transformación maldice del que lo encontró y no lo mató. Esta maldición es muy temida."

En Bahía, se catoliza a *Oshó-oshí* llamándole San Jorge, por estar éste en sus imágenes montado a caballo y alanceando un dragón, y según debieron pensar los negros, no conocedores de monstruos infernales, cazando culebras monstruosas. En Cuba algunos brujos conocen un santo, que pronuncian *Ochosé*, el cual debe ser el *orisha Oshó-oshí*, y lo llaman San Alberto, ignoro por qué razón (acaso quieran decir San Huberto, poco pronunciado en Cuba).

A *Ogún, orisha* emanado también de *Yemanyá* según A. B. Ellis, hermano de *Shangó* al decir de Bowen, y Marte de los yorubas, se le rinde culto en Cuba, confundido a veces en *Eshú* y con *Oshúñ*, llamándosele también *Osunda*. El ser *Ogún* dios de la guerra y de la lucha facilita la confusión con *Eshú*, divinidad malévola. Su indistinción de *Oshúñ* nace además, sin duda, de la semejanza fonética. Nina Rodrigues se hace eco accidentalmente de la pretendida identidad de *Eshú* y *Ogún*, al decir que *Eshú* es invocado con el nombre de *Eshú-ogún*. Esto parece un contrasentido, pues *Ogún*—repito—es hermano del gran *orisha Shangó*, según Bowen, y, por lo tanto, divinidad benévola, aunque por su carácter bélico se aproxime a veces a *Eshú*. Un negro le decía en sentido figurado a Nina Rodrigues: *Ogún* es el que abre el camino a *Eshú*, lo cual demuestra también que son dos los *orishas Ogún* y *Eshú*. Además *Ogún* es representado por fetiches de hierro, así como *Eshú*, lo que facilita la confusión, que en Cuba parece existir también.

Los afro-bahianos catolizan a *Ogún* adorándolo bajo el nombre de San Antonio. En Cuba se le llama San Pedro,

---

(1) En alguna región africana a los fetiches les llaman *Jujú*. Véase TYLOR, ob. cit., tomo II, página 205.

y, como decía un brujo, abre el camino a las limpiezas (1), así como el negro de Bahía le decía al doctor brasileño que abría la puerta a *Eshú*. ¿No habrá influido el carácter de portero celestial atribuido a San Pedro en su identificación con *Ogún*? Por otra parte, las llaves características de las imágenes de dicho santo pudieron ser consideradas como grandes fetiches de hierro.

Oshún, diosa del río de su nombre, una de las mujeres de *Shangó*, también merece culto en Cuba. Es llamada por los brujos la Virgen de la Caridad del Cobre, sin que pueda ver otra analogía que la identidad del sexo y el milagro de la virgen católica, que apareció sosteniéndose sobre las aguas del mar.

Algunos adoran un *santo* que llaman *Orúmbila*. No he visto citado tal nombre de divinidad en ninguna obra. Probablemente se derivará del *orisha* yoruba *Orún*, que significa el sol. *Orúmbila* puede descomponerse etimológicamente así: *Orúñ-bi-la:* sol naciente. Los brujos lo catolizan equiparándole a San Francisco, sin que pueda descubrir la razón de relacionar el fetiche heliolátrico con el santo de Asís.

Otros brujos tienen un *orisha* denominado *Ololú*, o sea, según ellos, el San Juan Bautista de la Iglesia católica. Tampoco tengo referencias concretas del origen africano de este ídolo. *Ololú*, en lenguaje yoruba, quiere decir mezcla de varios polvos; pero, aunque en la brujería el uso de polvos prodigiosos es extenso, no creo que pueda tenerse por definitiva esta etimología. Más bien parece relacionarse con el *orisha Olokún*, dios yoruba del mar. Las imágenes católicas del Bautista representándolo en las aguas del río Jordán acaso motivaron su asimilación a *Ololú*.

Babayú-ayé es otro *orisha* del santoral brujo afrocubano, que recibe el nombre de San Lázaro, no sé por qué motivo. Acaso sea una divinidad médica. *Oyé* es un dios gigante de los yorubas.

Otro *santo* para algunos es *Didena*, al cual le conceden la facultad de descubrir las cosas ocultas, con error pro-

---

(1) Más adelante se conocerá el significado de esta palabra.

bable, a no ser que se trate del *Ifá*, de un culto no yoruba. Quizás se relacione con *Dadá, orisha* de los recién nacidos.

Otro ídolo que algunas veces se encuentra en los templos brujos es el que llaman *Mamá Lola*. Según los brujos, tiene poca importancia para los hombres; de noche es cuando *sale por ahí*, y es el que patrocina las relaciones sexuales y el parto; por eso inspira rencillas entre cónyuges, descubre las adúlteras, *chupa el ombligo a los niños,* etc. Tal parece, dadas sus especiales facultades, que se trata de una advocación de *Ifá*. Sin embargo, no la he visto citada por ninguno de los tratadistas de la religión de Yoruba. Podría quizás derivarse el nombre de *Mamá Lola* de las palabras de este último país: *amala* (el que interpreta los sueños) y *ola* (honor, autoridad, majestad), lo que compaginaría con las correrías nocturnas de este *Orisha* y su relación de semejanza con *Ifá*. Por otra parte, un brujo a una representación fetichista, consistente en una vasija conteniendo meteoritas y adornada de collares, la llamaba también *Mamá Lola*, que en este caso hace sospechar una corrupción de la palabra *Amaloro*, con que algunas tribus del Congo designan a su dios del trueno (1), es decir, a su *Shangó*. Pero las consideraciones expuestas no pasan de ser hipotéticas, quedando por fijar la procedencia cierta del ídolo *Mamá Lola*.

Probablemente ha sido adorado también *Orisha-okó*, el dios de la agricultura. Según Bowen, su fetiche es una larga barra de hierro, que se adquiere a un precio elevadísimo de un poderoso sacerdote que reside en el pueblo de Irawo. En una sorpresa de brujos que la policía verificó, convencida de que eran *ñáñigos*, el año 1868, en Guanabacoa (2), se encontró una barra de hierro de una tercia de largo clavada en el suelo, adornada en la parte superior con una media luna, de cuyos bordes pendían cuatro ganchitos con dijes figurando palas, azadones, cuchillos y martillos, salpicados de sangre, lo cual debía ser una representación de *Orisha-okó*. A este fetiche A. B. Ellis le da un significado fálico.

---

(1) GIRARD DE RIALLE: *La Mythologie Comparée*. París, 1878; página 183.

(2) El expediente que se formó consta en el Archivo Nacional.

El *orisha* llamado *Eshú* (de *ahu*: arrojar fuera, o excremento, según Bouche), patentiza el dualismo religioso de los negros. *Eshú* es el dios malévolo, tanto, que los fetichistas de Bahía lo asimilan al Luzbel de los católicos. No es *orisha* intermediario; pero se le hacen sacrificios para conjurar sus aviesas intenciones. Es llamado también *Elegbará* (poderoso) y *Bará*.

En Cuba es adorado *Eshú* en sus varias advocaciones, llamándolo algunos *Ichú, Eleguá,* o *Aleguá*. A *Eshú* o *Elegbará* le simbolizan por fetiches consistentes en trozos de hierro, como son cuchillos enteros o en pedazos, cadenas, llaves, etc. L. Carbó (1) le vio figurado por "una cazuela de barro en que se alzaba, entre siete cuchillos, un gallito toscamente fabricado con trapos y plumas".

Transcribo el siguiente párrafo de una breve descripción literaria del cuarto de un brujo, publicada hace años en un periódico habanero: "El santo *Eleguá* siempre lo ponen detrás de la puerta, representado por una cazuela que contiene almagre, varias raíces y algunos pedazos de cuchillos usados... Desde dicho punto, o sea desde la cazuela, al otro extremo de la habitación, y en el quicio (?) que se llama *guardiero*, ponen una cadena. En ese

Fig. 2—Clavos con lazos de paja de maíz, dedicados a *Eleguá*.

quicio y en el suelo clavan tres clavos, y en la cabeza un nudo hecho con la paja del maíz, y este nudo se llama *ballestranca*" (2). (Véase la fig. 2.) El sacrificio a *Elegbará* o *Eshú* se celebra en los bosques, o bien detrás

---

(1) En *El Mundo Ilustrado,* Habana, 25 Septiembre de 1904.
(2) Esta palabra no es africana: es corrupción de la voz náutica *ballestrinca* o *ballestrenque*.

de una puerta, quizás porque la madera de ésta simbolizara los árboles de la selva, o bien por ser el culto a tal divinidad de carácter rigurosamente oculto. En el Brasil, según Nina Rodrigues, también se observa con rigor este requisito de lugar para las ofrendas a *Elegbará*.

Eshú es, como se ha dicho, el dios de la venganza, y afirman los brujos cubanos que basta poner sobre el fetiche el nombre escrito de una persona para transmitir a ésta el maleficio que se desee.

En Cuba los fetichistas catolizan a *Elegbará*, comúnmente llamado *Aleguá* o *Eleguá*, asimilándolo a las *Animas benditas del Purgatorio* y generalmente al *Anima Sola*. Esta advocación no se comprende sin conocer una superstición católica muy frecuente, cual es la de considerar de hecho a las almas que purgan sus culpas en aquel lugar dogmático, con carácter de divinidades secundarias. Así es que se invoca la ayuda de las *almas benditas* y se reza por ellas para que las infelices expíen más prontamente sus pecados, y una vez alcanzada la gracia divina *paguen* a los vivos las oraciones con que fueron favorecidas mientras gemían en el fuego del Purgatorio, con otros favores más o menos celestiales impetrados directamente por ellas de la divinidad superior. Esta superstición tiene su expresión concreta en el *ánima sola*, especie de imagen, fetiche gráfico, que se coloca detrás de la puerta de la casa para impedir la entrada de los genios maléficos (1). Es muy probable que esta creencia sea una supervivencia necrolátrica, que ha resistido el peso de los dogmas, y quizás este origen fue intuido por los negros feticheros. Estos tienen a *Elegbará* como uno de los ídolos más milagrosos, si bien es de los que con mayor frecuencia *se ponen bravos*. Ya he dicho que es la personificación del genio del mal, y que en Bahía es equiparado a Satanás. La diferencia de criterio seguida por los

---

(1) La fe en el poder sobrenatural de las ánimas del Purgatorio y quizás hasta en el *ánima sola* se encuentra también en la heria de Nápoles. A. DE BLASIO (*La Mala Vita à Napoli;* Nápoles, 1905; pág. 226) dice que un criminal napolitano se había tatuado en el pecho esta invocación: *Anima santa del Purgatorio —Ricordati di me—Perche io penso a te.*

negros cubanos y bahianos al llamar a *Elegbará ánima sola* los unos y Luzbel los otros, acaso sea más aparente que real. ¿Será que una y otro, según la religión católica, *viven* entre las llamas del Purgatorio o del Infierno y así se representan en sus imágenes, y el negro los confundió, no pudiendo sutilizar el burdo concepto que de ambos sujetos dogmáticos se formara, parando mientes tan sólo en la circunstancia que más hirió su imaginación, en el fuego de ultratumba? ¿Será que el brujo guarda para las *ánimas benditas* (seres humanos en expiación) el respeto y el temor que le inspiran los *dobles* de sus semejantes muertos, a los que cree vagando cerca de los vivos con intenciones malévolas (como los diablos católicos) y exigiendo sacrificios para calmar su irritabilidad?

A *Elegbará* le atribuyen también Ellis y P. Bouche un carácter fálico, creencia que quizás comparte Le Brun-Renaud. Algunas veces se observan en la brujería rasgos que parecen relacionarse con el culto del falo, como, por ejemplo, la asistencia de varias recién paridas a las ceremonias (1); pero no he podido relacionarles, por falta de datos suficientes, con *Elegbará*, ni con el *orisha Ifá*, el cual, como he dicho, es el patrono de los partos, ni con el llamado en Yoruba *Dadá*, que es el protector de los recién nacidos.

Al igual que los católicos, los fetichistas a que hago referencia conocen otros espíritus del mal además del que se atreve a rivalizar con la suprema divinidad. Creen que todas las enfermedades son ocasionadas por espíritus perversos. *Bián*, por ejemplo, es un demonio negro que propaga la viruela. Esta deidad es conocida también en el Brasil y llamada *Saponan, Wari-warú, Afoman* u *Omenolú*, según dice Nina Rodrigues. *Saponan* debe ser voz derivada por corrupción de *Shankpanna* (2), *orisha* de la viruela en Yoruba. Las otras voces serán quizás títulos de dioses análogos de otros pueblos, o de otras

---

(1) Véanse los sucesos brujos de ABREUS expuestos en otro lugar.
(2) A. B. ELLIS, ob. cit., pág. 73. VIGNE D'OUTON (*Siestes d'Afrique*. París; pág. 45) escribe *Chakpatá* y *Boukou*.

enfermedades. Contrarresta la acción de *Bián* el *orisha Oshanhin*, dios de la medicina.

Algunos brujos incluyen en su panteón a *Agallú*, hembra que es el amo de todas las cosas malas (1). En el libro citado de A. B. Ellis se habla de *Aganjú*. Pero no acierto a descubrir la relación que puede haber entre *Aganjú*, cuya palabra significa *país inhabitado, desierto, llanura* o *selva*, con la antropomorfización del principio del mal, a no ser porque en estos sitios solitarios el miedo religioso localiza preferentemente a los duendes africanos y a los *dobles* de los difuntos.

Los brujos actuales, influenciados por las creencias católicas, admiten en sus altares a las imágenes más en boga, hasta sin asimilarlas a *orisha* alguno. Por ejemplo, el brujo *Bocú* tenía en su altar, además de una estampa de Santa Bárbara, *Shangó*; y otra del *Anima sola (Elegbará)*, las de San José, de la Dolorosa, del *Niño de Atocha*, etc.

Los *jimaguas* o mellizos son también ídolos de gran poder para los brujos. Un brujo (*Cabangas*) que tuvo la desdicha de que cayeran sus *jimaguas* en manos de las autoridades, ofrecía a éstas más de 20 pesos oro por su

Fig. 3.—Idolos brujos los *Jimaguas*. (En poder del autor).

---

(1) *Cosa mala* es sinónimo de *duende*.

adquisición. A pesar de este valor estimativo, no son sino dos muñecos toscamente construidos de madera, a veces pintados de negro (color de su raza) y con un vestido de tela roja (fig. 3). Ciertos brujos suelen atar a los dos *jimaguas* con un cordel, sin duda para expresar más gráficamente su carácter de gemelos. Los *jimaguas* no han sido catolizados, ni, por lo tanto, representados por imágenes católicas, sin duda porque el santoral de los blancos no les prestó dos santos mellizos; por esta razón, mientras los *orishas* con frecuencia son adorados bajo imágenes católicas, de los *jimaguas* se conservan los ídolos africanos, y en algunos altares son los únicos que se encuentran.

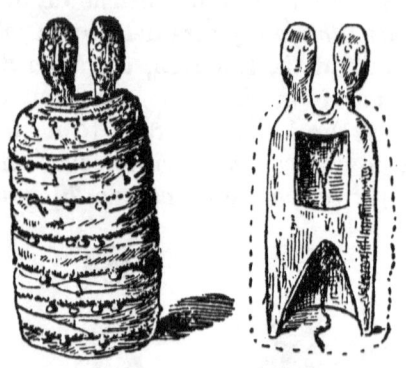

Figuras 4 y 5.—Idolos brujos los *Jimaguas*.
(De un apunte del natural).

Además de la forma dicha de representar a los *jimaguas* hay otra no tan común, cual es la de las figuras 4 y 5. Los ídolos en este caso están unidos formando uno solo, por más que estando destinado el muñeco a ser envuelto y a no dejar al descubierto más que las dos cabezas, la unión real de los dos *jimaguas* en una sola pieza de madera sea quizás debida más a la construcción del ídolo que a un significado simbólico. Ambos *jimaguas* estaban envueltos en un lienzo rojo y en otro negro colocado exteriormente y adornados de collares de cuentas de vidrio que sostenían colgando llaves y monedas. En el interior del envoltorio, en la parte hueca de los *jimaguas* se encontraron restos humanos, cuernos, raíces, tierra, clavos, piedras, así como otras inmundicias embebidas de sangre. Estos *jimaguas* así preparados fueron descubiertos no ha mucho en Abreus.

No he podido conocer su significado. Bowen no los cita en su estudio de la religión de Yoruba, pero el diccionario, explicando la voz *yabedzí*, dice: "Adquirir imágenes del dios de los gemelos", de lo cual se deduce que tal fenómeno generativo había impresionado a los yorubas, reflejándose en la religión su modo de pensar. A. B. Ellis habla de un *orisha* llamado *Ibejí*, no citado por Bowen, que es la divinidad tutelar de los mellizos, y análoga al dios *Hoho* de las tribus Ewe (1). A *Ibejí* está consagrado un pequeño mono llamado *Edon dudu* o *Edun oriokun*, y generalmente a uno de los niños gemelos se le llama también *Edon* o *Edun*. En la villa de Erapos hay un famoso templo de tal dios, al cual acuden en peregrinación los gemelos y sus padres, recorriendo grandes distancias (2). Pero como se ve, se trata de un ídolo protector de los niños *jimaguas*, no de una divinidad que tenga este carácter.

¿Tendrán los *jimaguas* un origen evhemérico? En el año 1868 un brujo declaró en un expediente de orden público que los *jimaguas* eran los hermanos de un ídolo que le sorprendió la policía, que por su descripción parece ser *Shangó* y al que titulaba rey de Africa (lo cual apoya la creencia en el origen evhemérico de este *orisha*). ¿Serán, pues, los *jimaguas* representación de *Dadá* y de *Ogúñ*, por más que Bowen dice que *Shangó* fue el hermano segundogénito? Por otra parte, los ídolos *jimaguas* van vestidos de tela roja, color sagrado de *Shangó*. La divinización de dos gemelos, máxime siendo hermanos de un caudillo famoso como fue *Shangó*, no es inverosímil en una religión primitiva que tiende a envolver con sus supersticiones los fenómenos de la Naturaleza que impresionan vivamente la mente de sus creyentes. Así sucede

---

(1) También es conocido en Dahomey. A. B. ELLIS: *The Land of Fetish*. Londres, 1883; pág. 47.

(2) Véase asimismo a VIGNE D'OCTON: Ob. cit., págs. 43 y 47.

en otras religiones igualmente primitivas. Dice Tchudi (1), por ejemplo, que en la lengua kueca la voz *Huaca* significa ídolo, vaso sagrado, dios, hombre con siete dedos, huevo de dos yemas, mellizo, templo, monte alto, etcétera. Por otra parte, si bien es común entre los salvajes africanos considerar nefasto el nacimiento de gemelos, llegando en el Unyanyembé y en el Níger inferior al extremo de arrojarlos al agua inmediatamente después de nacidos, y en Arebo (Guinea) a la muerte violenta de la madre y de sus hijos, no obstante, en otros lugares de la misma Guinea los mellizos son precisamente los individuos que se tienen por mejor nacidos. (2) También los kavirondos (región oriental del lago Victoria Nyanza) festejan el nacimiento de gemelos con grandes danzas (3). Unase esta consideración social a las circunstancias hipotéticas de que los *jimaguas* adorados en Cuba sean hermanos de un caudillo famoso como *Shangó*, y ello basta para justificar el culto.

También en Haití se rinde culto brujo a los *jimaguas*, que son llamados *marassas*, y el nacimiento de gemelos ocasiona extravagantes ritos (4).

De otros varios *orishas* da cuenta A. B. Ellis, o incidentalmente Bowen: *Bakú* o *Burukú*, espíritu malévolo que produce ciertas convulsiones y mata por la viruela (ayudante de *Shakpanná*); *Olekún*, dios del mar; *Oké*,

---

(1) Cita de LOMBROSO: *L'Uomo Bianco e l'Uomo di Colore*. Turín, 1892; pág. 79.
(2) Véase sobre este tema a J. LUBBOCK (*L'Origine dell' Incivilimento*, trad. it.; Turín, 1875; pág. 455), y a J. G. FRAZER (*Le Rameau d'Or*, trad. fran., t. I; París, 1903; pág. 96). Véanse también extensas noticias referentes a las supersticiones acerca de los gemelos entre los negros bagandas en J. ROSCOE (*Further Notes on the Manners and Customs of the Baganda. The Journal of the Anthropological Institute*, vol. XXXII, 1902). Estos negros llaman a los jimaguas *Balengo*, voz de sorprendente semejanza con la de los brujos *Bilongo*, cuyo significado se expone más adelante.
(3) HUTCHINSEN GREGORY, LYDEKKER: *Razas Humanas*, Trad. esp. Madrid, página 378.
(4) G. TIXIER: *Au Pays des Généraux*. París, 1893, pág. 204.

dios de los montes; *Ajo Shaluga*, dios de la riqueza; *Shigidí* o *Shugudú*, dios perverso; *Olaresha*, protectora de las

Fig. 6.—Idolos brujos. (Del natural).

casas; *Aroní*, dios de los bosques; *Ajá*, de las plantas medicinales; *Oyé*, del huracán, etc. No tengo ninguna referencia del culto de tales *orishas* en Cuba.

Aparte de estos y de otros ídolos, consistentes todos ellos en toscas imágenes de madera (fig. 6), en algunos

Figura 7—Negra curra, llevando un muñeco, representación de un *orisha*.

templos brujos suelen verse unos muñecos grotescamente vestidos como los ídolos, que, sin embargo, no tienen el carácter de tales y no son sino una representación del santo, sin que en ellos radique ningún poder sobrenatural. Se destinan especialmente a ser llevados en la mano por el brujo o el creyente mientras baila para caer en el estado de posesión de que hablaré más adelante (1). Estos muñecos se llevaban en las comparsas negras del día de Reyes, como manifestación del carácter religioso de los *cabildos*. (Véase la figura 7).

Además de la religión de Yoruba se han practicado en Cuba otras análogas, y quedan aún restos de ellas, sobre todo en el campo, más o menos absorbidos por la predominante. Así, por ejemplo, se conocen los cultos, vulgarmente llamados *reglas*, de *Ochá* (2), de *Mayumbe* o *Mayomba* (3), de *gangás* (4), de *congos*, etc.

Algunos brujos de los que siguen la *regla de Obatalá*, llaman *Alá* al *que todo lo puede*. La religión islamita marcó huellas indelebles en la teología de los negros de las regiones africanas, con las que mantiene secular contacto cuando no logró atraerles del todo a sus dogmas. Bastantes esclavos musulmanes (mandingas, yolofes, fulas, macuás, etc.) entraron en Cuba, los cuales llamaban probablemente *Alá* al dios *Olorún* de los yorubas; aparte de que según Reclus (5) *Obatalá* u *Obbat-Allah*, como él escribe, significa *Señor Alá*. Además, al islamismo pasaron grandes masas de yorubas (6). Tan verosímil es aquella opinión, que Nina Rodrigues afirma el hecho en Bahía, donde los negros musulmanes asimilan ambas divi-

---

(1) Cita también estos muñecos, dándoles igual significado entre los negros de Bahía, NINA RODRIGUES, en su ob. cit. p. 23.

(2) Nombre de divinidad africana.

(3) Así lo pronuncian y así lo he visto escrito; sin embargo, no dudo de que será una corrupción de la palabra *Mayombe*, que indica una región de la costa del Congo francés.

(4) Véase lo ya dicho en el capítulo primero de la primera parte acerca de esta palabra.

(5) E. RECLUS: *Nouvelle Geographie Universelle*. París, 1877; tomo XII.

(6) CH. H. ROBINSON: *Le Pays des Haoussa*; trad. francesa. París, pág. 27.

nidades; aparte de que el mismo escritor cree poder preguntar con fundamento si a la concepción yoruba de *Oloruñ*, dios creador, no representado por ídolos ni por imágenes, sin culto ni adoración, no ha contribuido alguna influencia islamita, merced a las relaciones antiguas de Africa occidental con los creyentes de Mahoma. La hipótesis es muy acertada si se tiene en cuenta la considerable extensión del islamismo en el Occidente africano y también en las regiones orientales (1). No obstante aun dando por seguro el influjo de la religión mahometana en la formación del concepto religioso de *Olorúñ*, no parece improbable la existencia de un elemento propiamente yoruba, pues este pueblo, en su generalización ascendente de las divinidades, pudo muy bien llegar por sí solo a la concepción del dios genérico. En las religiones primitivas se ha observado la personificación de la Naturaleza como orden, necesidad o norma "en una divinidad abstracta, misteriosa, inaccesible (*Sita* de los arias, *Ma* de los egipcios, *Tao* para los chinos, *Moira* o *Nomos* para los griegos, etc.); la contingencia, o más la arbitrariedad limitada, se personifica en dioses más humanos que tienen sus leyendas, que obran en la esfera que les es propia..." (2) Conceptos son éstos que responden exactamente al de *Olorúñ* y de los *orishas* yorubas. Por otra parte, no faltan sabios como Lang y Marillier, que atribuyen a la religión en general, desde sus orígenes, un monoteísmo latente, *una aspiración, no un dogma* (3).

El *vodú* o culto de la culebra, muy difundido en Haití y algunos Estados de la Unión norteamericana, según los escasos datos a mi alcance, echó también en Cuba sus raíces. Pero éstas no arraigaron sino muy superficialmente, y sólo en la provincia oriental, debido a la inmi-

---

(1) Véase el mapa de BINGER, ob. cit., t. II, página 399, y A. LE CHATELIER, *L'Islam dans l'Afrique Occidentale*. París, 1889.
(2) T. RIBOT: *La Psicología de los Sentimientos*, traducción española. Madrid, 1900; pág. 397.
(3) Véase también lo que dice referente a las ideas religiosas de la mala vida napolitana A. DE BLASIO (*La mala vita à Napoli*). Napoli, 1903; pág. 292.

gración de numerosos colonos y negros haitianos, de resultas de las conmociones revolucionarias de la isla vecina. El único documento de cierta autoridad que he hallado referente al *vodú* en Cuba consiste en unas páginas de Pirón, que extensamente describe una escena de dicho culto vista por él en Santiago de Cuba, por más que dejándose llevar algo por la fantasía e incurriendo en varias contradicciones (1). Dice así: "Se atribuyen toda suerte de maleficios a los *vodús*. Se les tiene un gran temor, y sacrifican los principios y la repugnancia a la necesidad de estar en buenas relaciones con ellos. Lo menos que podéis temer de ellos es que penetren en vuestra casa o introduzcan bajo vuestra almohada un *ouanga*, que os producirá una constante cefalalgia. ¡Pueden dañaros de tantas maneras! Les basta miraros de reojo para echaros la mala suerte, y nada en lo sucesivo puede saliros bien: vuestra salud, vuestra fortuna han terminado... En verdad, los *vodús*, por sus conjuros, sus gestos, sus hechizos y sus sortilegios, dan pie a insensatas exageraciones. Llevan siempre encima algunos *ouangas*, es decir, ingredientes capaces de dañar. Viven en el disimulo; porque se sienten profundamente despreciados; pero gozan cuando son adivinados y temidos. Esta hechicería ha sido importada de Haití por el pueblo bajo; después se ha naturalizado en Cuba y ha tomado proporciones considerables, conquistando la parte corrompida de la sociedad criolla. Hay damas, distinguidas en apariencia, que uno recibe y visita, y que pertenecen a la secta infame".

Quizás tuviera relación con el *vodú* el antiguo *baile de la culebra*, que ejecutaban los negros alrededor de una boa artificial, después de pasearla por La Habana, y la cual se colocaba en el patio del palacio (el día de Reyes), y bailaban alrededor con un cantar medio español, medio africano, pues sólo era lo último del estribillo:

> La culebra se murió.
> *Sángala muleque* (2).

---

(1) H. PIRON: *L'Ile de Cuba*. París, 1889; páginas 46 y siguientes.
(2) BACHILER Y MORALES: *Los Negros*. Barcelona; pág. 117.

El carácter religioso de tal baile parece deducirlo el mismo Bachiller y Morales (1). La danza y el precedente paseo de la boa vendría a ser una especie de rito procesional como el que tiene lugar anualmente en Dahomey, donde la culebra ídolo es conducida con pompa por las calles de Whydah (2). Sin embargo, este carácter ritual no está probado suficientemente. Acaso no fuera el *baile de la culebra* sino una reproducción coreográfica de una escena de caza, así como otros bailes representaban escenas de guerra, amor, etc. Pero aún siendo un rito ofiolátrico, ¿lo era *vodista*? De todos modos, apenas pasó a la segunda mitad del siglo último. Pichardo dice: "*Culebra*, baile de la gentualla, poco usado en el día (1862)".

Por más que los negros han acatado diversas teologías y practicado cultos diversos, algunos de éstos, bastante animista, es común a todos ellos la creencia en los fetiches, amuletos *gris-gris, ondés, eká*, etc.

Algunos de los dioses yorubas gustan de conceder su incontrarrestable potencia a determinados fetiches. Así *Shangó* tiene como especial fetiche la meteorita, *Llemanyá* los guijarros, *Elegbará* los objetos de hierro, etc. Además de estos fetiches hay muchos otros innominados y de extraordinarias virtudes. Sería imposible dar una relación de los fetiches usuales entre los brujos afro-cubanos, porque son innumerables; un objeto cualquiera puede ser convertido por el brujo en prodigioso fetiche. La mayor parte de ellos revelan a las claras su origen africano. Generalmente se emplean para su confección cabellos y huesos, restos de animales (especialmente de los ponzoñosos y de los reptiles, como alacranes, majás, etc.), raíces y semillas de ciertas plantas (3), caracoles, tierra de sepulturas, pólvora, monedas, granos de maíz, etcétera, engrasados generalmente con *manteca de corojo*. Para citar un

---

(1) En el libro *Tipos y costumbres de la Isla de Cuba*, Habana, 1881; pág. 31.
(2) LAFFITTE: *Le Dahomé*. Tours, 1874; pág. 126.
(3) Por ejemplo: *mates, cayajabos o guacalotes*. Quizás el empleo de éstos, por su color encarnado o amarillo, según la clase, se relacione con los colores rituales de los *orishas*.

ejemplo: es extraordinariamente poderoso, según su autor, cierto talismán que poseo, llamado *Yayita* (fig. 8), formado de un pequeño cuerno forrado con tela y manchado

Figura 8.—Fetiche brujo. (Del natural).

de sangre, y suspendido de un cordel que adornan varios nudos. Si me arrodillo, según las prescripciones del brujo, tocando con la cabeza el fetiche, que estará en el suelo frente a mí, canturreo una especie de conjuro: *Tumba yayita, tumba yayita, tumba yayita...* y le hago una súplica, ésta será atendida inmediatamente, y morirá mi enemigo o mereceré las más vivas simpatías de la mujer que se me antoje, etc., si así lo hubiese pedido.

El empleo de cuernos como fetiches es muy corriente entre los brujos afro-cubanos y probablemente fue introducido en Cuba por los negros del Congo. En efecto: en esta región los cuernos de antílope ocupan un lugar no común entre los fetiches, tanto más de tenerse en cuenta cuanto que algunos de sus pueblos no tienen ídolos de forma humana. Así ocurre entre los obambas: "sus fetiches consisten simplemente en diversas composiciones o en plumas de pájaros conservadas en cuernos de una gran especie de antílope llamado *mangibo*. Los jefes tienen en sus casas un gran número de dichos cuernos" (1). El *ogangá* o fetichero de los negros umbetés anuncia su pre-

---

(1) LEON GUIRAL: *Le Congo Français*. París, 1889; pág. 53.

sencia en la aldea tocando un cuerno de antílope. Los pahuinos, como los osiebas, cuentan dichos cuernos entre sus fetiches. "Los principales fetiches de los batekés son los cuernos de antílope, a los cuales atan cinco o seis pieles de pequeños mamíferos, y llenan de varias composiciones en las que entran plumas de aves de vivos colores. Para hechizar a un hombre u objeto se agita a su alrededor un cuerno fetiche... Para alejar la lluvia los batekés agitan sus cuernos de antílope..." Asimismo tales cuernos se encuentran entre los bakuyas.

En Cuba, donde los brujos no hallaron antílopes, los cuernos de estos cuadrúpedos fueron sustituidos por los del venado y más raramente por los de otros animales.

Casi siempre que la policía se apodera de los adminísculos de un templo brujo se encuentran entre el botín numerosos cuernos, que nuestro vulgo llama *tarros*... La misma ley psicológica que llevó a los brujos a asimilar sus *orishas* a los santos de los blancos, hizo que esta contribución de los negros congos a las supersticiones de los afro-cubanos fuese aceptada por los brujos que seguían la predominante y superior religión de Yoruba, sumándola a sus creencias y dándole a los cuernos el carácter de *orishas-amuletos*. Algunos brujos dicen que el venado, que, como he dicho, sustituye al antílope africano, es el animal de *Obatalá*. A este *orisha* parece que representa el fetiche

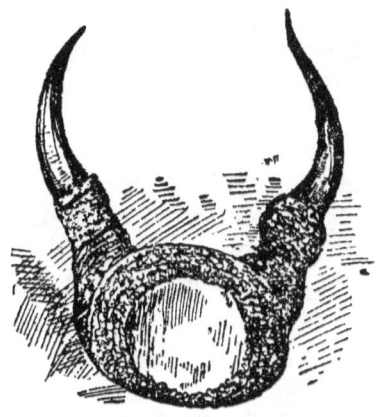

Fig. 9. —Fetiche brujo. (Del natural.)

de que da idea la figura 9 compuesto de dos cuernos de venado atados entre sí por un extremo y adornados con sartas de abalorios y un espejito en el centro. Sin embargo, la atribución de los cuernos de venado al culto de *Obatalá* no parece clara y decisiva; así las cuentas que adornan el fetiche expuesto son multicolores en vez de ser blancas, que así debieran ser si a *Obatalá* se refieran. Por otra parte no se descubre la relación que pueda existir entre este *orisha* y los fetiches de cuernos de venado o de antílope, tan frecuentes en el Congo.

A los negros de este país se debe también la consideración de fetiches que merecen a los brujos las pieles de ciertos animales, el gato montés, por ejemplo. Poco más de un año ha que en La Habana la policía se apoderó en un templo brujo de una especie de armario de madera, dentro del cual y a través de un cristal podía observarse una piel de gato montés extendida y adornada con caracoles. El mueble estaba cuidadosamente construido y en lo alto llevaba el escudo de la República (!), lo que revela a la vez lo moderno de su construcción y la elevada consideración que obtenía aquella piel fetiche, tan cuidadosamente guardada, cual si se tratara de una de esas imágenes católicas que se custodian dentro de una urna. Que tales supersticiones proceden del Congo parece que puede afirmarse en vista de los datos que acerca de los fetiches consistentes en pieles de pequeños mamíferos da L. Guiral en su obra citada. Además, F. Chalaye cuenta que las hechiceras pongués se adornan con una piel, precisamente de gato montés (1). Ello es, sin duda, un vestigio zoolátrico ajeno a la relativamente avanzada religión de Yoruba.

No es raro en la actualidad encontrar entre los brujos afro-cubanos amuletos de origen europeo; así, para evitar el *mal de ojo* (2) nada mejor que llevar al cuello *una cruz* hecha de asta de toro muerto por un rayo; proporciona

---

(1) *La Mission Brazza au Congo.* En *Le Radical* de Marsella, 2 de junio de 1905.

(2) Aunque este mal por ser vestigio de la creencia supersticiosa en el *alma pupilina,* como acertadamente dice E. MONSEUR (en *Revue de l'Histoire des Religions-L'Ame Pupi-*

dicha llevar un anillo para cuya construcción se haya utilizado el metal procedente de las asas de *un ataúd*, etc.

Algunos amuletos consisten en oraciones escritas que se llevan pendientes del cuello o se fijan en las paredes, detrás de las puertas, etcétera. Esta especie es el grado superior, por así decirlo, en la escala de los amuletos. Se basan en el mismo criterio que induce a ciertos pueblos mahometanos de Africa a considerar como *gris-gris* todo papel escrito, con preferencia si contienen versículos del Corán trazados por un *marabú* (1), y no es difícil que, especialmente por conducto de los mandingas, haya llegado a Cuba esta superstición. Por lo menos, al encontrar los brujos entre los blancos de Cuba tales escritos fetiches (evangelios, oraciones a ciertas imágenes, etc.) no vieron en ellos sino la expresión católica de su misma superstición africana. Analfabetos los sacerdotes del fetichismo, no pudieron trazar en el papel los versículos árabes, como hacían los *marabús* en Africa, y no dudaron en adoptar las oraciones castellanas. De éstas son las más aceptadas por los brujos: la *oración a la piedra imán* (2), *del ánima sola* (por representar a *Eleguá*), la de

---

line, 1905; tomo LI, núm. 1, pág. 4), puede referirse a todas las conciencias primitivas, las africanas inclusive; no obstante, no la he observado en Cuba sino como superstición de origen europeo, más común entre los blancos que entre los negros.

(1) Véase LETOURNEAU: *La Sociologie* París, 1892; pág. 285, y *L'Evolution Religieuse*. París, 1898; pág. 118.

(2) Esta oración es típica por el atraso religioso que revela, remontándose a la litolatría, de que conservan algunas manifestaciones los brujos (meteoritas, guijarros). Dice así: "ORACION A LA PIEDRA IMAN. ¡Oh muy alto Rey, mi Dios, que a las tinieblas dais luz! ¡Anímame por la caída que diste cuando llevaste la Cruz a cuestas; por tu corona excelente, tenga yo tal devoción, que llore las angustias de tu pasión ¡Oh mi Dios y Señor! ¡Esta alma que diste, no permitáis que muera triste, pues la redimiste con tu preciosísima sangre! ¡Oh Virgen MARIA!, mi espejo y mi luz, viuda y sola os hallasteis al pie de la cruz, llamaste con gran soledad; ruégote, Virgen y madre de Dios consagrada, que si hoy en este día y en esta hora hubiese recaído sobre mí alguna sentencia, en los cielos y en la tierra, que por Dios, Virgen Santísima y el Espíritu Santo sea perdonado. Jesús dulcísimo, triste en el huerto, de hierro cubierto, la

Santa Bárbara (o sea *Shangó*), la de *Lázaro*, *sal del sepulcro* (o sea el *orisha Babayú-ayé*), y por su condición de especial talismán de los delincuentes, la *oración del Justo Juez*. (1).

Los brujos, para llevar cómodamente los fetiches, usan colgadas del cuello unas bolsitas de piel adornadas con caracoles, colmillos, etcétera. En su interior se barajan los más variados fetiches, desde la *oración al Justo Juez* hasta unos *cayajabos*. Equivalen a los escapularios católicos; hasta hay brujo que para dar mayor poder a los fetiches que llevaba en su bolsita, los preparó durante un *Jueves Santo*.

Debo citar aquí ciertas prácticas supersticiosas de los brujos que causan gran repulsión a nuestra sociedad que revelan al pueblo, más claramente que el resto de la brujería, el salvajismo de tales creencias y tales sacerdotes. Me refiero a las que motivan violaciones de sepulturas y al empleo de restos humanos en sus ritos y hechicerías. En efecto: es frecuente en las sorpresas de brujos por la policía el hallazgo de calaveras y otros huesos humanos, pero principalmente de las primeras, las cuales son consideradas a manera de fetiches. Sin embargo, no puede

---

noche fría, la agonía puesta en la tierra, ¡misericordia, Señor!; líbrame de quien me habla y mal me quiere, de un mal vecino, de una mala lengua, y de hechicerías. *Piedra Imán:* así como cargas la Cruz de nuestro divino Señor. Mis pecados sean perdonados. SANTO CRISTO SALOME, el de BURGOS, el de ROMA, ampárame mi alma, mi cuerpo y mi persona, Amén Jesús. Un Padrenuestro y Avemaría a Jesús NAZARENO".

(1) Circula profusamente en el hampa cubana la *oración al Justo Juez,* redactada de varias maneras, si bien todas ellas parecidas. A continuación copio tres variantes de la misma:

"En el huerto del Cedrón estaba San Juan con Dominus Deo y le dijo: Ea, Señor, a mis enemigos veo venir, si ojos tienen, que no me vean; si manos tienen, que no me agarren; si pies tienen, que no caminen; detente enemigo feroz, que primero nació el hijo de Dios que vos, enemigo. Con dos te mido, con tres te cito: con el Padre, con el Hijo y con el Espíritu Santo. Derribado vengas como derribó a los suyos el Jueves Santo, ligado vengas de pies y manos y ojos vendados para que no me agarre a mí ni quien estuviere a mi lado, de quien me fío es de la Santísima Trinidad y la leche que consagró en los pechos de

María Santísima, que nuestros cuerpos sean librados de ser atados, muertos angustiados, ni llagados. Líbrame, Señor, de mis enemigos como libraste a Jonás del vientre de la ballena. Encomiéndame a la luz de la santa Veracruz, corona, clavos y cruz. Señor San Juan, por el trago amargo que pasaste en el ara de la cruz. El Señor sea conmigo y su Santísima Madre; la fortaleza de la fe nos defienda y nos libre de todo mal y peligro. Amén. Récese un Credo al Gran Poder de Dios. —NOTA. El que llevare consigo esta oración se verá libre de la persecución de la Justicia triunfará de sus enemigos; no será interrumpido su sueño por las picaduras de los alacranes, arañas y animales ponzoñosos, y en la casa que entrare no acontecerá mal ninguno."

"Hay leones y leonas que vienen contra mí, deténgase en sí propio como se detuvo mi Señor Jesucristo con el Dominus Deo y le dijo al Justo Juez: Ea, Señor, a mis enemigos veo venir, pues tres veces repito: ojos tengan y no me vean; manos tengan, no me toquen; boca tengan, no me hablen; pies tengan, no me alcancen; con dos los miro, con tres les hablo; la sangre les debo y el corazón les parto. Por aquella santa camisa en que tu Santísimo hijo fue envuelto, es la misma que yo traigo puesta y por ella me he de ver libre de prisiones, de malas lenguas, de hechicerías y maleficios, y para lo cual me encomiendo a todo lo angélico y sacrosanto y me han de amparar los Santos Evangelios, pues primero nació el Hijo de Dios y vosotros lleguéis derribados a mí como el Señor derribó el día de Pascua a sus enemigos: de quien se fía es de la Virgen María, de la Hostia consagrada que ha de celebrar con la leche de los pechos virginales de María Santísima, por esto me he de ver libre de prisiones, ni seré herido ni atropellado, ni mi sangre derramada, ni moriré de muerte repentina, y también me encomiendo a la Santa Veracruz. Dios conmigo, yo con él, Dios alante, yo tras él. Jesús, María y José.—El que tuviere esta oración ha de tener devoción de rezar todos los días un Credo al Gran Poder de Dios, y una Salve a la Santísima Veracruz. Debe poner su nombre el que la cargare consigo. Padre, Hijo y Espíritu Santo. Amén, Jesús."

"Santísimo, Beatísimo y dichosísimo Estandarte donde murió aquel Justo Juez piadoso Santísimo. Merced te pido me hagas vencedor de mis enemigos y me libres de los lazos del demonio, de los de la Justicia y de los falsos testimonios. Santísima, con dos te veo, con tres te amo, con el Padre, con el Hijo y con el Espíritu Santo. En el huerto Desiderio está San Juan con el *Dominus Deus* y le dijo el Justo Juez: Señor, a mis enemigos veo venir... Déjalos venir, déjalos venir, déjalos venir, que ligados vienen sus pies y manos y ojos vendados y no te harán daño; ni a ti ni a los que estuvieren a tu lado; si ojos tienen no te verán, si manos tienen no te tocarán, si boca tienen no te hablarán y si pies tienen no te alcanzarán. Es el poder de María tan fuerte y vencedor, que salva al que es inocente y castiga al que es traidor; mansos afirmarse que ello sea siempre demostración de un verdadero culto de los antepasados, por más que la necrolatría está muy extendida en toda Africa. Véase un resumen que demuestra esto último en la obra de Hovelacque citada. A la creencia general en la continuación de la personalidad del difunto, en los *dobles*, que vagan invisibles junto a los vivos y que se complacen en hacerles daño, se debe en parte que los brujos en sus ritos usen

---

y humildes de corazón lleguen mis amigos a mí como llegó **Nuestro Señor** al verdadero árbol de la Cruz S. N. de quien te fías, de la siempre fiel Virgen María y de la Hostia consagrada hoy en manos de un sacerdote, Virgen Santísima, líbrame de mis enemigos visibles e invisibles como libraste a Jonás del vientre de la ballena, por el amor de Dios, amén. Jesucristo me acompañe. Y su madre de quien nació. La Hostia consagrada. Y la Cruz en que murió. *Laus Deus.*—El que trajere consigo esta oración vivirá reservado de tentaciones de sus enemigos, de falsos testimonios, de muerte repentina, de puñaladas, maleficios y hechicerías, etc. Se librará de mordeduras de animales feroces y ponzoñosos. Se verá libre de la justicia y en la casa que estuviere no acontecerá ningún mal; la mujer que estuviere de parto parirá fácilmente, también libra de accidentes y gota coral, poniéndola sobre el vientre pronto desaparecerá. Todas las noches se rezará un credo al Gran Poder de Dios al acostarse y otro por la mañana al levantarse y una salve a María Santísima Madre de Dios para que nos favorice. Amén. Será muy útil traerla en la memoria para los casos imprevistos, la dirá inmediatamente y quedará libre del mal en que se encuentre, la fe nos ilumine, la fe triunfe de sus enemigos."

La anterior oración es de indiscutible origen europeo. En un libro español de oraciones, de editor anónimo hasta cierto punto, he hallado una oración muy semejante para obtener la invisibilidad ante los enemigos. La chusma cubana se aprovechó de ella y la transmitió a los negros brujos, muchos de los cuales, repito, debieron conocer en Africa esta superstición allí representada por los escritos de los *marabús*. Precedentes europeos de esta clase de oraciones o *breves* pueden estudiarse, por ejemplo, en *Un Proceso de Stregoneria nel 1623 in Sicilia*, por G. MIAUNZI y S. SALOMONE, Palermo, 1901. El uso de tales oraciones es corriente en los bajos fondos de las sociedades atrasadas. Véanse, por ejemplo, las publicadas por AURELINO LEAL, *La Religion chez les Condamnés á Bahia* (*Archives d'Anthropologie Criminelle*, etc., 1899; páginas 605, 631), pertenecientes a los delincuentes brasieños, cuyo ambiente por más de un concepto se asemeja al de la criminalidad cubana.

de huesos humanos y especialmente calaveras. Al hablar de *Elegbará* ya me he referido a una derivación necrolátrica de la superstición del *ánima sola* y su asimilación a aquel *orisha*. Pero sin acudir a esta supervivencia puede patentizarse la procedencia netamente africana de la veneración especial de las calaveras y de otras partes del esqueleto humano, y la consiguiente violación de sepulturas para obtenerlas. En una comarca de la Costa de los Esclavos "tres meses después de enterrado el muerto, los amigos son invitados nuevamente a reunirse en la casa donde fue sepultado aquél. Una vez allí, los feticheros, en la obscuridad, desentierran el cadáver y le separan la cabeza, que depositan sobre ricos paños. En seguida degüellan víctimas (gallinas, cabras, cerdos) y la sangre y el aguardiente corren sobre el asqueroso cráneo. Durante tres días se baila, se canta y se derrama profusamente el aguardiente (1) El cuarto día se entierra nuevamente la cabeza, y el muerto queda satisfecho" (2). Dice Courdioux: "Las familias de Dahomey tienen un gran respeto a los manes de sus antepasados. Después de muchos años de sepultados, los cráneos de los difuntos son retirados de los sepulcros y conservados religiosamente en vasijas de barro. Estas se colocan en un rincón de la casa y sirven de base y consagración al culto debido a todos los fetiches o dioses domésticos." También conservan en sus casas los cráneos de sus muertos los negros pahuinos.

Pero no solamente el miedo a determinado difunto y la intención de calmar su irritación y hacerlo favorable al vivo inspira el respeto a las calaveras o huesos, y el deseo de su posesión. No solamente interesan los restos de los propios antepasados, sino también los de otros muertos. Al leerse más adelante la reseña de algunos recientes casos de brujería se verá que los cadáveres profanados no son precisamente de ascendientes o familiares de los brujos, sino de vivos significados por especiales circunstancias o hasta de procedencia desconocida. Creen los brujos, como en general los pueblos primitivos, que la posesión de una

---

(1) Como diríamos en Cuba: se celebra *un velorio*.
(2) BEAUGENDRE. (Cita de Bouche).

parte del cuerpo humano basta para tener poder sobre toda la persona si viva, o sobre su *doble* si muerta. Esta creencia es inspiradora de gran parte de las prácticas mágicas de todos los pueblos y edades, y a ella he de referirme nuevamente en breve al tratar de los hechizos de los brujos afro-cubanos. Por lo que respecta a su localización africana las pruebas son también claras: "Uno de los más preciosos fetiches de los habitantes del Gabón es el *okundú*, restos tomados de las sepulturas humanas: cabellos, dientes, huesos, un miembro entero; las carnes son reducidas a cenizas, mezcladas a otros polvos simbólicos, a la misma pólvora, y conservadas con cuidado en una concha de caracol, en un cuerno de antílope o de cabrito, una cajita o un saquito. Cuanto más ilustre haya sido en vida el difunto con mayor interés será rebuscado en la sepultura." (1) Du Chaillu cuenta que en el país de los otandas (Congo) la cabeza de los feticheros es momificada y conservada devotamente en la casa *alumbí* o de los encantamientos (2). Entre los adumas (Congo), cuando muere un jefe o personaje influyente sus familiares le cortan la cabeza, que conservan ahumada, convirtiéndola en un venerado fetiche. Los cráneos de sus jefes los guardan en una especie de cestos, a manera de urnas funerarias, sobre los que colocan el ídolo *Mbueti*. Lo mismo sucede entre los ondumbos. Después de esto perfectamente se explica la intención de los brujos, que no ha mucho, en Abreus, quisieron hacerse dueños de los cadáveres del negro africano Bernardo Palacios (a) *Gallito*, que fue brujo, y de la negra criolla B. Acea, también bruja, conocida por la *Vueltabajera*, a la que se cree fallecida de resultas de un hechizo. Por esta misma razón se explican también las profanaciones de cadáveres de blancos, reminiscencia atávica de la época remota en que el europeo era para el africano un ser superior de poder sobrenatural. En los primeros tiempos de la ocupación del Congo francés era preciso cerrar con piedras las tumbas de los blancos para evitar su violación clandestina;

---

(1) P. BARRET: *L'Afrique Occidentale*. París, 1888; t. II. pág. 174.

(2) Cita de P. BARRET.

"la cabeza del exhumado desaparecía en primer lugar".
(1) "Dícese que en posesión del gran fetichero del río Niero (Costa del Marfil) están los cráneos de los infortunados viajeros Voituret y Papillon" (2).

También la posesión de los cabellos arrancados de los cadáveres es considerada por los brujos afro-cubanos como suficientes para esclavizar al *doble* de un difunto, uno de ellos llevaba colgando de un gorro cuatro trenzas de largos cabellos procedentes de otras tantas profanadas tumbas.

Los restos humanos sirven asimismo para la confección de filtros y menjurjes de hechicería; así, por ejemplo, un brujo usaba un trozo de carne humana para que por una ley de magia simpática, a medida que se corrompía fuera curándose una herida suya. Pero, a veces, el uso de carne humana llega al canibalismo, para satisfacer el cual, que no es sino una forma de posesión más íntima del *doble* del muerto, se desentierran también los cadáveres recientemente inhumados, especialmente, como he dicho, si son de personas distinguidas desde el punto de vista del brujo, de los cuales se utilizan las carnes para macabras comidas y sus huesos para fetiches.

Los fetos putrefactos entran también en el número de las asquerosas materias a las que los brujos dotan de extraordinarias virtudes.

No ha mucho que se conmovió el pueblo cubano por las noticias de un asesinato cometido en El Gabriel para que el corazón de la infantil víctima del fanatismo brujo sirviera de remedio a la esterilidad de una negra; pero este caso es excepcional, sobre todo en los tiempos que corren, y no puede decirse, afortunadamente, que la antropofagia fetichista sea llevada hasta ese grado ni haya sido y sea característica principal de la brujería afro-cubana, como parece que lo ha sido en Haití, (donde, según Texier (3), más de un blanco ha sido desenterrado, roto su cráneo y comida su masa encefálica para adquirir así el negro

---

(1) P. BARRET: ob. cit., t. II, pág. 175.
(2) BONNEAU: *La Côte d'Ivoire*. París; pág. 28.
(3) Ob. cit. pág. 205.

vivo la inteligencia del blanco muerto) y en las Antillas francesas, por análogas supersticiones (1).

En resumen: los brujos reconocen un dios superior (*Olorúñ*), sin culto; tres categorías de divinidades inferiores. La primera es una trinidad compuesta por *Obatalá*, *Shangó* e *Ifá;* en la segunda entran los demás dioses antropomorfos, y en la tercera los numerosos fetiches innominados, en cuya categoría pueden incluirse los *dobles* de los muertos, representados por sus cráneos y otras partes de sus esqueletos (2).

---

(1) CORRE: *Le Crime en Pays Créoles.* Lyon; pág. 204.
Esta superstición antropofágica permanece todavía en algunos países meridionales de Europa, según PENTA: *I Delinquenti é Delitti Primitivi.* Nápoles, 1901; pág. 36.
(2) Véanse las analogías que este resumen ofrece con el que de la religión de los negros de la Costa de Oro da RATZEL: *Las razas humanas;* trad. esp., Barcelona, 1888; t. I, pág. 150.

CAPITULO III

LA BRUJERIA

(Continuación)

I. El culto brujo. — El templo y el altar. — Cofradías. — Vestiduras. — Sacrificios. — Música y danzas. — *Dar el santo.* — II. La hechicería. — Salación, ñeque, embó, bilongo. — Limpiezas. — Terapéutica bruja. — Hechizos amorosos. — Hechizos maléficos. — Otras supersticiones. — Envenenamientos y asesinatos. — III. La agorería. — Collar de *Ifá.* — Echar los caracoles. — Otros procedimientos adivinatorios.

I

Paralelo a la rusticidad de tales dioses es el culto que se les tributa.

Generalmente, debido en parte a la necesidad de ocultar los ritos, éstos son practicados en el interior de las casas habitadas por los sacerdotes. Sin embargo, en lugares del campo donde la escasa densidad de población lo permite, hay determinados sitios consagrados a ciertos actos de la brujería. Así, por ejemplo, recientemente se ha citado en los tribunales una seiba (en el ingenio *Fajardo*, El Gabriel, provincia de La Habana) bajo la cual se han celebrado ceremonias fetichistas. En su tronco se observan numerosas marcas hechas por los brujos, así como a su alrededor cazuelas con ofrendas, plumas, cuernos, etc. Acaso se trate de un culto fitolátrico, de un árbol fetiche. La seiba, árbol el más grande de la flora cubana, hace las veces del baobab africano (1).

---

(1) Véase lo que dice Nina Rodrigues (ob. cit., página 35 y

Pero lo común es que el oculto brujo tenga su templo, que a la vez es morada del sacerdote. En las ciudades hace las veces de templo una habitación cualquiera de la casa del brujo, oculta a la vista de los transeúntes y sin que detalle exterior alguno revele que allí se practica un culto. En las poblaciones rurales y en los campos, donde el atraso intelectual es mayor y la acción del poder social es más débil, llegan los brujos a señalar exteriormente sus templos. Unas mazorcas de maíz, con los granos al descubierto, colgadas por su propia panoja del techo de la habitación o del dintel de la puerta, es símbolo de brujería. A veces no solamente el sacerdote brujo señala su casa de este modo, sino también sus fieles más devotos, los *hijos del santo*. El bohío del brujo Bocú, del cual tanto se habló en Cuba no ha mucho, se distinguía también de todos los demás inmediatos, no sólo por estar todo él blanqueado (lo cual pudiera relacionarse con el color sagrado del supremo *orisha Obatalá)*, sino también por una gruesa cadena de hierro, que a manera de baranda estaba atada de un horcón a otro del colgadizo del bohío. Dicha cadena de hierro, colocada tan extrañamente, era probablemente un símbolo fetiche de *Eleguá*, o sea del *orisha* maligno, a manera de barrera o *guardiero* contra la *cosa mala*.

En la habitación que sirve de templo no puede tener lugar trabajo profano alguno.

Algunos templos yorubas están adornados con símbolos religiosos como dice Bowen: peces, tortugas, serpientes, el *lingam*, etc. Nada de esto he observado en Cuba. En el lugar preferente de la habitación está el altar, tomado de los templos católicos. (Figura número 10). Sobre una mesa adornada según los recursos del brujo, está colocada una gradería y sobre ésta las ofrendas al santo, depositadas en platos y vasijas de barro, coco, calabaza, etcétera,

---

siguientes) referente al culto fetichista en el Brasil de ciertos grandes árboles llamados *gamelleiras,* que equivalen a las seibas cubanas (*Erio dendron anfractuosum*). Léase también a *Binger* (ob. cit., t. I, pág. 43) respecto a la frecuencia con que los hechiceros africanos mandan hacer ofrendas a los árboles.

Fig. 10.—Altar brujo. (De un apunte del natural.)

ramos de flores, cirios, incienso y demás del culto católico. En lo alto la imagen del santo al que está dedicado el templo; en otros lugares ídolos y fetiches secundarios, etcétera. Del altar del brujo da perfecta idea la figura 11. Sobre una mesa adornada con paño bordado se ven varias vasijas que contienen las ofrendas alimenticias. A la izquierda una hacha y cuchillos, que lo mismo pueden ser instrumentos para el sacrificio que representar a *Eshú*, por el hierro que entra en su composición. A la derecha los *jimaguas*. En la pequeña gradería un cirio y vasos con flores; en lo alto una de las vírgenes que la catolización superficial de los brujos asimila a algún *orisha*. En el frontis del altar, diferentes adornos con collares de cuentas de varios colores, que representan a diversos *orishas*, y una flecha con su arco tendido, que debe ser un símbolo de *Oshó-oshí*. Colgando de la pared, cuadros de imágenes católicas, una herradura (fetiche de hierro) y un manojo de hierbas, que así pueden ser fetiches fitolátricos como material para la preparación de hechizos.

De cada día los altares brujos van acercándose más a los católicos. El brujo Bocú, a pesar de ser, según parece, africano, tenía un altar ante el cual, salvo algún pequeño

Fig. 11.—Altar brujo. (De un apunte del natural.)

detalle, se postraría sin el menor reparo el más fanático de los *calambucos* católicos. Estaba adornado con flores de papel (desconocidas en los templos africanos). En el sitio preferente una estampa de Santa Bárbara, y a su alrededor las de la Virgen de Regla, de la Virgen de la Caridad del Cobre, del Niño de Atocha, de la Virgen de las Mercedes, de la Dolorosa y de San José. A cada lado del altar una oración. Ambas oraciones (que impresas llevaban también una imagen) eran asimismo católicas; llamada *a la piedra imán* la una, y a *San Lázaro, sal del sepulcro*, la otra. Sobre el altar varias botellas de agua bendita y algunas ofrendas.

Para el culto de los dioses moradores en tales templos, los brujos afro-cubanos, como los de Yoruba y muchos otros países de Africa, llegaron a crear cofradías (1). Estas eran, y son aún, aunque van desapareciendo, presididas por un brujo, que en castellano suelen llamar *padre* y en lenguaje africano *ulué*. Algunos cargos secundarios relacionados con el ejercicio del culto y ofrenda del sacrificio,

---

(1) Véanse datos interesantes de dichas asociaciones religiosas en Dahomey y entre los minas, en BOUCHE, obra citada, página 113 y siguientes.

reciben los nombres de *caballero de la mesa* y *mayordomos*, tomados, especialmente el último, de las cofradías católicas. A los demás asociados se les llama *hijos del santo* (1). Estos, y en general todos los adoradores de un determinado *orisha*, se distinguían por medio de insignias especiales, por el color de los vestidos y collares de abalorios, análogamente a los hábitos, cordones, medallas, etc., de los beatos blancos. Pero los negros de hoy conceden a los collares mencionados carácter de fetiches, con indudable confusión e ignorancia (2).

A medida que ha avanzado la civilización se han ido diluyendo tales cofradías fetichistas; pero no se puede afirmar todavía que no subsista alguna con un verdadero carácter, constituida orgánicamente, en las comarcas del interior de la isla. Todavía puede observarse, por otra parte, restos de las antiguas organizaciones, especialmente en el campo, donde no ha perdido su significado la expresión *hijos del santo* aplicada a los cofrades. En algunas sociedades de negros, legalmente constituidas, que aún conservan el rescoldo de los antiguos cabildos, se han refugiado las últimas supervivencias de las cofradías de manera más o menos disimulada. Así, por ejemplo, la sociedad de congos de El Gabriel no era sino degeneración de una cofradía bruja.

También en Cuba se observa el ritualismo de los colores (3), por más que el uso de vestiduras especiales para los creyentes haya sido muy restringido, por razones fáciles de comprender. Para mencionar algún caso: en la ya citada detención que la policía hizo de unos brujos de Guanabacoa, el año 1868, se encontró un busto femenino, vestido de tela blanca, que según declaración del más signifi-

---

(1) Igual denominación reciben en el Brasil, según Nina Rodrigues.
(2) En Dahomey, los collares se hacen de filamentos de palma y se llaman *adunka*. (BOUCHE, obra citada, página 128.)
(3) Véase una curiosa superstición basada en la complacencia o irritación de los espíritus, por tales o cuales colores, entre los negros de la costa del Marfil, en M. MONNIER: *(La Boucle du Niger,* París; pág. 15).

cado de los detenidos representaba a la Virgen de las Mercedes, o sea a *Obatalá,* cuyo culto reclama el color blanco. El 13 de diciembre de 1904 se le ocupó a un brujo, *Ta Julián,* de Cabezas (provincia de Matanzas), un hábito de género blanco adornado con tela de color rojo, cuya vestimenta era dedicada al culto de Santa Bárbara, o *Shangó,* que exige ambos colores simultáneamente.

Pero no obstante lo dicho, no es raro entre las mujeres de color vestir un hábito, como *promesa* por un favor recibido de los dioses. Dicho hábito o es blanco, cuando se ofrece a la Virgen de las Mercedes, o amarillo, cuando a la del Cobre; y sabido es que ambas Vírgenes representan para los fieles de *Obatalá,* a esta divinidad y a *Oshún,* respectivamente. Además, si bien con respecto a la Virgen de las Mercedes pueda relacionarse la vestidura blanca con el hábito del mismo color de los frailes mercenarios, no sucede lo mismo con la Virgen del Cobre, que dentro del catolicismo no se relaciona, que yo sepa, con el color amarillo. Por otra parte, los hábitos de *nazareno* (color morado), de la Virgen de los Dolores (color negro), franciscano (color azul), de la Virgen del Carmen (color por esto llamado carmelita) etc., son usados con más frecuencia por las blancas. No es aventurado, pues, ver en estos vestidos-promesas, por lo menos en su uso actual, si no en su origen, una supervivencia de los vestidos de las cofradías brujas.

A menudo los brujos en el interior de sus templos se visten de manera tan estrambótica como lo hacían en Africa, si bien con algunos para ellos preciosos accesorios de origen civilizado, que harían la dicha de sus colegas de allende el Atlántico. Parte importante del atavío del brujo es el gorro, que varía según el capricho de su dueño y el concepto que tenga de la estética indumentaria. Ya es kepis militar adornado de abalorios, cintajos y trenzas de una cabellera ¡rubia!; ya una corona de plumas de colores brillantes, como de gallo, de pavo-real, etc., que no se distingue de las que usan los feticheros en Africa. (Véase la figura número 12). En algún caso, el gorro, además de

Fig. 12.—Gorra de plumas usadas por un brujo. (De fotografía).

ser ridículo, es repugnante. La figura 13 representa un gorro adornado de plumas de cotorra y trenzas de cabellos humanos robados a los cadáveres de algún cementerio. Al frente una ancha cinta con el letrero *Santa Bárbara bendita*. Las plumas de cotorra, así como los cabellos humanos, significan algo más que un adorno de simple efecto estético (!), puesto que tienen también carácter de fetiches. Así sucede en el Congo, donde son preferidas para tal objeto las plumas de colores vivos, como las de cotorra.

En especial, las plumas de loro, así como las de gallina de Guinea o pintada, son fetiches en la Costa de Marfil. Las coronas de plumas son muy frecuentes entre los fecheros de Loango. Por lo común, los negros brujos, principalmente si son africanos, así como las negras viejas, llevan la cabeza cubierta por un pañuelo a ella liado, costumbre de origen ultramarino, también mantenida por los demás negros ancianos no brujos; pero este pañuelo no constituye una prenda de carácter sacerdotal.

Fig. 13.—Gorro de un brujo, con trenzas de cabellos humanos. (De un apunte del natural).

Observando las figuras características de la antigua fiesta del día de Reyes se puede tener un concepto de lo que eran y son en parte todavía, los adornos del brujo y el gusto salvaje de sus atavíos; aunque no haya comprobación de ello, no es aventurado suponer que la mayor parte de esos pintorescos vestidos africanos, que tiempo atrás aparecían anualmente, el día 6 de enero, eran los propios de los feticheros de los cabildos, aparte de algunos que

Fig. 14—Tipo de *diablito*.

pudieran tener un carácter guerrero o jerárquico. La hipótesis es fundada, pues si se tiene presente el carácter parcialmente religioso de los cabildos, que en un principio se demostrara abiertamente, hasta el punto de que se llevaban los ídolos del cabildo en las bacanales, es lógico pensar que entonces el fetichero no dejaría perder la ocasión de revestirse de los sagrados atributos de su elevada condición, para lucirlos ante sus compatriotas y celebrar las ceremonias de su culto. En efecto: entre los tipos que llamaban la atención de los habaneros el día de Reyes se destacaban los llamados *diablitos*. Eran éstos, según Pichardo, aquellos "negros vestidos ridículamente a modo de mamarracho o arlequín, que el día de Reyes

Fig. 15.—Tipo de *diablito*.

andaban por las calles con su cabildo, dando brincos y haciendo piruetas, algunas veces con un muñeco de la misma figura y nombre". (Véanse las figuras números 14, 15, 16 y 17). Generalmente son considerados los *diablitos* como simples bailadores de los cabildos, una especie

Fig. 16.—Tipo de *diablito*.

de bufones encargados de representar pantomimas, algo así como los *griots* africanos. Es de opinar, no obstante, que los *diablitos* eran verdaderos sacerdotes revestidos de sus abigarrados y extraños ornamentos rituales. Era común en los *diablitos* llevar la cara cubierta, o, por lo menos, desfigurada con largas barbas blancas a manera de máscaras o una especie de careta. El uso de tales caretas no es usual en los reyezuelos ni magnates de Africa, y lo es, en cambio, en sus sacerdotes (1) y en los miembros de ciertas asociaciones que participan del carácter sacerdotal. Una supervivencia de estos últimos es, sin duda, el *diablito ñáñigo*, tan conocido en Cuba tiempo atrás

---

(1) A. LEFEVRE: *La Religión,* París; pág. 14.—RATZEL, ob. cit., t. I, pág. 359.

Fig. 17.—Tipo de *diablito*.

(1). Los hechiceros llegan en algunos países a usar máscaras de madera. Véase, por ejemplo, la que consta en la obra de Ratzel, máscara de los hechiceros de Dahomey (2), y compárese con la reproducida por la figura número 18. Sin embargo, bien pudiera ser que esta máscara fuera de origen congo. Conga es la piel de gato montés conservada en una urna, de que ya he hablado en página anterior, la cual fue hallada en el mismo templo que la máscara de referencia. Además, en el Congo también se usan por los hechiceros las caretas de madera (3). Los cuernos que llevan los *diablitos*, representados por las figuras

---

(1) De este especial *diablito* trataré extensamente en mi estudio *Los negros ñáñigos*.
(2) Ob. cit., t. I, pág. 364.
(3) P. ZINNO: *Dalle Foci del Congo al Nilo Bianco. Il Secolo,* de Milán, 14 de octubre de 1904 y siguientes.

15 y 16, son también usuales entre los hechiceros negros. (1).

Fig. 18. — Máscara bruja.
(De un apunte del natural.)

Lo son asimismo las barbas entre los brujos de Costa de Oro (2). Los del Congo se disfrazan con pobladas barbas de pelo de cabra (3). Las coronas de plumas con que aún hoy se adornan los brujos afro-cubanos eran comunes entre los *diablitos* (figura 15), como lo son entre los hechiceros africanos. En cambio, el gorro en forma de mitra, hecho con fibras de palmera entrelazadas, era en 1491 un ornamento simbólico del rey del Congo, y guarda con él cierta semejanza el reproducido por la figura 17, sin que con esto quiera decir que ese fuese el adorno del rey del cabildo congo en La Habana.

Es propio de los hechiceros africanos tener vestidos especiales, y "cuando se visten con ellos son más sagrados e inviolables". Un tipo de *diablito* de los más populares era el de la figura 16, llamado groseramente por el vulgo la *culona*, por el aro que llevaba alrededor de su cintura, sujeto a ella y sosteniendo una especie de vestido hecho de fibras vegetales.

También del empleo de estas fibras se hallan precedentes en Africa. Así, en una región de Angola, las fibras susodichas de corteza de palmera tienen carácter sagrado e inviolable, y con ellas se visten los niños y niñas hasta

---

(1) RATZEL: Ob. cit.; t. I, pág. 150. Véase un casco de madera adornado de cuernos en BINGER (ob. cit., t. I, pág. 225). Asimismo se observan los cuernos en los feticheros congos, según P. ZINNO (loc. cit.), y entre ciertos hechiceros de la Costa de Marfil, al decir de MONNIER (ob. cit., pág. 21).
(2) RATZEL: Ibídem, pág. 358.
(3) P. ZINNO: loc. cit.

que están en aptitud de procrear. Las usan los bailadores del Congo en la misma forma que en Cuba, y tiene un carácter religioso, al decir de Ratzel.

Las emplean los *dus* a que se refiere Binger. Los sacerdotes achangos (comarca del Congo francés) llevan asimismo vestimentas hechas de fibras vegetales (1). También con fibras de palma (y, además, con una máscara cornuda) se viste cierto temido fetichero de la Costa de Marfil (2).

Solamente al misoneísmo religioso cabe atribuir la permanencia de estos ornamentos en Africa como en Cuba, aun cuando los negros, en general, ya emplean telas de importación europea o tejidas por ellos mismos. En efecto: los adornos y vestidos hechos de fibras vegetales sin tejer, cuernos, cauris, etcétera, son primitivos, remontándose a época anterior al comercio de importación de tejidos de artículos europeos; y mientras los reyezuelos y magnates adoptaron con fruición, para hacer ostentación de lujo y de riqueza, los andrajos y baratijas que los blancos les vendían, los sacerdotes, más conservadores, resistieron y continúan resistiendo a las innovaciones en su indumentaria, consagrada por la antigüedad. El empleo de las caretas puede explicarse en parte por ciertas funciones políticas, como el castigo de delincuentes, etcétera, confiadas a sacerdotes o a dependientes de su autoridad; pero, por otra parte, la necesidad sentida por los feticheros de causar miedo a los crédulos negros, de rodear de misterio sus funciones, espoleando el temor a lo sobrenatural, y, además, por ciertas ceremonias del culto fetichista, por las que se procura espantar a los espíritus maléficos. El siguiente parrafito de Ratzel lo confirma y sirve para explicar la razón del título de *diablitos* dado a tales personajes africanos en Cuba. Dice así: "En determinadas circunstancias ha de armar ruido (el fetichero) adornado con cuernos y cascabeles, *a manera de diablo*, para espantar al diablo verdadero y hacerlo huir".

---

(1) HUTCHINSON, GREGORY y LYDEKKER: *Razas humanas;* trad. esp., Madrid; pág. 359.
(2) M. MONNIER, ob. cit., pág. 21.

De tales estrambóticos vestidos y adornos apenas se conservan restos entre los brujos (1), quienes por su condición sacerdotal, que lleva consigo, como en todos los cultos por civilizados que sean, un exagerado apego a lo tradicional, son los más tenaces mantenedores de todos los rasgos salvajes que la raza negra trajo de Africa.

Si las vestiduras de sacerdotes y fieles han desaparecido casi totalmente porque eran símbolos sobradamente llamativos y chocaban contra el ambiente hostil en gran parte, les han sobrevivido los collares, que hoy llevan todavía casi todas las negras, atribuyéndoles, repito, el mismo carácter fetichista que los católicos a cualquier medalla o escapulario de idéntica advocación. La significación de los colores se conserva en su pureza primitiva. De abalorios blancos son los de la Virgen de las Mercedes *(Obatalá)* (2), amarillos los de la Virgen de la Caridad del Cobre *(Oshún)* (3), azules los de la Virgen de Regla *(Yemanyá)* (4), blancos y rojos los de Santa Bárbara *(Shangó)* (5) y otros muchos de cuentas blancas y azules, alternadas, blancas con filetes azules, amarillas y azules, rojas solamente, negras, etcétera. También tienen collares dedicados a San Francisco (¿*Orún?*), San Pedro (*Ogún*),

---

(1) Es triste observar que tampoco se conservan, que yo sepa, en ningún museo, ni en colección de carácter retrospectivo.

(2) Blancos como las vestiduras del ritual. BOWEN, obra citada. VIGNE D'OCTON *(Siestes d'Afrique;* París, página 91). A. B. ELLIS, ob. cit., págs. 95 y 96, y BOUCHE, ob. cit., pág. 114. Asimismo en el Brasil, NINA RODRIGUES, ob. cit. pág. 53.

(3) Idem en el Brasil. Se atribuyen también al culto de ese *orisha* los collares de coral. ¿Será por la procedencia marítima de la materia componente? Lo mismo puede suponerse con mayor motivo de los collares de ámbar, que también se le dedican, los cuales, además de ser de origen marítimo, son de color amarillo.

(4) En el Brasil son blancos translúcidos, según NINA RODRIGUES. Sin embargo, en Yoruba, al decir de A. B. ELLIS (ob. cit., pág. 44, este *orisha* se representa por una figura femenina de color amarillo, vestida de blanco y adornada con collares de cuentas azules.

(5) A. B. ELLIS, ob. cit., páginas 49 y 95. HOVELACQUE, ob. cit., pág. 115. NINA RODRIGUES, ob. cit., pág. 53.

las ánimas benditas *(Elegbará)*, sin que pueda apuntar el color de sus cuentas de vidrio.

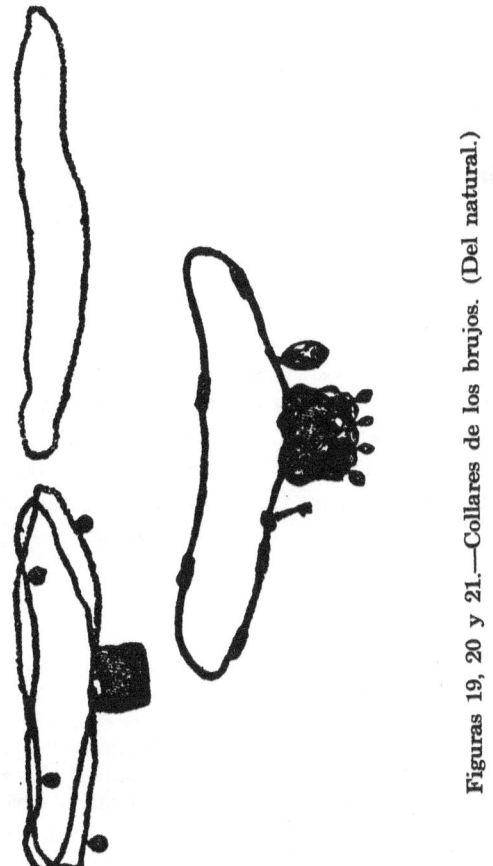

Figuras 19, 20 y 21.—Collares de los brujos. (Del natural.)

No deben confundirse estos collares (figura número 19) con el llamado equivocadamente *collar de Ifá*, ni con otros collares destinados a ser portaamuletos (figura número 20), frecuentes entre los negros fetichistas. Son collares estos últimos formados por una cadenita o cordel que lleva colgando cayajabos, colmillos, medallitas católicas, y con frecuencia una bolsita de cuero o tela en la que, como se estila en Africa, se guardan los *gris-gris* más estimados.

Estos collares no son fetiches por sí mismos, como en

la actualidad son considerados los otros. Hasta en los collares de los brujos se observa la confusión de las creencias fetichistas de los negros con las de los blancos. Así lo demuestra la figura número 21. Representa un collar formado por un cordel que lleva los cinco nudos característicos del llamado por los católicos *cordón de San Francisco;* colgando se ve una medalla católica y una llave (fetiche de oro), además de una bolsita, adornada de cauris, que contiene una guija.

El culto de los brujos consiste principalmente en consagrar a la divinidad diversas ofrendas, con objeto de merecer su protección y ayuda y aplacar sus malévolos impulsos.

Los manjares son las ofrendas más agradables a los dioses, y sus sacerdotes procuran que no falten nunca sobre los altares. Las ofrendas más comunes son: cocos, manís (1), calabazas, ñames, plátanos, gofio (2), una especie de palanquetas (3) en forma de bolitas, una porción de hierbajos, quimbombó (4), manteca de corojo (5), ocra (6), *bleo* (7), *calalú* (8), *malanga* (9), *fufú* (10),

---

(1) *Arachis hypogea.*
(2) Maíz seco, tostado y reducido a polvo.
(3) Dulce hecho de gofio mezclado con miel.
(4) *Hibiscus esculentus,* según GUNDLACH.
(5) Aceite concreto de cierta palmera así llamada.
(6) Especie de *tamal* hecho de frijoles *de carita,* envuelto en hojas de plátano. *Akará* en Yoruba significa pan, según BOWEN; pero es preferible aceptar la detallada descripción que da BOUCHE de los diversos *akarás* de Yoruba, que son siempre unas croquetas que varían según sus ingredientes. *Okká* y *Eká* significan el alimento que los árabes llaman *kús-kús.* En las Antillas francesas *Akrá* es el nombre que dan los negros a los buñuelos de pescado.
(7) Quizás sea el bledo.
(8) Según Pichardo: "Comida compuesta de hojas de malanga, verdolaga, calabaza y otros vegetales picados y cocidos con sal, vinagre, manteca o aceite, etc." Es el *Obbé* de Yoruba (véase BOUCHE, ob. cit., pág. 61), que en el Brasil llaman *carurú.*
(9) *Arum sagitaefolium.*
(10) Palabra africana. Especie de harina de ñame, según CROWTHER. (Véase en el vocabulario yoruba de este autor la voz *Okka*).

chichí (1) y las bebidas *ecó* (2), *chaqueteque* (3), aguardiente mezclado con *miel de purga*, etc.

Es de notar que no se ofrecen a los dioses otras comidas que aquellas propias del mezquino arte culinario africano. Este hecho, así como muchos análogos, puede explicarse por la resistencia que demuestran contra las innovaciones y reformas los ritualismos religiosos, siempre temerosos de perder el prestigio que para las conciencias incultas tienen las fórmulas consagradas por los años. Les pareció a los brujos que ofrendar a sus dioses con alimentos propios de los blancos que se mofaban de ellos, hubiera sido ofenderlos gravemente.

La manteca de corojo es muy apreciada por los dioses y por los brujos, que la emplean frecuentemente en sus hechicerías, llegando hasta entrar en la composición de muchos fetiches.

El gallo, además de utilizarlo para algunos hechizos (4), lo ofrecen en sacrificio a los *orishas*, a *Elegbará* especialmente. En este caso ha de ser un gallo (5) o pollo de plumas negras, cuya ave se mata agarrándola por las patas y golpeándole la cabeza contra el suelo; después se le extraen las vísceras abriéndolo con un utensilio de madera

---

(1) Uno de tantos platos de la cocina africana cuya composición desconozco.

(2) Idéntica ofrenda hacen en los *cañdomblés* bahianos consagrados a *Eshu*, según NINA RODRIGUES, obra citada, pág. 113.

(3) Cierta pasta de maíz tierno fermentado y azúcar, que se disuelve en agua; especie de *majarete*. Es voz de Yoruba, donde se conserva con la misma pronunciación y significado, según BOWEN. BOUCHE llama *Ecó* a una especie de tamal y *Oká* a esta bebida.

(4) Bebida producida mediante una infusión de hierbas. En Yoruba la voz *Shoketé* significa una especie de cerveza de maíz.

(5) De un poderoso fetiche consistente en una pata de gallo envuelta en un trapo y empapado de cierto veneno que mata *al mirarlo*, nos habla BINGER, ob. cit., tomo I, pág. 178.

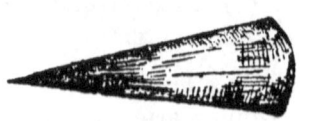

Fig. 22.—Instrumento del sacrificio brujo.

de forma primitiva, semejante a un cuchillo. (Figura núm. 22). El origen de este instrumento del rito debe buscarse en una época remotísima, cuando el cuchillo de hierro no era aún conocido en Africa, y ha logrado subsistir hasta en Cuba, por la misma razón que los cuchillos de sílex en el culto de la antigua Roma y de otros pueblos. Para matar el gallo se usa también otro procedimiento más primitivo aún. El instrumento es innecesario en este caso; el brujo sujeta la cabeza del gallo entre los dos primeros dedos de su pie derecho, y tirando con violencia de las patas del animal, lo decapita.

La decapitación ritual del gallo ofrendado puede verse demostrada entre los yorubas, por Bouche (1).

A veces para ciertas ofrendas importantes se procura que el sacrificado, y en general otras aves en el mismo caso, sean de color aproximado al especial del *orisha*. Así, para *Obatalá* se buscan aves blancas, para *Oshún*, gallinas amarillas, para *Shangó*, gallos indios (2), etcétera. También se señalan otras ofrendas especiales para cada santo; pero no hay unanimidad entre los brujos, que, al menos en Cuba, ajustan sus pretensiones a las exigencias de las circunstancias, no siempre favorables a la rigurosa observancia de los requisitos que el rito señala para las víctimas propiciatorias.

Cuando se trata del sacrificio de un ave o de otro animal, se derrama su sangre encima del ídolo y por el suelo del templo (3), o en un recipiente especial, en forma semiesférica, que algunos brujos llaman *chumba* (4). Si el

---

(1) Ob. cit., pág. 120.
(2) Son así llamados los de plumas de color rojo obscuro y pechuga negra.
(3) BOUCHE, ob. cit., páginas 100, 101 y 120.
(4) BINGER, ob. cit., t. II, pág. 184, escribe de las vasijas sobre las que se sacrifican las aves a los dioses por los negros de Bundukú, al norte del país de los achantis.

brujo sustituye en su altar el ídolo del *orisha* por la imagen estampada de un santo, entonces la sangre no llega hasta éste, seguramente, porque destruiría la figura.

No solamente aves, también se ofrendan otros animales, como chivos, carneros, cochinos, etc.; pero esto no es común, a no ser cuando en ocasión de la fiesta solemne del santo, se efectúa una comilona por los fieles; entonces al ídolo se le ofrece la porción principal, que suele ser la cabeza.

La ofrenda se hace generalmente, colocando los alimentos ante el ídolo sobre el altar, en la *chumba* a él dedicada, o fuera de ella, si dentro no es posible. Por la p l u r a l i d a d de imágenes que adornan el altar brujo tienen que colocarse s o b r e éste tantos recipientes de ofrendas como santos. Cada uno tiene su *chumba* especial, y algunas de éstas son del color propio del *orisha* a que están consagradas. Estas *chumbas* se adornan a veces con collares de abalorios, que simbolizan al ídolo, y a los que me he referido más arriba. Esto es suficiente para la dedicación de una *chumba* a determinada divinidad. (Figura número 23). A los cacharros de la tosca alfarería africana han sustituido las cazuelas, tazas, soperas, palanganas, copas, platos y demás vasos de uso doméstico. Hay brujos que para *Eleguá* consagran una vasija de hierro.

Fig. 23.—*Chumba,* dedicada a un *Orisha.*

El *espíritu* de los alimentos u ofrendas llega hasta los dioses; *lo restante* es aprovechado por los brujos, y en las más solemnes comilonas, por los más distinguidos *hijos del santo*.

En las fiestas, o cuando se hacen rogativas importantes, la *comida del santo* es ofrecida solemnemente. La ceremonia comienza tocando de un modo especial un tambor, toque llamado *bembé* por los brujos, por derivación de la voz yoruba de igual pronunciación, que significa *rogar, suplicar*. Después se celebra una procesión por los fieles asistentes, sin distinción de sexos, al frente de la cual marcha la mujer del brujo u otro miembro de la cofradía, llevando en un tablero, sobre la cabeza, los alimentos ofrendados. Al son del tambor, y acompañados por un monótono canto, que es una invocación a la divinidad, van dando vueltas al templo hasta depositar en el altar los objetos del sacrificio. Inmediatamente sucede la danza sagrada, y después la comida de los creyentes, los cuales toman los alimentos con la mano, pues les está prohibido valerse de cubierto.

Cuando acude al brujo algún individuo en demanda de un hechizo o un oráculo, es imprescindible para asegurar el éxito dar de *comer al santo* previamente, a costa del solicitante, como es natural. Entonces el sacrificio es más sencillo: basta colocar en el altar el alimento ofrecido, mediante ciertas fórmulas y gestos. Las formas de estos sacrificios son varias y sin solemnidad. He aquí la descripción de uno de ellos: "Taita Andrés trajo un gallo negro, y después de lavarle las patas en un lebrillo que contenía agua fresca, lo agarró por aquéllas y le dio tres vueltas alrededor de la linda cabeza de la joven. Luego hizo que ésta besase el suelo frente al altar. En seguida se puso Andrés en cuclillas, y comenzó a dar vueltas en torno de la dama, haciéndole una especie de masaje con la mano izquierda, mientras que, sujetando el gallo con la diestra, se lo pasaba de arriba abajo por las tersas y desnudas carnes, mientras él (el Taita), que temblaba como un azogado, cantaba con monótono acento: ¡*Saraa... yé yé*! ¡*Saraa... yé yé*! El baile y la canturria duraron como un cuarto de hora. La joven, que parecía excitada y tenía los brazos en alto, había concluido por balancear sus mórbidas caderas al compás del enervante ritmo africano. De improviso Andrés la agarró por la cintura la hizo caer de rodillas ante el altar y la puso en las manos el gallo para que se lo presentase a *Eleguá*..." (1).

---

(1) L. CARBO: *El Mundo Ilustrado,* de La Habana, 25 de septiembre de 1904.

El catolicismo también ha corrompido los ritos fetichistas, prestando a los brujos algunas de sus fórmulas. Así se ve ofrecer a los fetiches flores y exvotos, se les alumbra con cirios y lámparas de aceite, algún brujo le da comida al santo trazando en el suelo siete cruces con manteca de corojo, se les quema incienso, se emplea agua bendita, etcétera.

Los brujos utilizan para su culto varios instrumentos musicales, siendo casi sus únicos conservadores. Tales son el tambor, la marímbula, las marugas, y otros de que ya he hablado. No es de extrañar que el primero de los mencionados sea el principal, porque lo es en todas las regiones de Africa que surtieron nuestro país de esclavos, en las cuales toma variadísimas formas, según los no menos variados usos a que se dedica; así hay tambores para el culto, la guerra, el funeral, la boda, la danza, etcétera.

La marímbula no tiene, que yo sepa, una dedicación especial a determinado acto del culto brujo afro-cubano y solamente se mantiene en uso durante las fiestas brujas, por ese misoneísmo que envuelve todas sus cosas y al cual ya más de una vez me he referido.

Las marugas han ido desapareciendo, sustituidas por el *güiro* indígena; sin embargo, es muy común en los templos brujos, y rara es la vez que la Policía sorprende alguna reunión fetichista que no se encuentre en el montón de objetos ocupados alguna maruga. Este instrumento primitivo, que hoy los pueblos civilizados han relegado a las manos de los niños para satisfacer sus gustos musicales, igualmente primitivos, ha tenido, y tiene en muchos países, un carácter sagrado, especialmente en América. Es también conocido con significado religioso en Africa. Así, por ejemplo, los negros del Congo tenían una gran maruga de madera, sobre la cual prestaban sus juramentos (1). Es verosímil que los brujos africanos, aparte de las ceremonias de rito en que empleen las marugas, utilicen éstas cuando traten de espantar a los espíritus malignos o al duende causante de alguna dolencia, como sucede todavía en algunas tribus de América septentrional (2). Las brujas, pla-

---

(1) ASTLEY. (Cita de LUBBOCK, ob. cit., pág. 726.)
(2) PRESCOTT. (Cita de LUBBOCK, ob. cit., pág. 727).

ñideras en ciertos solemnes funerales senegaleses, danzan lascivamente ante el muerto acompañadas por el ruido de las marugas, que, a guisa de cascabeles, llevan atadas alrededor de su cintura (1). A menudo los brujos atan a sus marugas en la parte superior manojos de ciertas hierbas u hojas de virtudes extraordinarias.

El mayor atractivo de las fiestas que celebran los *hijos de los santos* es el baile religioso, que no siempre se mantiene dentro de las fronteras místicas, y pasa a menudo a ser una danza profana.

Por lo general, el baile religioso de los brujos se acompaña únicamente por tambores. Estos son tres. El primero es de dos metros de largo por uno de circunferencia, con parche de piel de cabra al extremo; se cuelga de la cintura y se coloca a la derecha del tocador, que produce los sonidos con las manos solamente. Equivale al antiguo tambor sagrado llamado *dabá*, de que ya habló el viajero árabe El-Bekri (2). El segundo tambor, llamado en Cuba *la tumba*, se toca con un palo pequeño; es de metro y medio de longitud, y para tocarlo se sostiene entre las piernas. El tercero es mucho más pequeño, recibe el nombre de *llamador* y se toca sosteniéndolo como el anterior. Es el que señala las vueltas de los bailadores y el *golpe de frente*, es decir, el momento culminante del baile, por su erotismo. Los tambores se templan al calor del fuego producido por la combustión de unas ramas secas, de paja de maíz, etc., etc. La marímbula también se emplea a a veces para acompañar la danza bruja; pero con menor frecuencia.

El baile comienza con un canturreo monótono en que se corea un estribillo del brujo (3). No transcurre mucho tiempo, una vez empezado el baile, sin que la excitación erótica se manifieste en toda la crudeza africana. Los movimientos lascivos del baile están sometidos al son de los tambores y a menudo se oye la voz de un negro gri-

---

(1) VIGNE D'ONTON: *Journal d'un Marin*. París, pág. 179.
(2) Cita de BINGER, ob. cit., t. I, pág. 234.
(3) Léase en P. BOUCHE (ob. cit., pág. 97) el baile y canto análogos de las cofradías de la Costa de los Esclavos.

tando ¡iebbe! o ¡iebba! (1) y pidiendo que el *llamador* haga oir su toque para dar el *golpe de frente*. El baile termina, comúnmente, por el cansancio de los bailadores, los cuales muestran, sin embargo, gran resistencia física, danzando horas y horas. No es raro que los negros sudorosos se despojen de la camisa, mostrando sus bustos lustrosos y sus bronceados brazos, que ciñen con febril abrazo el cuerpo de la bailadora. Llegados a este momento, los bailadores se alocan por la irritación sexual, el *chequeteque*, la música, la danza, etc., y lo orgía corona frecuentemente la festividad religiosa.

Pero cuando el fervor religioso de los negros fetichistas no ha sufrido los embates del escepticismo general, cuando los adoradores del ídolo reunidos para celebrar su fiesta no se han alejado mucho de la psiquis netamente africana, el baile suele terminar en una escena puramente religiosa, libre de todo carácter externo de erotismo; tal es el acceso epiléptico que ataca a algún concurrente y que recibe el nombre de *dar el santo* o *subirse el santo a la cabeza*, aludiendo a los fenómenos parecidos que produce la embriaguez o el hecho de subirse el alcohol *a la cabeza*, como se dice vulgarmente.

El extenuante ejercicio del baile, la monótona e incesante música de los tambores, que obra como excelente procedimiento hipnótico por la fatiga de la atención, aparte de otras circunstancias, son los que provocan principalmente la posesión demoníaca. "Es preciso haber sido testigo de los gestos, de las contorsiones, de las muecas, de los movimientos desordenados y violentos a que se entregan los negros en sus danzas sagradas, durante horas consecutivas, durante días y noches; es preciso haberlos visto inundados de sudor, que la mano de compañeros o de nombrados al efecto, seca a cada rato con grandes toallas; es preciso haberlos visto así, con los vestidos empapados en sudor, bailar, bailar todavía, bailar siempre, para tener una idea de lo que puede ser este ejercicio extenuante, para conocer su poder, que, lejos de abatirlos, los excita más y más. Es una especie de furia creciente, de rabia,

---

(1) Acaso sea corrupción de la voz conga *iemba*, imperativo del verbo *dyemba*, cantar.

de desesperación, cuyas contorsiones acompañan las variaciones cadenciosas, cada vez más acentuadas, del *batucajé*, hasta la manifestación final del santo (1). Los hechiceros cafres se provocan la posesión por los espíritus, a la que llaman *Ubuxentsá*, por medio de una danza salvaje y particular (2), o sea tras una intoxicación por el sonido y el movimiento, como dice Ribot.

El santo da principalmente, como es natural, a las mujeres; los hombres con frecuencia simulan el ataque, arrojándose al suelo, haciendo diabólicas contorsiones, sacando desmesuradamente la lengua, mostrando lo blanco de los ojos, etc.; pero la simulación se descubre fácilmente. No obstante, es tolerada cuando no hay personas que realmente resulten poseídas. A veces el mismo brujo, como su colega cafre, procura que le dé el santo, llevando en la mano mientras baila el muñeco que representa el santo, de que ya he hecho mención en otro lugar. En este estado dicta lo que debe hacerse para la cura de tal enfermedad, para dañar a una persona, etcétera.

Algunos creen que dar el santo es un castigo enviado, por mediación de *Oshún* (probablemente de *Eshú*), por el santo a la persona atacada, respondiendo a ofensas de carácter religioso; pero esta opinión no es verosímil, porque de ser cierta tal interpretación no se explicarían las simulaciones. Dar el santo es algo tácitamente honorífico para el que experimenta la posesión del ídolo, que se ha dignado trasladarse a su cuerpo para manifestarse. Es una especie de mediumnidad, como dirían los espiritistas, que se le reconoce al devoto capaz de tener el santo.

Para que cese el ataque se tocan los tambores sucesivamente, comenzando por el más pequeño. Si esto no basta se grita al paciente repetidas veces hasta que cese: *Senseribó, senseribó, epé mancoó* (3). Otras veces hay que golpear a la persona atacada. A las mujeres las intro-

---

(1) NINA RODRIGUES (ob. cit., pág. 82).
(2) GIRAD DE RIALLE. *La Mythologie Comparés*. **París**, 1878; pág. 192. Véanse otros muchos casos en TYLOR (ob. cit., t. II, páginas 172 y siguientes).
(3) Al decir del anónimo articulista de *La Caricatura,* ya citado.

ducen en una habitación contigua al templo para ser curadas, probablemente echándoles agua sagrada al rostro, como sucede en Bahía (1). Según se me ha comunicado por persona digna de todo crédito, algunos brujos acostumbran tender boca arriba a los que tienen el santo y les colocan en la boca un cirio encendido.

Otra danza practican los brujos que tiene a primera vista un carácter guerrero, por el sable de madera que blanden aquéllos en sus saltos y piruetas ante el altar. De estos sables se encuentran en casi todos los templos brujos y

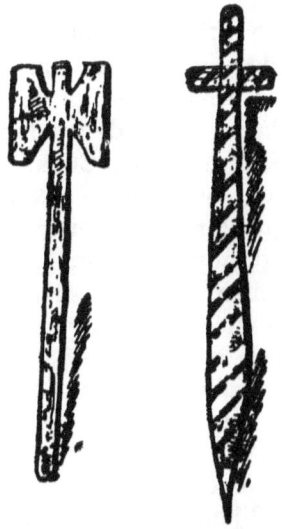

Figuras 24 y 25.—Hacha y sable de madera usados por los brujos.

salen a la luz cada vez que la Policía penetra en dichos antros. A menudo se encuentran asimismo hachas de palo, de forma guerrera. (Figuras 24 y 25). Probablemente se trata de una danza religiosa cuyo simbolismo se reduce a una lucha contra ciertos espíritus maléficos, a los cuales procura asustar el sacerdote y hacerles huir, ya que no consigue atraerlos y dominarlos por halagos.

Se utilizan en el rito de *Shangó*.

---

(1) NINA RODRIGUES: ob. cit., pág. 88.

IV

El brujo afro-cubano goza de mayor prestigio por su carácter de hechicero, y en virtud de la ignorancia y supersticiones que anidan en las ínfimas capas sociales de Cuba, como en todos los países, y del extenso radio de su pretendida acción sobrenatural, no es difícil prever que este carácter los hará sobrevivir aun cuando desaparezcan de Cuba todos los negros nacidos en Africa y caigan en desuso buena parte de las corrientes prácticas de hechicería.

Para el negro africano la muerte no violenta, las enfermedades, las desgracias todas son causadas por potencias invisibles o por hechizos de un enemigo, y de este modo de explicarse la causación de los daños aún quedan numerosísimas supervivencias en Cuba.

Cuando a un individuo le persigue la mala suerte y experimenta quebrantos económicos, padece dolencias corporales, sufre disgustos de familia, etc., se dice que tiene la *salación* encima, que está *salao*. La salación depende del hechizo de un enemigo o de algún poder sobrenatural que se complace en mortificar y desgraciar una persona por todos los medios, es decir, sin ceñirse a forma dañina determinada. Este es el concepto propio de la *salación*; pero por extensión se atribuyen a veces a la circunstancia de estar *salao* las enfermedades y cada uno de los males posibles que aflijan a una persona, considerados en concreto.

La *salación* es la expresión de ese sentimiento primitivo que achaca a un espíritu todas las desgracias que agobian a un individuo, y que modernamente se da a comprender por la expresión *mala suerte*.

¿Por qué se usará esta expresión, *estar salao*, cuando es provincianismo andaluz (y sabido es que Andalucía nos transmitió buena parte de su habla) llamar *salada* y *salerosa* y decir que tiene *salero*, al contrario a la persona que tiene gracia y donaire en el decir, en el andar, etc.? Quizás ha derivado la expresión cubana de la antigua superstición europea que consideraba de mal agüero el derramarse la sal; y que esta creencia es antigua lo demuestra el hecho de que Leonardo de Vinci, en su célebre *Cenáculo*, pintara un salero volcado por Judas Iscariote, como augurio de los males que inmediatamente después de la cena debían comenzar para Cristo y sus apóstoles, detalle éste que copiaron sus imitadores. Merece también notarse que los criminales de la *Fratellanza* de Girgenti (Sicilia) tienen la sal como símbolo de muerte (1). Por otra parte, la sal ha sido utilizada para combatir a los hechizos. La emplean en este sentido los negros yolofes (2), y sigue usándose aún en países civilizados como en Provenza (3). En Roma se empleaba en los sacrificios, significando unión (4). En el bautismo católico, que borra el llamado pecado original, se emplea también la sal. Pichardo, en su diccionario, dice así: "Salar. Vulg.—Arrojar al suelo a una persona violentamente y descubriendo sus partes pudendas, echarles sal o escupirlas. Metafóricamente desgraciarse o transmitir a otro su mala suerte"; pero ignoro el fundamento de esta opinión.

En la actualidad se va abandonando el uso de las voces *salación* y *salao* (5) y en su lugar se adopta la palabra *ñeque*. Una persona o cosa *ñeque*, es que está *salada*. Este vocablo procede de Africa. Puede reconstruirse su etimología, como sigue: *ñ-e-ké*, sonidos tomados del lenguaje yoruba; *ñ* es un prefijo auxiliar denotando una acción que es o fue al tiempo aludido por la proposición; *e*, que tiene el mismo valor que *a*, es otro prefijo que puede expresar el sujeto pasivo de una acción, así como la acción misma, o la cualidad abstracta implícita en un verbo intransitivo; *ke*, verbo significando: colocar un lazo, empeorarse en una enfermedad, estar ronco, quemar, destrozar, cortar, asesinar, dar alaridos... De modo que *ñ-e-ké*, querrá decir: individuo que es sujeto pasivo de una de esas acciones perjudiciales o la acción misma, ya que todas

---

(1) ALONGI: *La Maffia*. Turín, 1887; pág. 145.
(2) BERENGER FERAUD: *Les Peuplades de la Sénégambie*. París, 1879; pág. 28.
(3) Idem: *Superstitions et survivances etudiées au poin de vue de leur origine et de leurs trasformations*. París, 1896; t. V, páginas 13 y 45.
(4) R. DE LA GRASSERIE: *Psicología de las Religiones*, trad. esp. Madrid, 1904; pág. 296.
(5) Consérvanse como insultos.

las acepciones expuestas del verbo *ke*, caben en el significado de la palabra *ñeque*. No obstante, emito esta opinión etimológica solamente a título de hipótesis.

Puede resumirse la función del brujo como hechicero, en la composición de hechizos benéficos y maléficos, es decir, en quitar y producir la *salación* a una persona.

El hechicero concentra generalmente el poder del hechizo en algo material; las prácticas de hechicería consistentes simplemente en maleficios o exorcismos por oraciones, bendiciones, conjuros, etc., revelan un grado superior de cultura religiosa, que no habían alcanzado la mayor parte de los hechiceros africanos. A este objeto, desde donde el hechizo irradia su influencia benéfica o maléfica se le llama por los brujos cubanos *embó*, y vulgarmente *brujería*, que, repito, puede ser favorable o perjudicial, y con frecuencia es mixto, beneficiando a una persona y dañando a otra. La esencia del hechizo, por decirlo así, el espíritu o poder sobrenatural que como fetiche de tercer orden contiene el *embó* y que se desarrolla sobre una persona o cosa se llama *birongo*, y por corrupción *bilongo;* también he oído llamarlo *mañunga* (1) y en castellano *cosa mala*, y más comúnmente *daño*.

La palabra *embó* se deriva de una de las yorubas siguientes: *ebó*, sacrificio religioso; *ibó*, sortilegio, o *igbó*, también sacrificio (2).

Birongo, es, sin duda, palabra también yoruba compuesta de las voces *bi-iroñ-go*, esto es: *bi*, causa de un sufrimiento; *iroñ*, persona enferma, disgustada, abatida; y *go*, esconder, ocultar; de modo que *birongo* quiere decir: *causa oculta del sufrimiento de una persona enferma o abatida*.

El *embó* se usa para producir la *salación* o para librar de ella a una persona, transmitiéndola a otra o a un animal u objeto, porque el *embó* es como el vehículo del *bilongo*

---

(1) Algunos dicen también *mayomba* y *mayomberos* a los brujos. Sin duda se derivan estas palabras de la *regla* bruja de Mayombe, como he dicho en otro lugar, erróneamente aplicadas en sentido demasiado genérico.

(2) *Ekbó* en Dahomey y *Egbó* en Yoruba, significan manteca de corojo, ese ingrediente tan común en los *embós*.

que origina la *salación*. El *embó* no se emplea siempre en la curación de enfermedades, pues, aunque revestida de un carácter religioso, los brujos tienen su terapéutica salvaje, muchas de cuyas aplicaciones no pueden ser consideradas como hechizos.

Desde este último punto de vista la intervención del brujo ha sido y sigue siendo frecuentemente solicitada.

Creen los brujos, como ya he dicho, y su creencia ha sido la de Europa hasta una época relativamente moderna, que las enfermedades son producidas por espíritus o genios malévolos, que se complacen en atormentar a los seres humanos atrayendo sobre éstos las dolencias, bien por iniciativa propia o instigados por los hechizos de un enemigo del paciente. Cada enfermedad es provocada por un genio distinto. *Bián*, como se ha visto, es el nombre que dan los negros afro-cubanos al demonio de la viruela. De ahí que la curación de la enfermedad no depende sino del vencimiento del espíritu maligno por el brujo, el cual para lograrlo invoca el auxilio de las divinidades buenas. No obstante, los brujos criollos suelen prescindir de este concepto demasiado primitivo de la enfermedad y actúan como curanderos, aunque siempre con cierto barniz religioso que les da prestigio. Antes de que el brujo comience a desplegar sus artes es preciso que el paciente se congracie con el dios, por medio de un sacrificio propiciatorio; sin éste sería inútil toda la habilidad del hechicero para devolver la salud al enfermo, ahuyentando al demonio que en él se ceba. El sacrificio, al que, en este caso, se le da el nombre de *limpieza* (1), es generalmente una ofrenda al santo del brujo, consistente en flores, monedas, y comúnmente en aves o manjares.

Es voz pública, y hasta se ha escrito en la Prensa periódica, que con frecuencia los brujos ofrecen las *limpiezas* estando completamente desnudos y que así obligan a estar al cliente, aunque ésta sea una mujer, y que damas ricas

---

(1) ¿Querrán expresar una idea análoga a purificación? ¿Tendrá alguna relación este concepto con las abluciones rituales de los mahometanos? Pudiera ser. Algunos brujos, para casos graves, ordenan una verdadera *limpieza*, consistente en un baño frío de agua con una infusión de flores que se hayan secado ante los santos.

y de elevada prosapia se han sometido a este tormento, en aras de una fanática creencia. Esta circunstancia ritual es verosímil y explicable también por el misoneísmo religioso, más favorable en Africa a la desnudez primitiva que a las complicadas vestiduras de las sociedades civilizadas.

Pero, por lo menos, el brujo oficia con los pies descalzos, no siendo los zapatos propios de sus dioses ni de sus predecesores africanos.

Una vez ofrendado el sacrificio por el paciente o por alguien en su nombre, es decir, hecha *la limpieza* y *saludado* a todos los santos del templo del brujo, éste se decide a actuar. Actualmente son muchos los brujos que no contentos con las ofrendas, piden por adelantado el precio de su trabajo en monedas, diciendo *¡Oyá!* (1) a la vez que unen los extremos de los dedos pulgar e índice de la mano derecha. En los casos graves importa averiguar previamente la enfermedad que aqueja al consultante, o sea, el diablo que lo atormenta. Para ello (2) se colocan alrededor del paciente numerosos caracoles o cauris, que representan los espíritus malévolos. Entonces el brujo hace oscilar un péndulo que sostiene con la mano, hasta que *Obatalá* lo inclina sobre uno de los caracoles, el cual indica la enfermedad (3). Cuando la operación fracasa hay que

---

(1) Es una palabra yoruba que quiere decir *recompensa* o *gratificación*.

(2) El procedimiento que paso a exponer es uno de tantos, pudiéndose afirmar que cada brujo tiene el suyo.

(3) Este procedimiento adivinatorio dactiliomántico es muy frecuente entre los salvajes. Véase a renglón seguido una aplicación exactamente igual a la expuesta. Copia de TYLOR (ob. cit., t. I, pág. 149): "Más cerca del centro de Asia, en el ángulo Noroeste de la India entre los bodos y los dhimals, el que practica los exorcismos debe descubrir el dios que ha entrado en el cuerpo del enfermo, acarreándole la enfermedad en castigo de una impiedad; esto se logra colocando en el suelo a su alrededor trece hojas que representan a los dioses; después, sosteniendo el hechicero un péndulo atado con una cuerda a su pulgar, invoca a cada uno de los dioses y aquel que se desea descubrir acaba por ceder a las invocaciones y demostrarse inclinando el péndulo hacia la hoja que lo representa". (Tomado de HODGSON: *Aborig of India;* pág. 170).

repetirla en viernes, día consagrado a *Obatalá,* después de hacer una nueva limpieza.

Otro sistema de diagnosticar la enfermedad es el siguiente: Se tiende al enfermo en el suelo y se esparce a su alrededor ceniza. Al día siguiente, al salir el sol, el brujo examina los dibujos que haya en la ceniza, los cuales denotan las huellas del demonio de la enfermedad. Esta superstición puede explicarse como sigue: Creen muchos pueblos de Africa que cuando una persona duerme su *doble* sale del cuerpo y acude a los lugares de que, una vez despierta, se acuerda por haberlos soñado. Lo mismo deben creer que cuando el enfermo duerme, es que el diablo de la enfermedad lo ha abandonado. Por esto rodean al enfermo de ceniza, para que el genio malévolo, al entrar o salir del enfermo, deje marcadas sus huellas en aquélla.

Se averigua si una enfermedad es o no mortal por medio de los caracoles. El brujo, después de varias fórmulas y rezos arroja al aire los caracoles, unos treinta; si caen con la abertura de la concha al descubierto, la persona morirá; sanará en caso contrario.

Una vez conocida la enfermedad, el brujo procede a su curación. Esta se consigue, bien por el tratamiento del mal por medio de medicamentos primitivos, como los que los aplican, o bien por la transmisión de la enfermedad a otro ser, lo que se procura por medio de un *embó·* Los hechiceros negros eran los únicos individuos que tenían en su país el carácter de médicos, y en Cuba consiguieron hacer aplicación de su terapéutica salvaje entre los de su raza, más crédulos en la ciencia de ellos que en la de los blancos.

Como dice Sergi, refiriéndose a los hombres primitivos: "A pesar de que entre los pueblos de civilización primitiva predomina la creencia de que la enfermedad sea un efecto de espíritus malignos, sortilegios, envenenamientos, y que se adopten medicamentos análogos a estas causas supuestas, sin embargo, existe una medicina primitiva que es el verdadero origen de la terapéutica" (1). A pesar, pues, del carácter religioso que ofrecen todos los actos del brujo,

---

(1) *L'Origine dei Fenomeni Psichici.* Turín, 1904; pág. 261.

hay prácticas médicas en que aquél se reduce al mínimo posible, a la *limpieza,* y que se inspiran en razones acertadas o no, siempre empíricas, inspiradas en esa terapéutica embrionaria que aprendió en su tierra natal o le fue transmitida por sus antepasados. En la hechicería curativa de los brujos hay, pues, algunas tentativas terapéuticas, en las cuales se prescinde del aspecto supersticioso con que revisten casi todas sus prescripciones medicinales. Sin base suficiente para emprender el estudio científico de la medicina bruja, me limitaré a consignar la declaración de un médico (1), según el cual los brujos emplean a veces ciertas plantas en verdad medicinales, así como otras dañinas, citando entre éstas la llamada en Cuba *Yabacanal,* que es venenosa, "pues un brujo tomó un cocimiento de ella, y murió a las pocas horas".

La fe de los negros en sus brujos no merece, desde este punto de vista, otra consideración que lo que merecer deba la credulidad de los blancos ignorantes en el empirismo igualmente absurdo, igualmente místico de los curanderos, *saludadores,* etc. "En la Ciencia, hasta época avanzada predominó el maridaje entre la Medicina y la Religión, y si bien hoy domina la Ciencia sin influjos sobrenaturales en las naciones más progresadas, en el pueblo continúa el antiguo maridaje, y la creencia en la eficacia divina y en la natural" (2). Así sucede también en Cuba en las capas sociales de psicología inferior y primitiva.

Como es natural, primitiva es también la farmacopea del brujo.

He aquí a continuación algunos ejemplos del modo de proceder terapéutico de los brujos. Para la tisis ordenan la infusión de tamarindo arrancada por el lado oriental del árbol. Para la debilidad de la vista, comer romero, ruda y albahaca con pan y sal. Para el calambre, envolver la pierna en una piel de anguila. Para la tos convulsiva, el caldo de la lechuza. Para los dolores del estómago, un cinturón de piel de majá. Para el reuma, frotaciones de grasa del mismo animal. Para enfermedades de

---

(1) El Dr. R. MORENO DIAZ, en el proceso contra los brujos asesinos de la niña Zoila, en El Gabriel, ya citado.
(2) SERGI, ob. cit., pág. 263.

los ojos, llevar al cuello en una bolsita las patas de un sapo. Para contener hemorragias, llevar en el bolsillo un sapo muerto atravesado por un instrumento de acero afilado. La araña viva llevada al cuello en una bolsa cura las dolencias de la garganta. El hígado de la anguila se emplea para alivio de parturientas. El hígado de perro hidrófobo para la hidrofobia. Sangre de gallina negra para las afecciones herpéticas. Para curar un orzuelo, frotarlo con la cola de un gato. Para el dolor de oídos úsase la sangre que salga de una herida producida en la cola de un gato, o el jugo de caracoles atravesados por un instrumento de hierro, y también los orines de un negro o de una negra, según el sexo del paciente. Para que desaparezcan los lobanillos se les ata con una crin de caballo. Para aliviar los padecimientos del corazón, una gallina negra. Para las úlceras, huesos humanos reducidos a polvo. Para la erisipela, huevos de hormiga con jugo de cebollas. Para que un alcoholista deje su vicio se utilizan los huevos de lechuza, o el aguardiente en el que se haya echado tierra de sepultura (1) o un ratón blanco, o el sudor de un caballo obscuro.

La creencia de que la enfermedad es producida por la posesión demoníaca del paciente les hace adoptar también como remedio frecuente la transmisión por medio de un *embó* del espíritu maligno a otro ser, que adquirirá a su vez el padecimiento, ya que la destrucción completa del espíritu no está en la potencia del brujo. Para curar a un niño de la tos ferina se le arranca un cabello, y oculto en un pan (2) se hace que lo coma un perro; y si el perro tose es que ha pasado a él la enfermedad, y morirá, salvándose el enfermo. Para curar el dolor de muelas se debe escupir en la boca de una rana. El reuma se cura haciendo

---

(1) La tierra de sepultura, dice TYLOR (ob. cit., t. I, pág. 138), se emplea en el Africa Occidental para producir la muerte de un enemigo, amasándola con sangre y huesos, de cuyo *embó* se conserva un ejemplar en el *Cristy Museum*. También se empleaba con igual fin en la magia europea. Probablemente algunas de estas medicaciones expuestas proceden de Europa, y los negros las copiaron de los blancos.

(2) En este caso el pan con el cabello es el *embó*, y así análogamente en los demás casos.

por la mañana tres incisiones en un pino, y luego echar a correr sin volver la cabeza. Para las verrugas se robará un trozo de tocino: frotarlas con él y arrojarlo; o bien se toman tantas piedras como verrugas, se pasan aquéllas una a una por éstas y se tiran a un sendero envueltas en un trapo; el que las descubra recoge las verrugas. Para curar la ictericia, ensártense trece ajos por un hilo y llévense durante trece días al cuello; a medianoche del último día acúdase a una bocacalle y arrójese el collar, volviendo a casa sin mirar atrás.

Otro procedimiento para transmitir la enfermedad es el siguiente: levántase el enfermo con el sol, compra un pollo o palomo entre cuatro esquinas y se va al templo del brujo; una vez allí, y después de un sahumerio, acuéstase al paciente bajo el altar, teniendo el animal por almohada; al levantarse lo hace curado y dejando al ave en la agonía. En este caso, como en el de la curación del reuma, ya citado, no hay *embó;* la transmisión se verifica inmediatamente del enfermo al otro ser que le está en contacto.

En otros casos, no sólo desaparece el *embó,* sino que se *materializa* el *bilongo.* El brujo Bocú curaba cierta dolencia haciendo piquetes en el pecho a la paciente, por los que le chupaba la sangre y *extrájole* una babosa, *bilongo* que le había salido a aquélla del corazón. En un caso de aborto provocado, el feto fue considerado como *bilongo* y echado al fuego por el brujo, diciendo que era un gato prieto.

Más todavía que la cura de enfermedades proporciona beneficios pecuniarios a los brujos la confección y venta de hechizos amorosos. Las mujeres acuden con frecuencia al brujo para conseguir *amarrar* al marido o al hombre de sus anhelos. Los brujos consiguen esto muy fácilmente y de varias maneras. Basta echar en el cigarro, en el café o en la comida del hombre, el corazón seco y molido del *zum-zum* (especie de pájaro mosca). Otro hechicero necesita un pedazo de la ropa usada por el hombre víctima; después de tenerlo en su poder toma un cordel de cáñamo y hace en él siete nudos (1); a cada nudo pronuncia el

---

(1) Acerca del uso mágico de los nudos véase a FRACER, ob. cit., t. I, páginas 330 y siguientes.

nombre del que debe ser *amarrado*, une este cordel con el trozo de ropa y los entierra en una maceta en la que crezca una mata de ruda; mientras la planta viva la fidelidad del hombre es segura. Se recomienda también dar al hombre una nauseabunda bebida, acerca de cuya composición perdonará el lector que no le hable.

Idénticos hechizos se usan para conseguir el amor de una mujer, pero, naturalmente, las solicitudes en tal sentido son menos que las anteriores. Al sexo fuerte parece que no le interesa tanto como al débil *amarrar* al sexo contrario.

Para destruir los celos se ata un trozo de ropa sucia por el sudor de la persona celosa, a la cabeza de un clavo grande; en el interior del trapo se pone pólvora, y el todo así preparado se entierra ante la puerta de la casa del que es más celoso de lo conveniente. Sin duda, cuando éste habite en una calle adoquinada será imposible o poco menos enterrar el *embó*. La perspicacia africana no había previsto que el pavimento de las vías públicas se forrase totalmente de piedras.

Entre lo más inculto de nuestro pueblo se conoce el *agua bomba* (acerca de cuya preparación también me permitirá el lector que calle), para *embobar* al novio o al marido (1).

El repertorio de hechizos para atraer la *salación* sobre alguna persona es no menos variado y extenso. Véanse a continuación alguna de las prácticas maléficas. Golpeando un palo contra otro mientras pronuncia un ininteligible conjuro pensando en determinada persona, ésta enferma inmediatamente. Se recoge la cáscara de una fruta que haya comido el individuo a quien se quiere *salar*, o cualquier otro desperdicio de su comida, y envuelto en una hoja se hace quemar a fuego lento; la *salación* no tarda en manifestarse.

---

(1) Se conoce también en Madrid, aunque sin ese nombre, según B. DE QUIROS y LL. AGUILANIEDO: *La Mala Vida en Madrid*. Madrid, 1901; pág. 300.

(2) Dice SEEMANN (cita de LUBBOCK) refiriéndose a los negroides de las islas *Fid-schi*, que si un fidschiano desea ocasionar la muerte de un individuo sin recurrir a la violencia o a un veneno

Si se logra que un pájaro lleve en el pico a su nido el cabello de una persona ésta será *salada* (1).

Se acostumbra también para *salar*, colgar al cuello del ídolo *Eshú* el nombre de la víctima. Supongo que este

secreto, confía la empresa a un brujo, teniendo buen cuidado de hacerlo tan público como pueda. El fetichero se procura entonces cualquier objeto que haya pertenecido a la persona que desea hechizar. Se quema este objeto con algunas hojas, y si el brujo tiene una reputación sólida, la víctima suele morir de terror. Sorprende la identidad de esta manera de hechizar con la usada en Cuba.

Es común entre los pueblos salvajes que los hechiceros empleen para hacer *embós* objetos provenientes de la persona que es objeto del hechizo, especialmente si proceden del cuerpo: cabellos, saliva, sudor, uñas, etc. El uso de cabellos, especialmente, está muy difundido. WILLIAMS (Cita de LUBBOCK) escribe que en Polinesia se usa un rizo de cabellos, un poco de saliva o de cualquiera otra secreción del cuerpo y hasta una parte de los alimentos que ha comido la persona que se quiere dañar (también como en Cuba) y que esto, que se lama *tubu*, será el vehículo por el cual el demonio entrará en el cuerpo de la víctima, es decir, el *embó* de los brujos afro-cubanos. El empleo en estos casos de cabellos y alimentos está observado también por TYLOR, tratando de Nueva Celanda *(New Zealand and its inhabitants,* páginas 89 y 167) y se sigue en América Septentrional y en el Cabo de Buena Esperanza. En el Benevento (Italia) las jóvenes queman los cabellos que se rompen y enredan en el peine, para que no caigan en poder de un enemigo y sean hechizadas. (A. de BLASIO: *Inciarmatori, maghi e Streghe di Benevento;* Nápoles, 1900). Los camorristas napolitanos llevan a la *fattucchiara* cabellos de la mujer que desean poseer, para la preparación del oportuno hechizo. (A. de BLASIO: *Usi e Costumi de i Camorristi;* Nápoles, 1897; pág. 254). En Provenza se cree también en la realidad de este peligro. (BERENGER FERAUD, *Superstitions,* etc., t. V, página 45). Véase además LUBBOCK (ob. cit., páginas 570 y siguientes). TYLOR (ob. cit., t. I, páginas 136 y siguientes), y sobre todo, a FRAZER (ob. cit., t. I, páginas 11 y 296 y siguientes). El empleo de cabellos de una persona en los hechizos dirigidos contra ella, así como de sus uñas, saliva, dientes, etc., obedece a la ley de contigüidad simpática *totum ex parte)* formulada por H. HUBER y M. MAUSS en su teoría general de la magia (DURKHEIM: *L'Année Sociologique,* 1902-1903, pág. 62).

(1) Se cree en Alemania, según FRAZER (ob. cit., t. I, página 304), que si un pájaro emplea un cabello en la construcción de su nido, la persona a que perteneció padecerá de eterna cefalalgia o de erupciones en la cabeza.

uso será relativamente moderno, sustituyendo al menos un signo cualquiera que en Africa significaría a una persona determinada.

Esparcir por el suelo de una casa pimienta de Guinea pulverizada, así como la grasa del majá, después de mezclada por el brujo con otras substancias, acarrea a los que habitan aquélla graves disgustos o reyertas con derramamiento de sangre.

Empapar un pañuelo con el líquido que destila un sapo colgado vivo, produce la ceguera del sujeto que lo lleve a los ojos. Para condenar a una persona a la miseria se coloca con esa intención una paloma de color obscuro en el suelo y boca arriba sobre una cruz marcada con yeso, dejándola en esa posición hasta que muere de hambre.

Cierto brujo de Abreus usaba un extraño procedimiento para obtener un filtro mortal. Sacrificaba un gallo a los *Jimaguas*, derramando sobre los ídolos (figura número 4) la sangre de la víctima, mezclada con ciertos cocimientos de hierbas y vino seco (esa así mal llamada bebida alcohólica que, producto de burdas sofisticaciones, venden las bodegas cubanas para paladares salvajes). Los líquidos filtraban a través del envoltorio, después de empapar los clavos, huesos humanos, tierra y otras inmundicias junto con las que estaban envueltos los *jimaguas*, y goteaban en una vasija donde el asqueroso brebaje resultante era recogido para después ser aplicado oportunamente.

Para producir la *salación* es para lo que con mayor frecuencia los brujos componen *embós*. En éstos depositan el maleficio, el *bilongo* o *mañunga*, y basta que una persona se ponga en su contacto para que sea *salada* (1). El *bilongo* no se transmite sino a la persona contra la cual se preparó el *embó*; pero si no se hizo contra persona determinada, entonces cualquiera puede ser su víctima. En los barrios pobres de La Habana no era raro ver, espe-

---

(1) HOVELACQUE (ob. cit., pág. 129), tomándolo de BOSMAN, dice que los guineos, para vengarse de un enemigo, esparcen en el sitio por donde acostumbra éste a pasar alguna carne o bebida u otra substancia que el fetichero haya hechizado, creyendo que si el enemigo toca los hechizos morirá al cabo de muy poco tiempo.

cialmente en otros tiempos, y todavía se ve a menudo, tirados en las aceras de las calles o en los umbrales de las casas, sobre todo por la mañana, envoltorios de trapos conteniendo *embós*, en los que algunos ignorantes depositaron toda la malignidad de sus dañinas intenciones. Las materias que entran en la composición de los *embós* son incontables: cabellos, cenizas, dientes, uñas, huesos y excrementos humanos, maíz, *ecó*, diversas semillas, cáscaras de frutas, botones, trapos y demás objetos pertenecientes a la persona que se desea embrujar; hierbas y hojas, ciertas plumas, patas y crestas de gallo y de otras aves, trozos de cuerno y de cirios, alacranes, sapos, caracoles, anzuelos, clavos, pólvora, monedas, manteca de corojo, almagre, etcétera.

El empleo de la pólvora es muy frecuente en la composición de los *embós*, como ya se ha visto en algunos ejemplos. Estando muy extendido en Africa el uso de polvos simbólicos, hasta llegar al de cenizas producidas por la combustión de restos humanos, puede explicarse el de la pólvora por la sorpresa que los efectos de este misterioso polvito negruzco, llevado allí por los blancos, produjo así en los feticheros como en sus fieles. La pólvora fue para los brujos una arenilla mágica de efectos más terribles e inmediatos que cualquiera de los demás tan temidos por ellos; y no dudaron en adoptarla, mezclándola generalmente con otros polvos brujos (1).

El verdadero *embó* es de la exclusiva fabricación del brujo. Ciertos medicamentos de éste para la cura de determinados males han sido vulgarizados de tal manera que ya no se acude a él para su adquisición; pero, en cambio, para conseguir un *embó* hay que tratar con el brujo, pues más que de las materias que lo componen, su virtud depende de los conjuros y ceremonias con que es preparado, del carácter mágico de que lo reviste el hechicero. Para su preparación se repiten las mismas escenas que para la cura de algún mal: rezo, *limpiezas*, etc., y, sobre todo, en este caso son más abundantes los *honorarios*.

---

(1) Véase un ejemplo en BARRET: *L'Afrique Occidentale*. París; t. II, pág. 174.

El *embó* se coloca siempre sin mirarlo en el lugar oportuno, y una vez depositado se aleja el individuo sin volver la cabeza hacia atrás, hasta doblar una esquina; de lo contrario, la acción del *bilongo* podría extenderse hasta él si no fuere dirigido contra determinada persona.

Harto desgraciada se creería la parte más inculta de nuestra población si contra los *embós* no tuviese arma alguna que oponer. La misma brujería ha proporcionado medios para destruir los maleficios, abriendo así una nueva fuente de ingresos y ventajas económicas. Véanse algunas de las recomendaciones para evitar o destruir la *salación*. El que vea un *embó* y crea que su maléfica influencia se dirige contra él, riéguelo con sus propios orines, y aquél perderá todo su poder. Para librarse del daño se arroja a un crucero (1) un puñado de granos de maíz tostados, sin volver la cabeza. Si se cree recibir algo que pueda *salar*, cójase con la mano izquierda. Para huir de la *salación* hay infinidad de fórmulas. He aquí una que entresaco de los citados artículos anónimos de *La Cari-*

---

(1) El requisito de arrojar a las cuatro esquinas, es decir, al sitio donde se cruzan dos calles o caminos, el *embó* que contenga el *bilongo* que atormentaba a un individuo obedece, en parte, al menos, a que es más probable que en ese sitio sea tocado por alguna persona, que a su vez adquiera la *salación*. Es de origen probadamente africano dicho procedimiento. TYLOR (ob. cit., t. II, pág. 175) dice, tomándolo de ROEMER, que hace más de un siglo que una hechicera de Guinea ordenaba a veces, para curar una enfermedad, matar un gallo blanco y exponerlo en una encrucijada. En Yoruba se usan los sacrificios religiosos en los cruceros para conjurar una calamidad. (A. B. ELLIS: *The Yoruba*, etc., página 102). Un refrán de este pueblo dice: "En el cruce de dos caminos se ofrece un sacrificio sin temor", porque, como dice BOUCHE (ob. cit., pág. 241), los genios maléficos son más fácilmente dispersados en todas direcciones. No obstante, ya los romanos ofrecían sacrificios a HEKATES en las cuatro esquinas (LUCIANO, cita de A. B. ELLIS), y hasta puede hallarse un precedente en una ley de AMMURABI, cuya promulgación se remonta nada menos que a unos dos mil doscientos cincuenta años antes de la era vulgar. Dice así dicha disposición (núm. 91), refiriéndose al procedimiento judicial de una de tantas ordalías: "La Balanza debe colocarse hacia Oriente, inmóvil, en su lugar purificado, sea un templo de Indra o de Dharma, sea una sala de justicia o *un crucero*".

catura, copiándola textualmente: "Toma un pañuelo de mujer—líatelo a la mano izquierda—suéltalo de tu mano izquierda—átalo con siete nudos—haz esto dos veces—rocíalo con vino claro—rodéalo a la cabeza de un enfermo —rodéalo en torno a sus manos y a sus pies—siéntate en su cama—oirás la voz de Alá—*Osunda* te protegerá". Se conocen también otras oraciones destinadas al mismo objeto, alguna de ellas de un marcado sabor católico que denota su procedencia europea. Hay gente que cree en la *salación* de una casa, convencida de que habitarla le originará desgracias. Esta superstición parece de origen europeo, donde la creencia en casas y palacios habitados por duendes está muy difundida; y también pueden haberle dado pábulo a su vez los chinos, cuya preocupación por el *fong-chué* está tan arraigada (1). Dicha *salación* desaparece en la casa antes de ser habitada, por medio del fuego encendido en el centro de aquélla, aún vacía.

Algunos brujos han empleado para destruir los daños del *bilongo* un procedimiento genuinamente africano, como es la incisión de *tres rayitas* en el antebrazo izquierdo, hecha con un fragmento de botella, probablemente para practicar una abertura por donde saliera del cuerpo el espíritu del mal. Este concepto de la enfermedad, como el instrumento operatorio, no pueden ser más africanos.

A los brujos se deben también la propagación, por lo menos, de diversas suspersticiones referentes a muchos actos de la vida humana. Así, dando consejos para lograr éxito favorable en todos ellos, recomiendan dormir sobre un colchón de plumas de paloma, y dicen que en un lecho de esta clase no se muere. Para que un niño adquiera mucho talento al crecer ha de ser amamantado por muchas mujeres (2). Ningún recién nacido debe bajar una escalera antes de haber subido otra, porque ello le ocasionaría desgracias. Es de buen agüero para el matrimonio que la mujer tenga un lunar en la sien izquierda. Para evitar ser engañado

---

(1) MATIGNON: *Superstitions, crime et misere en Chine;* Lyon, 1902; pág. 4.
(2) El brujo que en tal superstición crea no estará muy lejos de afirmar, como sucede en Africa, que comiendo muchos corazones de enemigos se adquiere todo el valor sumado de éstos.

basta fijar la vista una vez al día en la cabeza de una paloma sanjuanera.

Es justo consignar aquí que, pese a su prestigio indudable entre las masas ignorantes, el brujo afro-cubano no ha conseguido la fama de llevar sus maleficios hasta el envenenamiento constante (1), como se dice de los *obis* y los *uangas* de Haití, Santo Domingo, Jamaica y Antillas francesas, así como de los Estados meridionales de la República anglo-sajona y de ciertas corporaciones sacerdotales africanas (2). Bachiller y Morales atribuye este contraste a que la legislación que regía en Cuba referente a la esclavitud era mejor que en los demás países; "por eso no se perpetraron horrores inspirados en venganzas, sino que las brujerías fueron más tolerables, respetando la vida del prójimo". Una observación me permito oponer a esta tesis. Dice el mismo Bachiller y Morales: "Ni en una ni en otra parte (en las Antillas inglesas y en las francesas) la inspiró (la brujería) el odio de la dominación ni las razas; la mayor parte de los muertos eran negros, resultados de sus venganzas". Siendo así ¿qué influencia podía tener el mejor o peor trato dado por el blanco al negro? Creo que ninguna. Ante todo, afirmar que la brujería no ha llegado en Cuba al envenenamiento es sostenible, porque no existen datos para sostener lo contrario, como no existen, en general, de otros aspectos de la delincuencia; pero es lógico creer que el negro, que con tanta facilidad se suicidaba por el veneno cuando era esclavo, pensara también en éste para vengarse de algún enemigo,

---

(1) La palabra jergal cubana que significa envenenamiento por ingestión de un tóxico, *jicarazo*, no es de origen africano. Derívase de *jícara*, vasija muy común en nuestros campos, hecha de una güira seca y vaciada. *Jicarazo* quiere expresar envenamiento por el líquido contenido en una *jícara*, y parece remontarse a las muertes por intoxicación, frecuentes en los campos en tiempos de apogeo de la esclavitud, especialmente por las epidemias de suicidios de esclavos.

(2) A. B. ELLIS: *The Land*, etc., páginas 163-4. No ha mucho que la prensa francesa se hizo eco de las medidas represivas que piden los negros de Loango contra los envenenamientos frecuentes cometidos por los hechiceros. *Le Tepms*, artículo de LE CHALLYE, 23 de julio de 1905.

y que en ese caso acudiera a su toxicólogo, al brujo, único que podía darle instrucciones al efecto. Pero, por otra parte, parece que la especie de *toxicomanía* que se achaca a los negros de las otras Antillas es solamente una exageración que obedece a circunstancias accidentales más que a la realidad de una definida corriente delictuosa, dado que la frecuencia del envenenamiento producido por los *obís* y *uangas*, contrastando con los inocentes hechizos del brujo afro-cubano, está lejos de ser indubitada.

Véanse, como ejemplo, las acertadas consideraciones que acerca de los envenenamientos en las Antillas francesas, especialmente en la Martinica, hace el doctor Corre en su obra *Le crime dans pays créoles*.

La frecuencia del envenenamiento por los hechiceros afro-antillanos sería casi un contrasentido. ¿No son tantos los *embós* (1) para *salar* a una persona de una manera terrible? ¿No son tantos los envenenamientos *intencionales*, que diría Corre? ¿A qué, pues, prescindir del *bilongo* oculto en los *embós*, despreciando su virtud religiosa, para acudir a los venenos, que serían descubiertos por los blancos? ¿O es que, según pretenden algunos, la toxicología bruja puede desafiar la ciencia de un Orfila? La creencia entre la gente ignorante de que los brujos conocen plantas, la acción tóxica de cuyos jugos es desconocida para los hombres de ciencia blancos, era en todas las Antillas bastante admitida. Respondiendo a ella me limito remitir al lector al exacto juicio que de este aspecto de las supersticiones antillanas hace el Dr. Ruiz, citado por Corre (2).

Para concluir: los brujos de Cuba no han hecho crecer la cifra de los envenenamientos, al menos en grado apreciable, y en la actualidad, la muerte por la ingestión de un tóxico no aparece sino muy raramente fuera de las crónicas de los suicidios y de los accidentes fortuitos.

Poco ha que la sociedad cubana se conmovió por un horrible crimen: por el asesinato de una niña blanca,

---

(1) Llámase *obí* en Jamaica, *piais* y *quiesbois* en las Antillas francesas, *uanga* en Haití, etc.
(2) En *Le Crime dans le pays créoles*, páginas 227 y 228.

cometido por unos brujos con objeto de extraerle el corazón y la sangre y utilizarlos en la confección de un *embó*. No puedo, ausente de Cuba, haber practicado las investigaciones y estudios necesarios para apreciar con precisión y en todos aspectos el suceso de referencia, y he de valerme únicamente de lo publicado en su ocasión por la Prensa y de las noticias solicitadas a algunos amigos y amablemente comunicadas. El delito ha sorprendido, más que por la delictuosidad revelada por sus autores, por lo inesperadamente que ha puesto al descubierto el canceroso fanatismo que corroe las capas ignorantes de nuestra nación. Porque, en efecto, un caso semejante no había ocurrido, o, por lo menos, no había sido conocido, desde los tiempos de la esclavitud.

Es inútil acudir para hallarlo a las estadísticas judiciales de Cuba; éstas, cuando existen, apenas si hacen otra cosa que clasificar los hechos según el casillero convencional de las leyes, sin que desciendan a particularizar y a desentrañar la naturaleza *sui géneris* de crímenes como el citado. La voz popular tan sólo puede servir de guía en este asunto; pero la luz que arroja es tan débil que apenas basta para descubrir algo en la penumbra. Después de sucedido el asesinato la Prensa ha escudriñado por primera vez en el subsuelo de nuestro pueblo y se ha hecho eco de la creencia general de que. tal delito no era el único cometido por los brujos en condiciones y con finalidad iguales o parecidas. Se ha publicado (1) que, según referencias de algunos brujos habaneros, la desaparición de niños en los campos no es cosa rara, si bien no se da siempre cuenta de ello a las autoridades por temor a las represalias de los delincuentes; que los brujos del campo son verdaderamente salvajes y capaces de cualquier delito; que los secuestros de niños los realizan yendo uno de ellos a caballo, provisto de un serón, a fin de meter dentro de él a la víctima y asfixiarla rápidamente tapándolo con sacos; que la esterilidad la curan con vísceras de niños, etc. Vero-

---

(1) En *El Mundo* (2 Nov. 1904). Me complazco en recordar aquí las preciosas observaciones que a la brujería aportó, con ocasión de su información periodística en este diario, su redactor el señor E. VARELA ZEQUEIRA.

símil es todo ello, pues en los campos, donde la acción del poder social es casi nula, donde hay negros que viven de modo verdaderamente africano, no es de extrañar que el fetichismo haya conservado todos sus caracteres de barbarie primitiva, sin haber avanzado un solo paso en la evolución de las ideas religiosas y, en general, de la inteligencia, distanciándose de sus colegas urbanos, los cuales, aunque a rastras, siguen la marcha progresiva de la sociedad cubana.

Se explica por esta razón el caso siguiente, publicado por J. C. Pérez, redactor de *La Discusión*, en dicho diario habanero (1).

"Un distinguido amigo, miembro prominente del Senado, y abogado de talla, refirióme la siguiente historia, de cuya autenticidad responde:

"En la época de la esclavitud ocurría en el ingenio *Pelayo*, ubicado en el Aguacate, un raro fenómeno, que llegó a impresionar vivamente no sólo a los hombres y mujeres que formaban la dotación, sino a los dueños y empleados de la finca.

"Frecuentemente notábase la desaparición de un negrito o una negrita de corta edad, y hasta se dio el caso de haber desaparecido algunos a quienes sus padres acababan de poner los faldellines para conducirlos a la pila bautismal.

"La cifra de niños desaparecidos ascendía a unos cuarenta, sin que nadie hubiera podido conocer el secreto de aquellas misteriosas sustracciones. Nunca se sospechó de persona alguna, y el caso no hubiera sido jamás conocido sin la feliz casualidad de haber enfermado gravemente uno de los negros de la dotación.

"El mayoral de la finca observó que no salía de su rancho un moreno sexagenario, perteneciente a los chapeadores, y fue a inquirir la causa, encontrándole tendido sobre su tarima, casi postrado por intensa fiebre, y con el aspecto de un cadáver. Seguidamente fue trasladado al hospital.

"Días después, alguien, por causas desconocidas, hubo

---

(1) El 20 de diciembre de 1904.

de levantar la tarima del negro. Debajo de ella, y casi a flor de tierra, fueron hallados multitud de esqueletos, residuos de ropas y faldellines, que dieron a conocer al ladrón de los niños, de la dotación.

"Cuál era el móvil de aquellos crímenes, los desconoce mi informante; pero, en vista de lo sucedido a la niña Zoila, no sería aventurado pensar en que aquel negro se dedicaba a curar *daño* con sangre y corazones de niños."

Pero ello no basta para atribuir a la brujería afrocubana el carácter de delincuente en el grado que son consideradas las de Haití, Jamaica, etc. Si bien son buscadas las vísceras infantiles, hallan frecuente sustitutivo en las de los fetos, que los brujos principalmente hechiceros se procuran con gran interés, para la cura de la esterilidad y de otras dolencias. El brujo Cabangas, para citar un caso reciente, utilizaba un *embó*, en cuya composición entraba un feto, para conseguir la fecundidad de una de sus concubinas. Fue preciso en el caso del asesinato de la niña Zoila que el brujo declarara que el *daño* de la enferma era antiguo y causado por los blancos en tiempos de la esclavitud, para que la virtud curativa del feto fuera insuficiente y hubiese que apelar a la sangre y al corazón palpitante de una niña blanca, asesinada expresamente para el caso. Además, las violaciones de sepultura en los cementerios rurales, sin custodia suficiente, son también sustitutivos que proporcionan a los brujos la obtención de restos humanos sin grandes dificultades. Por último: los huesos humanos pueden conseguirse aún más fácilmente en el osario de alguna necrópolis o en cualquiera de los innumerables lugares de nuestros campos donde la revolución libertadora abonó el suelo con sangre y lo sembró de osamentas.

Por otra parte, el elemento religioso, que es el que ocasiona en mayor grado esas hecatombes sagradas en los pueblos salvajes y bárbaros, parece que no influye a este respecto en la brujería afro-cubana. El corazón de la niña asesinada, como los restos de cadáveres humanos, son utilizados como materias componentes de *embós*, no para ser ofrendados a las divinidades. Pero, sin duda, si los sacrificios humanos no han sido usuales en Cuba, al menos en los tiempos modernos, y antes fuera de recónditos palenques o comarcas casi desiertas, se debe en especial al ambiente hostil y no a falta total de cruel fervor en los fetichistas. Aun en ciertas regiones africanas donde la antropofagia ya no existe, permanecen los sacrificios humanos, especialmente en el país de los achantis, Dahomey, Yebú, Yoruba, Calabares, Nigeria, etcétera. Pero las hecatombes sagradas son en dichos países principalmente funerarias. Los esclavos y las mujeres que se inmolan sobre las tumbas de los magnates o son enterrados con éstos, se destinan al servicio del difunto en la vida de ultratumba. El sacrificio humano propiciatorio de las divinidades sólo tiene lugar en casos extraordinarios: grandes sequías, guerra, etcétera.

Por estas razones, el asesinato de la niña Zoila debe interpretarse como un caso de simple hechicería; así como se cree en Africa que comiendo el cerebro de un caudillo enemigo se adquiere todo el valor de éste, y que el niño amamantado por muchas mujeres poseerá numerosas dotes intelectuales, así se ha creído que el corazón de una niña, comido por una mujer estéril, había de ocasionar la fecundidad de ésta.

Todo lo cual no impide la verosimilitud del hecho de haber sido ofrendados los miembros de la infeliz niña ante las imágenes de Santa Bárbara y del Anima Sola, *de Shangó* y *Eleguá*.

Sin embargo, no es improbable que a la hechicería de los brujos se deban algunos de los frecuentes secuestros de niños, que pasan desapercibidos y pronto caen en el olvido, y especialmente aquellos casos que por el estupro de la tierna víctima parecen ser motivados por simple erotismo, máxime si al estupro sigue la muerte y el desangramiento provocado que aparentemente revelan un autor sádico. Por lo menos el estupro de una virgen y la sangre de ésta, como en general la sangre humana, entran en el repertorio delictuoso de hechicería de los brujos de las Antillas francesas y de Haití (1), y, en particular, después del caso de El Gabriel, su introducción en Cuba por los bru-

---

(1) CORBE, ob. cit., págs. 194 y siguientes, y 206 y siguientes.

jos africanos no puede ser dudosa, en parte al menos, por más que no sea tan frecuente como en aquellos países. Después de 1906 han ocurrido varios casos más de asesinatos de niños blancos por brujos negros.

V

Si el brujo afro-cubano, como sacerdote, ha tenido que luchar contra el catolicismo y contra el escepticismo cubano; si como hechicero, a medida que avanza el progreso, se ve sustituido por el curandero y por el médico y excitan la mofa sus más terribles *embós*, en cambio, como agorero sigue sin haber apenas tenido rivales.

En todas las capas de la sociedad cubana, así como en las demás sociedades, el deseo de conocer las cosas futuras y en general las ocultas, sostiene aún parasitariamente a innumerables agoreros encargados de mantener las supervivencias de los antiguos oráculos. Cada sociedad tiene sus adivinos, y dentro de cada sociedad los tiene cada clase. En Cuba, sociedad muy compleja étnicamente, la gama de los agoreros es variadísima, desde el brujo que no ha dado un paso más allá de las supersticiones africanas, hasta la quiromántica a la moderna o la aventurera encubierta bajo el pseudo-científico prestigio de una mediumnidad espiritista.

Los africanos trajeron sus feticheros, que les predicen el porvenir y les adivinan el pasado y el presente ocultos, siendo sus sortilegios notas que se destacan entre las muchas conocidas universalmente de la quiromántica, la cartomancia, etc., contribuyendo a dar un carácter típico en Cuba a esta especie de parasitismo social.

Dado el triple carácter de los brujos, sobre todo de los nativos de Africa, es muy frecuente en éstos imprimir a sus sortilegios un aspecto, religioso, y de hechicería a la vez. Empiezan, generalmente, tales brujos su trabajo, imponiendo al consultante una *limpieza* en honor de algún *orisha*, que suele ser *Ifá* entre los que practican el culto yoruba, cuya *limpieza*, a la vez que satisface el sentimiento religioso del brujo, reviste el acto de cierto prestigioso misterio y, sobre todo, proporciona una fuente indirecta de ventajas económicas para el brujo. Y con frecuencia terminan los agoreros proponiendo al infeliz que los consulta la preparación de un *embó*, que ha de contrarrestar la *salación* augurada o ha de neutralizar la acción de un enemigo descubierto por el agorero.

Los brujos *khramús* y que, por lo tanto, acatan su culto propio bien definido, tienen un procedimiento de adivinación que les es peculiar. Como he dicho ya, *Ifá* es el *orisha* de las cosas ocultas. Para arrancarle sus revelaciones el agorero, que especialmente en este caso funciona a la vez como sacerdote de la divinidad (al que, según Bowen, se llama *Okpele)*, emplea una especie de collar de cuatro hilos, hecho de canutos de bambú amarillos y verdes alternativamente, y con semillas de mango secas y partidas por la mitad entre los canutos. A este collar se le llama erróneamente por algunos afro-cubanos *Ifá de Osunda* (figura número 26), pues no hay razón para acoplar el nombre de Ifá con el de la diosa de las fuentes y de los lagos. Otra forma de collar de *Ifá* es la que reproduce la figura número 27, en el cual no se observan los canutos de bambú, sustituidos por una cadenita de cobre.

Fig. 26.—Collar de *Ifá*.

El traductor de las comunicaciones de *Ifá*, después de la *limpieza* de ritual por el consultante arroja en alto por tres veces el mencionado collar, y según la posición que adopten al

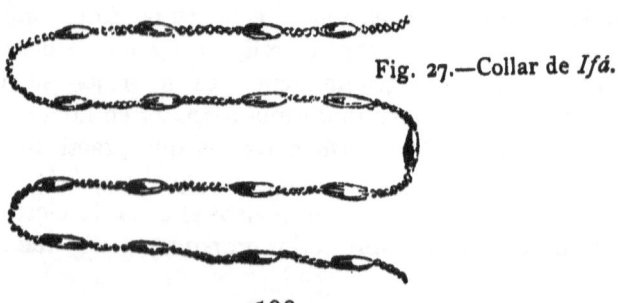

Fig. 27.—Collar de *Ifá*.

caer las semillas de mango, deduce sus presagios. Idéntico collar emplean para la adivinación los brujos afrobahianos, según Nina Rodrigues.

Los dibujos que se insertan están tomados de otros publicados en periódicos habaneros; pero pudiera suceder que éstos no fuesen tomados del natural, no siendo sino apuntes tomados de memoria. Aunque tampoco nada diga de ello Nina Rodrigues, es verosímil que todos los collares de *Ifá* deben componerse de diez y seis medias semillas y no tantas como hace suponer la figura número 26. El único de estos collares que me ha sido dado ver en La Habana tenía diez y seis, tantas como las que se emplean en la adivinación por medio de *Ifá*, quizás porque de una semilla plantada por este *orisha* nacieron a un tiempo diez y seis palmeras, y porque el dios alcanzó su poder adivinatorio por medio de diez y seis frutos de las palmeras que tenía *Orungán* en sus plantaciones (1). Los musulmanes del oasis de Siwah, emplean diez y seis habas para adivinar, según J. Hamilton (2). Además, en Lubbock (3), se lee el siguiente párrafo de Burton (4): "Los negros de Egba (parte de Yoruba) consultan a *Shangó* (dios de los guerreros), arrojando al aire diez y seis cauris agujereados; si ocho caen con la punta hacia arriba y ocho con la punta hacia abajo, es signo de paz; si todos quedan con la punta hacia arriba es también buena señal, y viceversa, si todos caen con la punta hacia abajo, es un signo de guerra". Lo mismo cuenta A. B. Ellis de Yoruba, en general (5). Los agoreros basutos tienen también un collar análogo formado de tabas ensartadas, llamado *ditaola*. Según como caen dichos huesecitos, predicen la enfermedad, averiguan el cuerpo del delito, descubren el delincuente (6).

---

(1) Véase la leyenda en A. B. ELLIS (ob. cit., páginas 58, 59 y 91). El número 16 figura además en otros ritos de los yorubas.
(2) *Wanderings in North Africa,* páginas 264-95. (Cita de A. B. ELLIS).
(3) Ob. cit., pág. 569.
(4) *Abbeokuta,* vol. I, página 188.
(5) *The Yoruba,* etc. pág. 49.
(6) F. CRISTOL: *Au Sud de l'Afrique.* París, Strasbourg.

La forma de pronosticación por medio de los caracoles, como llaman vulgarmente en Cuba a los cauris, es la más extendida entre los brujos afro-cubanos. Algunas veces hacen preceder el acto de *echar los caracoles* de algunas fórmulas religiosas; por ejemplo: hacer rezar en un idioma ininteligible al consultante, tendido boca abajo sobre una estera; otras veces le preguntan el lugar de nacimiento y el de su más próximo pariente, mezclando en sus rezos ambas palabras con la del país donde nació el mismo brujo; con frecuencia alumbran el acto con una vela que haya servido por tres veces para el culto del santo, etc.; pero en la actualidad, y particularmente los brujos criollos, que desean evitar molestias a sus clientes que van siendo ridículas, prescinden de casi todas estas fórmulas, limitándose algunos a balbucear oraciones, muchas de ellas católicas. El brujo se sienta en el suelo o sobre una estera, y lanza hacia arriba los caracoles. Según la posición que mantengan después de caídos, infiere los augurios; así, para predecir el resultado de una enfermedad, dice que será mortal si los cauris caen *muertos*, es decir, con la abertura de la concha hacia arriba, y viceversa en caso contrario, o sea si los caracoles caen *vivos*, en posición que les permitiría caminar si realmente estuviesen vivos.

Aunque se llaman en Cuba caracoles, no puede aplicarse una denominación tan genérica a los empleados por los brujos. Estos no son ni pueden ser otros que los cauris de Africa *(cyprea moneta)*, que, como es sabido, sirven allí de moneda, de cuya circunstancia se ha derivado su nombre científico. Desde este punto de vista, la adivinación por medio de los cauris, según caigan de un lado o de otro es un equivalente exacto de la adivinación por monedas *a cara o cruz*, tan usada en Europa, y análoga a la adivinación por las medias semillas de mango del collar de *Ifá*, según que al caer quede descubierta la parte cóncava o la convexa de dichas semillas, partidas por la mitad precisamente para conseguir la posibilidad de ambas posiciones. Análogo es también al procedimiento empleado por los negros hereros, que predicen según caigan ciertas piedrecitas que lanzan al aire (1).

---
(1) GIRARD DE RIALLE, ob. cit., pág. 202.

Algunos brujos congo-cubanos se valen de un coco seco para deducir sus agüeros. Lo rompen contra el suelo, y los trozos resultantes indican lo futuro o lo oculto.

No tengo noticia de que en Cuba se usen los otros procedimientos adivinatorios de los agoreros de Yoruba expuestos por A. B. Ellis en su obra conocida (1).

Hay brujos que practican aún otro sistema de adivinar las cosas ocultas. Dice así L. Carbó (2): "El *tablero de ceremonias* es de caoba, de diez a doce pulgadas de diámetro, y con un borde en que están esculpidas caprichosas figuras a modo de arabescos. Para adivinar por medio del tablero, el *ulué* empieza por cubrir con harina de trigo toda la circunferencia interior; luego traza dos diámetros valiéndose del dedo mayor de la mano derecha, y después, dejando caer dicho dedo y el anular sobre la harina, imprime huellas al azar". De éstas deduce el brujo sus agüeros. De un semejante procedimiento adivinatorio, que puede ser un precedente, nos habla Binger (3), que lo ha visto usar por los negros mandingas y árabes. En este caso es sustituida la harina por arena.

Los presagios deducidos de las palabras que prefiere la persona poseída, es decir, que *tiene el santo*, no han sido desconocidos en Cuba por los brujos, aunque probablemente poco practicados. Pirón refiere un caso por él visto en Santiago de Cuba (4). Generalmente son los mismos brujos los que se procuran ese estado de sobreexcitación para hacer sus predicciones, como sucede en Africa (5). En un artículo publicado por *La Discusión*, de La Habana, se refiere por un testigo ocular el siguiente curioso caso de adivinación en un palenque (6): "A poco tropecé con una partida de negros desarmados y medio

---

(1) *The Yoruba*, etc., páginas 56 y 57.
(2) En un artículo publicado en *El Mundo*.
(3) Ob. cit., t. I, pág. 42.
(4) Ob. cit., pág. 52.
(5) Véase TYLOR (ob. cit., t. II; páginas 175 y 204); GIRARD DE RIALLE (ob. cit., pág. 192); NINA RODRIGUES (ob. cit., pág. 72).
(6) Artículo publicado por F. LOPEZ LEYVA el 13 de agosto de 1903, refiriéndose al libertador cubano CASTULO MARTINEZ.

desnudos. Me dijeron que eran cubanos y me condujeron al campamento de su jefe. Yo había oído hablar algo de los *matiabos* y sabía que éstos eran unos cimarrones que vivían ocultos en los montes, huyendo, guardándose tanto de los cubanos como de los españoles, siendo mitad brujos y mitad plateados (1).

"El campamento de los matiabos estaba situado monte adentro en un claro como de dos besanas de tierra. En el centro había una especie de altar, hecho con ramas y cujes, y encima de todo aquel catafalco habían puesto un pellejo de chivo, relleno de tal suerte que parecía vivo. Dentro de la barriga y sobre el altar tenía mil porquerías, tales como espuelas de gallo, tarros de res, caracoles y rosarios de semillas. Aquel pellejo era el *Matiabo*, el dios protector del campamento.

"Recuerdo todavía—dice Martínez—el modo de explorar la tropa que tenían los brujos aquellos. Puestos en rueda alrededor del chivo, cantaba el Taita: *Buca guango, jaya guango...* y el coro repetía: *cácara, cácara, caminando...* y empezaban a gritar y saltar como endiablados. De pronto, a una de las negras—porque también había mujeres—se le subía el santo y le daba una *sirimba*. Caía al suelo, revolcándose, echando espuma por la boca y el resto del palenque seguía cantando como si tal cosa.

"Luego Taita Ambrosio se dirigía a la accidentada y le preguntaba, tocándole la cabeza: "Ma fulana, ¿dónde etá la tropa?" "Toropa ma ceca en tal punto" —respondía ella sin dejar sus revolcones. Y el punto señalado estaba siempre a diez o doce leguas de distancia.

"Los matiaberos repetían el nombre del lugar y armaban el escándalo padre con sus gritos y los toques de tambores, forrados con piel de jutía.

"Yo miraba todo aquello con curiosidad y temor, porque sabía que aquellas gentes en algunas ocasiones habían rociado el chivo con sangre humana."

En la actualidad los brujos modernos no se someten a los ataques del santo tan fácilmente, ataques que han

---

(1) Bandoleros que, alegando ser afiliados a uno de los ejércitos beligerantes, cometían toda clase de delitos. (Dr. F. O. F.)

quedado relegados a los africanos y a algunas negras que por la excitación de los bailes religiosos caen en ese estado de delirio.

El poder de *Ifá* ha sido utilizado también para atraer la suerte en el juego de loterías y rifas, tan en boga, por desgracia, en Cuba. Para ello el brujo, mediante una recompensa, coloca los billetes o papeletas en su altar y recita sobre ellos ciertos conjuros.

Algunos brujos, negros criollos, han aprendido de los blancos el arte de *echar las cartas* —que, como dice Girard de Rialle, no es sino una manifestación fetichista—, uniendo este procedimiento adivinatorio *civilizado* a los primitivos y característicos de Africa. Esta circunstancia de no ser superstición africana hace que salga fuera de este trabajo el estudio de la cartomancia en Cuba.

Los brujos no conocen la *quiromancia* o arte de descifrar las líneas y surcos de las palmas de las manos, ni otras muchas supersticiones más o menos supervivientes de las rancias civilizaciones europeas. Pero los brujos, distinguiéndose de la mayoría de los modernos agoreros blancos, además de sus especiales procedimientos de predicción del porvenir, tienen medios peculiares para la adivinación de casos concretos. Van a continuación algunos ejemplos. Para averiguar el paradero de una persona ausente se valen de un espejo (1) y también de la sangre de un perro. Ya me he referido a los varios modos especiales de pronosticar la enfermedad. Para averiguar la infidelidad conyugal se coloca debajo de la almohada del lecho de la persona sospechosa un trozo de acero imantado y previamente sometido a ciertos conjuros; si la persona al acostarse se levanta en seguida no volviendo al lecho mientras el imán esté en el mencionado lugar, es indudable la falta de fidelidad. Un procedimiento análogo, por medio de un diamante, usaban los magos medioevales, no siendo difícil que el expuesto proceda de ellos, máxime si se considera que al imán le concedían virtudes prodigiosas.

---

(1) Quizás sea una supervivencia de la *Enoptromancia* europea.

Otra distinción entre los brujos afro-cubanos y los adivinos blancos consiste en una supervivencia netamente africana de una función que con frecuencia llenaban los feticheros en el continente de su origen, la de *hacedores de lluvia*. Ignoro si en el campo los brujos tienen aún ocasión de ejercitar su poder respecto a dicho meteoro; en La Habana se limitan a pronosticar la lluvia o la sequía. Para ello usan varios procedimientos, uno de los cuales es como sigue: Hace el brujo doce manojos de tres clases de hierbas y en cada uno coloca un signo especial que representa uno de los doce meses.

Cuelga los manojos en el techo, los que se conservan más verdes al cabo de cierto tiempo, indican los meses lluviosos y los que más pronto se sequen los de sequía. También suelen trazar sobre una tabla de pino diversas rayas formando tantas divisiones como días tiene la semana o el mes. A esta tabla así preparada se le llama *cabañuela*. En cada una de las divisiones se colocan granos de sal; y según la humedad que éstos absorben durante un día, será la atmosférica en el día que indiquen los granos, según su colocación.

Algunas reminiscencias de un embrionario culto astrolátrico se notan en las predicciones del resultado de las enfermedades, que hacen algunos brujos basados en la edad de la luna; así, si la enfermedad empieza cuando la luna tiene un día, será leve; si cuando tiene tres días, será grave, y de probable resultado fatal; si cuando tiene cuatro, será grave la dolencia, pero sanará el enfermo, etc. Esta superstición está poco extendida y no tiene relación alguna visible con el culto yoruba; más bien parece procedente de otras regiones africanas de Occidente. Labat, refiere, por ejemplo, que se tiene muy en cuenta para las ceremonias de la circuncisión las fases de la luna, pues de éstas depende la mayor rapidez en la cura de las heridas (1).

Lo mismo debe suponerse de la creencia en días nefastos que aún se encuentra en ciertos brujos. Véase, por ejem-

---

(1) *Nouvelle Relation de l'Afrique Occidentale.* París, 1728; t. II, pág. 273.

plo, lo que refiriéndose al Africa dicen Mungo Park, Bosman, Roemer, etc., citados por Hovelacque (1).

No he tenido ocasión de comprobar si los brujos afrocubanos se dedican también a la hipnomancia; sin embargo, al brujo Bocú se le encontraron varias cartas escritas por clientes, en una de las cuales se le refería un sueño y se solicitaba su interpretación.

Tampoco he tenido noticia de si todavía se sirven de la ventriloquia para dar forma más misteriosa a sus agüeros; pero probablemente, por ser tan burdo el engaño, aquélla ya no subsiste como en Africa.

---

(1) Ob. cit., pág. 423.

CAPITULO IV

LOS BRUJOS

Brujos y brujas. — Su edad. — Sus nombres. — Su astucia y buena fe. — Triple carácter del brujo. — Jerga sagrada. —Independencia. — Otras características. — Parasitismo.

La explicación del culto de los brujos, la exposición de los principales procedimientos curativos y de los hechizos por ellos empleados y las indicaciones precedentes acerca de sus adivinaciones y pronósticos, ponen en gran parte de relieve el carácter y la psicología del brujo afrocubano. Excusando, pues, repetir consideraciones ya expuestas en los anteriores capítulos, paso a examinar algunas otras de sus características, que lo diferencian de los que en otros tiempos o en otros países y razas, especialmente en la Europa medioeval y moderna, se han dedicado a semejantes mateotecnias y misteriosa profesión.

Nótase en Cuba, sin que pueda comprobar mi afirmación por datos estadísticos, que el número de hombres dedicados a la brujería es mucho mayor que el de las mujeres (1), y esto es tanto más digno de tenerse en cuenta, cuanto a la brujería en Africa y sobre todo en los países de blancos, participan con gran frecuencia las mujeres. Sergi así lo afirma (2), refiriéndose a los médicos salvajes en general. Hovelacque (3) demuestra al tratar de los negros del Africa subecuatorial el gran respeto que

---

(1) Tan es así, que la palabra *bruja* significa jergalmente algo bien diverso de la mujer hechicera.
(2) *L'Origine dei fenomeni psichici,* página 258.
(3) Ob. cit., páginas 413 y 414.

inspiran ciertas hechiceras. El abate Laffite (1) habla también de las hechiceras del Dahomey, que celebran consejos juntas con los hechiceros. P. Barret (2) explica las prácticas y el noviciado de las hechiceras del Gabón. Asimismo Le Brun Renaud (3) y P. Bouche (4) tratan de la importante intervención que tienen las mujeres en la hechicería yoruba con el nombre de *danwé*. Binger (5) enseña que lo mismo ocurre entre los mandingas. También pasa lo mismo entre los negros bongos, de Unyoro y Uganda (países del Alto Nilo) según Ratzel (6).

Hoy día la supervivencia de la magia está en Europa a cargo de las brujas. El hecho es explicable principalmente por la circunstancia de caer la mujer con mayor facilidad que el hombre en ese estado de delirio que los brujos llaman *dar el santo* y antiguamente *posesión demoníaca*. Ratzel, por ejemplo, nos habla (7) de las muchachas hechiceras de Costa de Oro, como auxiliares de los sacerdotes, y cuyas danzas y saltos convulsivos (según el autor) hacen creer en la presencia de verdaderos poseídos por el demonio (8).

Los brujos afro-cubanos son principalmente hombres, y las mujeres ocupan lugar secundario en la brujería, debido ante todo al carácter sacerdotal de aquéllos, que les da en las sociedades salvajes de donde proceden y en Cuba misma, una posición socialmente predominante, posición incompatible con la abyección en que es tenida la mujer africana en la familia y en la tribu, como ya he expuesto anteriormente.

Si en el Africa occidental, como se ha visto, son cono-

---

(1) *Le Dahomé*, página 122.
(2) *L'Afrique Occidentale*, t. II, página 166.
(3) *Les possessions françaises de l'Afrique Occidentale*, página 159.
(4) *La Côte des Esclaves et le Dahomey*. París, 1885; páginas 79 y 128.
(5) Ob. cit., t. I, página 43.
(6) Ob. cit., t. I, páginas 296 y 319.
(7) Ibídem, página 358.
(8) Véase además a LOMBROSO y FERRERO: *La Femme Criminelle et la Prostituée*. París, 1895; páginas 201 y siguientes.

cidas las hechiceras, débese principalmente a sus augurios de poseídas.

En Cuba puede observarse la asociación de hechiceros, reducida a su expresión más simple, que podría llamarse la *pareja bruja*. En efecto: se encuentran muchos brujos de ambos sexos unidos por pareja, para la satisfacción de sus necesidades sexuales y para completarse psicológicamente, dividiéndose en parte el trabajo profesional. Ellas son las que por lo común experimentan las convulsiones del estado de posesión del *santo*, y hasta algunas veces dedícanse a *echar los caracoles*, y, aunque raramente, el *collar de Ifá* (pues éste es más bien de carácter sacerdotal), mientras ellos se consagran con preferencia a la dirección del culto y a la preparación de *embós* y a la práctica de sus artes de curandero. Digo esto en sentido general, porque, como puede comprenderse muy bien, los brujos no regulan el ejercicio de sus funciones obedeciendo a cánones emanados de una autoridad superior que no existe para ellos, sino con arreglo a la tradición recibida, de cada día más borrosa y a las innovaciones más o menos caprichosas que les impone el ambiente o las circunstancias de cada caso.

Todavía es más característica de los brujos afro-cubanos la supervivencia entre ellos de la poligamia. Es cosa corriente que los feticheros en Cuba, en especial los de las poblaciones rurales y aún los criollos, tengan más de una concubina, número que llega a veces hasta seis y siete. Pero la intervención de éstas en la brujería es muy secundaria, sirviendo sólo de agentes intermediarios, o de acólitos, para decirlo con una expresión sacerdotal.

El brujo, por medio de sus mujeres refuerza su parasitismo. No solamente explota la ignorancia de los vecinos, sino que también aprovéchase de lo que en calidad de cocineras, lavanderas, etc., ganan penosamente sus negras. Ello no es sino la reproducción exacta del régimen económico de los matrimonios africanos, en los cuales son esclavas las mujeres. Un brujo, que en el año 1904 dio que hablar y hacer a las autoridades en Palos (provincia de La Habana) por su delictuosidad, tenía varias concubinas como tantos otros. Una de éstas, aprovechándose del encarcelamiento de su *amo*, quiso sacudir el yugo y escapó del lugar llegando hasta Matanzas; pero puesto él en libertad, después de sufrir la condena, la buscó hasta la ciudad adonde había huido, y después de un altercado en que aquélla se negó a seguirlo, le asestó una puñalada con intención de matarla, no ciertamente por celos sino despechado por la pérdida de una mujer que él, con criterio africano, consideraba como de su propiedad, como una esclava. Apoya esta observación de la supervivencia del matrimonio africano, la conformidad con que las concubinas se someten a un régimen poligámico y parasitario, y la concordia que por lo general reina entre ellas, concordia imposible entre mujeres civilizadas, alejadas psicológicamente de la poligamia. Pero aún hay más: se dan casos en que los brujos se cambian o ceden sus mujeres como si fueran verdaderas esclavas.

Los brujos son generalmente, viejos africanos, cuya longevidad les permite seguir manteniendo la ortodoxia de su culto, ya no muy bien parada, y la fe en los jóvenes de su raza, fe que también va en decadencia.

Quizás por esta condición de ancianos, y para hacerla resaltar más ante los creyentes, los brujos suelen dejar crecer su ya blanca barba. (Figura número 28). Este rasgo frecuente de su fisonomía puede tener un carácter sacerdotal.

Por lo menos hay precedente de ello en Africa. A los hechiceros de Costa de Oro adórnales una barba esmeradamente cuidada que les llega hasta el pecho, y les está prohibido afeitarse durante toda su vida (1), quizás para evitar que sus pelos caigan en manos profanas y concedan a su poseedor cierta influencia sobre el sacerdote.

Actualmente hay muchos negros criollos y hasta algún mestizo dedicados al ejercicio de la brujería. Estos no han esperado a adquirir el prestigio de la vejez y se lanzan al parasitismo, ávidos de holganza, jóvenes todavía y sin los *estudios* y experiencia necesarios para conocer a fondo el elemento tradicional de la brujería de los antepasados, lo que contribuye a la más rápida desnaturalización de

---

(1) RATZEL, ob. cit., t. I, páginas 150 y 358.

los ritos y prácticas fetichistas genuinamente africanas. Es lo más común que estos brujos criollos hayan heredado su profesión directamente de sus padres, lo que puede acusar quizás una supervivencia de las oligarquías sacerdotales africanas.

Al brujo se le conoce por varios otros nombres, además de éste, que es el más usual. Se le llama *brujero, babalá, ulúe, mayombero,* etc. El primero quiere decir hacedor de brujería.

Babalá es una palabra yoruba, compuesta de las dos *baba-nla,* que significa *abuelo* o *patriarca.* De las varias categorías del sacerdocio yoruba, la primera, consagrada a *Ifá,* recibe el nombre especial de *babalawo* (1).

Ignoro el verdadero origen de la voz *ulúe*, no citada por A. B. Ellis, ni por los otros escritores mencionados. No obstante, salvo mejor parecer, es posible derivarla también del lenguaje nago; de las voces *olú,* que quiere decir *jefe,* y *we,* que se significa *limpio, adornado;* de modo que *ulúe* equivaldría a *jefe adornado,* o sea distinguido. Esta etimología parece armonizar con la aplicación preferente de la voz *ulúe* a los brujos jefes de cofradías.

Mayombero es palabra derivada de Mayombe, cuyo significado ya conoce el lector.

Cuando los brujos procesados por el asesinato de la niña Zoila ingresaron en la cárcel de La Habana, los presos temían acercárseles y más aún tocarlos. *El Mundo,* diario habanero del que tomo esta noticia, dice que los presos llamaban al brujo *okoró,* "que es palabra lucumí, significando *cura brujo".* Esta es la primera vez que ha llegado a mis oídos dicha voz y me limito, por lo tanto, a consignarla. Sin embargo, en el lenguaje yoruba *okoró* significa *vengativo, malévolo,* y este significado respondería al miedo que los presos tenían del brujo. No se trataría, por lo tanto, de un título de sacerdote o de hechicero, sino de un adjetivo circunstancial.

También se ha dicho (2) que *Bocú* (o Bocourt, como se ha escrito) no es un apellido francés del brujo que pro-

---

(1) A. B. ELLIS, ob. cit., página 95.
(2) *El Mundo,* de La Habana, 30 de diciembre 1904.

vocó el asesinato que acabo de citar, como afirma el propio interesado, sino un título africano que reciben los hechiceros de Haití, y que debe pronunciarse *Bocú*. Dando por firme esta hipótesis, *bocú* podría traducirse del yoruba *(bo-okú)* como *enterrador, comedor* y *adorador de cadáveres,* etcétera, significado que como se ve, resulta verosímil (1).

Por la ancianidad de los brujos, como expresión de respeto, reciben el vocativo *taita* el brujo y *ma* la bruja; así se dice: *Taita Pancho, Taita Andrés, Ma Rosa, Ma Concha,* etc., palabras que suelen aplicarse también a los demás negros viejos, aunque no sean tachados de brujos. Algunos, los menos, dicen también *ta,* en vez de *taita,* como *ta Julián,* etc.

Refiriéndose al origen de ambas palabras Arboleya escribe: *Taita y taitica.* Lo mismo que papá. Vocativo de los negros ancianos (2). Dice Pichardo: "Voz indígena. Tratamiento familiar que dan algunos hijos a sus padres, equivalente a *papá;* otros dicen *Taitá* y pocos *Tata y tatá".* García escribe la última como usada en Mechoacán en el propio sentido. Tratamiento que muchos blancos y de color dan a los negros ancianos y aún a aquéllos cuando son de edad provecta. El Sr. Santacilia ha publicado un artículo curioso sobre el *Taita* (3). Bachiller y Morales, por su parte, escribe: *"Taita,* es usual en el campo para llamar al padre. La creen indígena los Sres. Pichardo y Santacilia y éste ha escrito sobre el asunto especialmente. A los negros ancianos se llama *taita*... *Taita,* Pichardo la cree indígena de Cuba, Rojas de otras partes de América; pero puede derivarse del vascuence respecto de la lengua castellana. *Aita,* padre; *aita aita, abuelo.* En lengua goagira *tata* es padre" (4).

---

(1) *Bukú* es el *orisha* del sarampirón, según VIGNE D' OCTON. *Sieste d'Afrique,* página 45.

(2) Ob. cit., página 411.

(3) No he podido encontrar este artículo: ¿podrá indicármelo algún complaciente lector?

(4) CALCAGNO (*Uno de tantos,* Habana, 1881; nota) dice que es voz despreciativa para los negros, haciéndose eco de una acepción muy restringida como significando *persona inútil,* en vez

Sin menoscabo de la autoridad que tales cubanistas merecen, me permito sumar a sus opiniones la siguiente:

Supuesto que así como se dice *taita*, se dice también *tata* y *ta*, y que, como notan Arboleya, Pichardo y Bachiller y Morales, es especialmente un tratamiento dado a los negros ancianos, ¿no es más lógico y probable que la voz *taita* y sus equivalentes *tata*, *ta*, se hayan introducido en el lenguaje vulgar cubano por los negros? *Tata* y *ta* significan padre en varios lenguajes africanos, especialmente en los que se hablan en el Congo (1). Los numerosos negros que de esta región fueron traídos a Cuba debieron importar esta voz. Parece apoyar esta hipótesis, el hecho de que la palabra africana *obí*, que se aplica a los brujos en Jamaica y otras Antillas, significa también padre en el lenguaje yoruba, del que procede; y que *babalá*, como también se llama a los brujos afro-cubanos, quiere decir asimismo *abuelo* o *patriarca*, como ya se ha dicho; de modo que el significado de *obi*, *babalá* y *taita* sería el mismo y y su aplicación fundada en criterio análogo al que siguen aún algunas religiones de Europa y Asia, que llaman *padres*, *popes*, *papas*, *patriarca*, etc., a sus sacerdotes.

Respecto a la voz *ma*, Arboleya dice: "Se une al nombre de las mujeres de color como tratamiento de consideración; Pichardo escribe que la gente de color y los muchachos, el vulgo ínfimo, dicen *ma* (síncopa de madre) a ciertas mujeres de color ya de edad, juntamente con su nombre, verbigracia, *Ma Soledad*; y la compara a las voces *ño* y *ña*, las cuales son síncopa de *Señor*, *a*. Si la voz *ma* se aplica a las negras solamente y por los negros en especial ¿por qué ha de ser síncopa de una voz castellana? Lo son, en efecto, las voces *ño* y *ña* y basta para demostrarlo oír también pronunciar, como dice el mismo Pichardo, *señó* y *señá*, síncopa que se advierte hasta en

---

de la acepción general. En este caso equivaldría a la voz *jatrás*, aplicada antiguamente en Haití a los negros inválidos para el trabajo, según VICTOR HUGO (*Bug-Jargal*).

(1) Véase KOELLE: *Plyglota africana or a comparative vocabulary of nearly three hundred words and phrases in more than one hundred distinct african languages*. Londres, 1854; páginas 18 y 19.

el pueblo bajo de la misma capital de España, donde, sin embargo, no se dice nunca *ma*. La etimología de *ma* dada por Pichardo peca de improvisada, tratándose probablemente de una voz africana. En el lenguaje soninké o sarakholé, que se habla en las márgenes del Senegal y por los traficantes de este río y del Alto Níger, *ma* significa madre (1). Y así como en este lenguaje, que está muy extendido en Africa y del cual puede proceder con mayores probabilidades la palabra *ma*, ésta se encuentra en otros muchos, también africanos, así como en los dialectos gona, kyama, avikam, nafana, dagarí, birifó, gbanyán, dagboma, etc., de la Costa del Marfil (2), y en otros del resto de Africa, como puede verse fácilmente en la obra de Koelle y en otras.

Los publicistas que han aportado diversas etimologías de las voces *tata* y *ma*, hasta llegar a la derivación del vascuence y de algunas lenguas americanas continentales, han sido desviados de la recta, por el general desconocimiento que se ha tenido y tiene de los elementos originarios africanos de nuestra sociedad, y en especial del lenguaje vulgar, y por la frecuencia con que los sonidos *pa*, *ta* y *ma* y los compuestos *papá*, *tatá* y *mamá* se usan en los países más distantes para significar padre y madre. Pero de esta observación no puede deducirse la derivación de dichos sonidos de unas lenguas a otras. Buschmann (3) sostiene que tales coincidencias pueden producirse independientemente muchas veces. Sería pueril, dice Tylor, en apoyo, pretender que los caribes y los ingleses o los hotentotes y los ingleses son congéneres porque la voz papá es común a los primeros y la voz mamá a los segundos, sobre todo cuando se observa que las dichas articulaciones infantiles reciben a veces sentidos diametralmente opuestos; así la voz chilena papá significa madre, y la tlasskanesa mamá quiere decir padre. Por lo que se refiere a *tata* y *ma*, Buschman, con una larga lista de nombres significando padre y madre demuestra que los sonidos *pa* y *ta*,

---

(1) FAIDHERBE: *Langues Sénégalaises*. París, 1887; página 129.
(2) Véanse en DELAFOSSE, ob. cit.
(3) *Ueber der Naturlaut*. Berlín, 1853. (Cita de TYLOR).

con la forma similar *ap* y *at*, predominan sobre todo para los nombres de padre, mientras que *ma* y *na*, *am* y *an* predominan para los de madre.

El glotólogo italiano Trombetti, en su obra (1) tendente a demostrar el origen único del lenguaje, nota que en la voz *padre* la consonante característica es comúnmente una explosiva labial o dental: y en la voz *madre* lo es la correspondiente nasal, como PADRE: *pa, papa, pappa, apa*, etc.; *ta, tata, tatta, ata*, etcétera; MADRE: *ma, mama, mamma, ama*, etcétera; *na, nama*, etc. Por lo que se refiere particularmente a la palabra *taita*, observa el mismo autor (2) que en ciertas lenguas *ta* y *t* se emplea como un prefijo honorífico con los nombres de parentesco.

Expuesta, pues, la razón de tener muchas lenguas las voces *tata* y *ma*, se demuestra que no es lógica la síncopa de *madre* para explicar la voz *ma* cuando ésta puede tener un origen directo y fácil en una palabra africana importada. Y explicada la desviación de los etimologistas cubanos de *tata*, desviación que pudo ser aún mayor, la procedencia más admisible de dicha voz es la africana, supuesto que la opinión de Pichardo y Santacilia de que es indígena no pasa de ser una hipótesis, y que otros muchos vocablos africanos se encuentran en el habla de nuestro vulgo, vocablos no debidamente estudiados y atribuidos muchos de ellos a los indígenas.

Los brujos reciben también apodos, mejor dicho, suelen conservar su nombre africano o ser llamados por uno procedente de Africa. Así *Cabangas* (3) según dice él mismo, significa "uno que canta mucho"; *Soco-soco*, puede significar "el que inventa mucho" en lengua del Bajo Congo, etc. Pero, por lo general, son conocidos por su nombre católico precedido del apelativo *taita, tata* o *ta*. A veces se le agrega el apodo según el país de su origen, verbigracia, *taita José el arará, el Congo*, etc. En fin: en otros casos son conocidos por sobrenombres castellanos, como cualquier otro individuo de mala vida; por ejemplo:

---

(1) *L'Unitá d'Origine del Linguaggio*. Bolonia, 1905; pág. 43.
(2) Ibidem, página 73.
(3) *Cabomgo* era el nombre de un antiguo príncipe del Congo —OMBONI, ob. cit., página 203.

Pelota y *Gallito,* apodos que probablemente aluden a la excesiva lujuria de los que los llevaban, vicio muy común entre los brujos.

El respeto que merecen los brujos a los de su raza se funda, como es natural, más que en la vejez, en su carácter casi omnipotente y por la superior cultura que se les supone, ya que el fetichero africano es, con relación a sus fieles, un verdadero intelectual.

De su intelectualidad, aunque escasa, se destacan cierta astucia y cierta habilidad de sugestión, cuya relativa hipertrofia se debe, sin duda, al mayor ejercicio que de ella ha de hacer, por el prestigio de su persona y de sus funciones. De ahí que el brujo ponga de su parte los más eficaces procedimientos de sugestión para impresionar las rústicas inteligencias de los que le rodean: cantos, música, mímica, jerga, misterio, etc.

Por este motivo generalmente se considera al brujo como un hipócrita farsante, que explota la ignorancia ajena en provecho propio, con el completo convencimiento de su acción innoble y hasta criminal, y que, al igual de los augures de los últimos días de la República romana, puede aplicárseles el dicho de Cicerón: No pueden mirarse sin reír. Sin embargo, tal opinión dista de ser exacta. Cierto es que si nos referimos a la mayoría de los brujos criollos, una acusación semejante puede tener fundamento bastante sólido, pues no es en balde el progreso del ambiente en que han crecido, y aún el progreso étnico, han contribuido a la estratificación superior de su psiquis; pero si observamos los brujos nativos en Africa, y otros que, aunque nacidos en Cuba son negros herederos inmediatos de las hechicerías y fetichismos de sus antepasados, no se podrá menos de descubrir la buena fe o credulidad en sus ritos, en sus hechizos y en sus agüeros el convencimiento de la dignidad y facultades extraordinarias de que están investidos, y , por tanto, el concepto de su superioridad con relación, por lo menos, a sus semejantes de raza y costumbres; todo lo cual no excluye cierta astuta explotación egoísta del prójimo, basada en el ejercicio de sus funciones, cuya santidad, por decirlo así, creen indiscutible y les es fundamental. Tendría que suponerse absurdamente, para creer lo contrario, un abismo psicológico que en realidad no existe, entre el brujo y el negro que lo sigue. En el fetichismo africano, como en todas las religiones, el sacerdote está más cerca del fiel de lo que generalmente se cree (1); podrán los hechiceros africanos, como los brahmanes, los rabinos y los modernos sacerdotes europeos y americanos, dudar de la santidad de ciertos ritos, y hasta burlarse íntimamente de ellos; podrán en su vida privada, y hasta en la pública, quebrantar los más sagrados preceptos de la ley religiosa, y hasta se podrá sostener que en ningún caso que no salga del campo de la psicología normal, el sacerdote de cualquier religión cree en la totalidad de sus dogmas y de sus rústicas predicaciones; pero raramente llega su incredulidad a ser completa, guardando siempre una relación íntima de su fe con la fe de sus adeptos. El sacerdote moderno, relativamente tolerante, refleja el escepticismo creciente de las sociedades en que vive; el sacerdote que encerrado desde joven en su aldea a donde ha llevado los fervores apostólicos recién adquiridos en el Seminario, es espejo fiel de la servil religiosidad de los aldeanos. Los sacerdotes de todas las religiones, salvo aquellos que desde niños son arrebatados a la familia y a la sociedad para dedicarlos al noviciado sacerdotal, crecen y forman los estratos básicos de su inteligencia y de su voluntad en el mismo ambiente en que después han de predicar la sumisión a la divinidad y el mejor modo de corresponder con ella y con sus ministros. No es extraño, pues, que a sociedades atrasadas sobre las que pesa aún el fárrago de ritos y dogmas de civilizaciones que fueron, corresponda una clase sacerdotal también crédula e igualmente sumergida en el ayer, y que a las sociedades que han despertado al conjuro de los ideales racionalistas, se adopte una clase sacerdotal escéptica, tolerante, que, viendo la moral divina sustituida

---

(1) Hablo del sacerdote con relación al ambiente en que verdaderamente ejerce su ministerio inmediato. Aquellos que por sus dotes superiores se emancipan del rutinarismo propio de los grados inferiores de la clase sacerdotal, para remontarse a las esferas directoras de la misma, por sus funciones están en contacto con las clases directoras del poder laico, y a éstas debe referirse la adaptación de aquéllos.

por la moral social, se contenta con el mantenimiento del ritual, con la momificación de su doctrina, para poder hacer creer que aún alienta en su interior la vida de la fe, y mantener con el pasado el nexo religioso, que es de los últimos en romperse.

De ahí que los brujos afro-cubanos, con más motivo aún por no haber pasado, como algunos de sus colegas africanos, por un riguroso noviciado que les iniciara en misterios y dogmas y que azuzara en edad propicia su desarrollo intelectual para lograrles una superioridad sobre los creyentes, compartan con éstos la fe en sus ídolos y fetiches, la creencia en la virtud de los *embós* y en la infalibilidad de los agüeros. De la credulidad de los hechiceros africanos han tratado varios autores, demostrando lo infundado de la opinión general. Por ejemplo, Girard de Rialle dice (1): "Que haya farsantes entre los sacerdotes fetichistas es probable; pero el caso debe ser muy raro; en las sociedades verdaderamente fetichistas el escepticismo está tan poco desarrollado..." A. Lefevre (2): "Evidentemente la mayor parte de los hechiceros creen en su ciencia y en su arte". Tylor, refiriéndose a la magia en general, escribe: "...puede decirse que la magia no tiene su origen en el fraude, y que raramente ha sido practicada como una impostura. El hechicero aprende de buena fe, en general, una profesión que cree digna de su veneración, y continúa sumando más o menos fe a la que él enseña. Engañado y engañador a la vez, asocia la energía de un creyente a la picardía de un hipócrita. Si las ciencias ocultas no hubiesen sido imaginadas más que para engañar, hubieran bastado puros absurdos, mientras que en ella encontramos una seudo-ciencia sistemáticamente elaborada" (3). Léase, además, lo mucho y bueno que dice Lubbock sobre este tema (4). Corre (5), hablando de los feticheros de las Antillas francesas, deduce afirmaciones análogas a las expuestas. B. de Quirós y Ll·

---

(1) *Mythologie comparée;* página 177.
(2) Ob. cit., página 486.
(3) Ob. cit. t. I, página 158.
(4) Ob. cit. página 576.
(5) *Nos créoles.* París, 1902; pág. 116.

Aguilaniedo nos hablan hasta de la buena fe de ciertas actuales hechiceras madrileñas (1).

Por lo expuesto se explica que el brujo cubano *Cabangas* afirme convencido la propia indemnidad que le es otorgada por su condición de brujo. Y tal creencia ha arraigado más en él después de haber escapado de la muerte, cuando por un fenómeno de la disvulnerabilidad propia de su raza curó una terrible herida en la cabeza producida por un machetazo.

La condición de la buena fe y de la astucia de los brujos se ha puesto de relieve no ha mucho. Unos brujos (figuras número 28, 29, 30, 31 y 32), para curar cierta dolencia, convinieron en que era necesario el corazón de una niña blanca. La niña fue buscada y asesinada. Poco importaba al brujo que el corazón salvador fuera de tal o cual niña; bastaba que fuese blanca. Su orden de asesinato fue dictada con la misma facilidad que si se tratara de la muerte de una paloma. El brujo, siendo un completo hipócrita, hubiera engañado igualmente a los imbéciles creyentes con cualquier recurso de su imaginación que no hubiese acarreado riesgo tan grave como el de exponer su propia vida. Nada iba a ganar ninguno de los brujos con el crimen, salvo la curación de la enfermedad y el consiguiente aumento de su prestigio. Ningún otro móvil, fuera de éste, ni la codicia, ni la venganza, ni la lujuria, inspiraron el delito; hasta me permitiré decir que el fin era altruista bajo cierto aspecto. De ahí resulta la *buena fe* del brujo al afirmar convencido el poder curativo del corazón de una niña blanca, y arriesgarlo todo para obtenerlo. Pero la astucia, la *mala* fe, por decirlo así, entra después; con objeto de despistar a la justicia y defender la propia vida, se preparan ingeniosas coartadas, se escriben anónimos indicando pistas falsas, y se llega a matar a un cerdo para que la sangre y las vísceras del animal disimularan los restos del ser humano; en las cartas escritas por los brujos adóptanse ciertas palabras accidentalmente jergales, etcétera. Pero, repito, la buena fe no es absoluta; me refiero únicamente a la credulidad que tiene,

---

(1) Ob. cit. página 307.

por lo general, el brujo de las líneas generales de su religión, de sus hechicerías, aunque no vacile en explotar su *ciencia* y vivir a costa del trabajo de los dioses, acción que únicamente aparece como reprobable cuando la moral se humaniza, despojándose de su secular carácter divino.

El brujo afro-cubano se distingue por su triple carácter de sacerdote, hechicero y agorero, como ya se ha explicado detenidamente. No sucede así en todos sus colegas africanos. El fetichismo de Africa, al contrario, nos proporciona un ejemplo de constitución del sacerdocio en varios colegios, según sus funciones; así observamos entre los negros la existencia de feticheros-médicos, de feticheros-magos y hacedores de lluvia, de feticheros-sacerdotes, escribe Girad de Rialle (1), exponiendo a continuación varios ejemplos. Precisamente los feticheros de Yoruba se dividen en tres categorías, la primera de las cuales se subdivide en tres rangos: el primero compuesto por los sacerdotes de *Ifá*, esto es, por los adivinos; el segundo por los sacerdotes de *Osanhin* y *Aroni*, o sean los que practican la medicina, y el último por los sacerdotes de *Obatalá* y *Odudua*, es decir, del dios supremo. Las otras categorías las forman los que se consagran al culto de los dioses subalternos (2). En Cuba, sin embargo, por la imposible división hasta este punto del trabajo fetichista y por la procedencia de algunos de ellos de países donde la clase sacerdotal no había alcanzado un poder tan extenso, y hasta no existía constituida orgánicamente, los brujos abrazaron todas las ramas del fetichismo (el sacerdocio, la hechicería, el oráculo) y desplegaron toda sus artimañas para mantener más cómodamente el prestigio de su nombre y su base de sustentación parasitaria. Los brujos criollos, especialmente, han ido desembarazándose de muchas supersticiones incompatibles ya con el avance intelectual; y así han abandonado en gran parte la práctica del rito, conservando, no obstante, los moldes necesarios de carácter religioso para vaciar sin mengua de prestigio sus sobrenaturales facultades médicas y adivinatorias. El fenómeno evolutivo es explicable. Por una parte el escep-

---

(1) Ob. cit., páginas 182-3.
(2) A. B. ELLIS: *The Yoruba*, etc.; página 95.

ticismo religioso va cundiendo y los ídolos africanos, como todos los ídolos, van en derrota. Por otra parte, el hechicero va perdiendo su prestigio y necesita para reafirmar su personalidad cosechar en terrenos de la que se llama medicina casera, terapéutica popular, *curanderismo*, para lo cual es preciso mayor agudeza intelectual, mayor perspicacia y experiencia, mejor *ojo clínico*, si se me permite aquí la expresión, del que suelen demostrar en sus salvajes hechicerías la mayoría de los brujos. Además, el progreso señala también sus avances para la adivinación y al arte de *echar los caracoles* o el *collar de Ifá*, sustituye el arte de *echar las cartas*, la *quiromancia*, etc., que por ser más complicadas y por proceder de Europa van extendiéndose más y más con perjuicio de las otras, como si todas ellas no obedecieran a una credulidad igualmente primitiva e irracional. No obstante, particularmente, en las poblaciones algunos brujos conservan cierto prestigio de especialistas: éste como ningún otro puede *amarrar* más eficazmente un amante; aquél es milagrero en la preparación de *embós* maléficos; el de acá tiene fama de vender abortivos; el de allá es un gran adivino, etcétera.

Del carácter religioso de los brujos se mantienen principalmente, aunque algo simplificadas, las *limpiezas*, porque proporcionan un aumento de ganancias, y el altar con sus accesorios, para contribuir al aspecto sugestivo del templo. Además, consérvase aún por misoneísmo el uso de palabras o frases ininteligibles, muy frecuentemente en boca de los brujos, y que emplean éstos por lo que tienen de carácter religioso, en el ejercicio de todas sus funciones de sacerdote, de hechicero o de agorero.

En todas las épocas y países los magos y brujas han usado en sus conjuros y rezos una especie de jerga, cuyo estudio está por hacer; esta jerga religiosa es un lenguaje secreto para comunicarse con la divinidad y los sacerdotes entre sí, y desde este punto de vista no cabe duda de que Niceforo, que ha hecho un estudio positivista de la jerga en los normales, en los degenerados y en los delincuentes, pudo añadir a su notable obra un capítulo más titulado: la *jerga sagrada* (1).

---

(1) El genial sociólogo italiano ha recogido amablemente este

Al estudiar un culto cualquiera se descubre pronto la jerga sagrada, jerga que, al igual que otras igualmente primitivas por supervivencia o atavismo, como la de los criminales y las infantiles, no sólo es hablada, sino que aún conserva la más primitiva forma de comunicación del pensamiento, como es el gesto, la mímica. El empleo del latín y de ciertas expresiones griegas y hebreas por los sacerdotes católicos, así como el significado ritual de ciertos gestos (persignarse, golpes en el pecho, genuflexiones, etc.), comprueban la supervivencia de las jergas sagradas.

No es muy exacta la expresión de A. de Blasio al llamar a la jerga de los magos (1) *jerga individual*, por la razón de que no formando éstos asociación alguna y obrando cada uno por su cuenta, dicha jerga no puede servirles para comunicarse entre ellos. Sin negar la verdad de esta última afirmación, no es menos cierto que los brujos emplean su jerigonza, por lo menos, para hablar con las divinidades, y siendo así, parece adoptar dicha jerga el carácter defensivo propio de las que hablan los individuos apartados de la normalidad social, condición en que se han encontrado los sacerdotes de todas las religiones, que siempre han rodeado de misterio sus comunicaciones con los dioses; caso análogo al de la jerga y misterios forenses monopolizados por los primitivos patricios romanos en daño de los plebeyos. Por eso la jerga litúrgica de los brujos es perfectamente bilateral: es el lenguaje por el que logran entenderse el sacerdote y su dios. Pero, además, debe notarse que los brujos afro-cubanos, como los negros del Benevento estudiados por Blasio, pueden considerarse como un reflejo de los sacerdotes primitivos de Africa cuando cada fetichero podía obrar independientemente, como independientes eran sus fetiches de los fetiches de su colega. Pero a medida de que por la creciente reducción sintética de las divinidades, ya dentro de una franca evolución hasta el monoteísmo, los ídolos

---

comentario, hecho en la primera edición de este libro (1906), dedicándole varias páginas de su obra *Le genie de l'argot*.

(1) *Inciarmatori, Maghi e Streghe di Benevento*. Nápoles, 1900; página 221.

y las mitologías de diversos pueblos iban confundiéndose, sobreviviendo los panteones más prestigiosos y disminuyendo así el número de los seres sobrenaturales merecedores de culto especial, fue necesario también entonces que los sacerdotes se fueran agrupando en torno de tal o cual divinidad o conjunto de divinidades, que seguían manteniendo la fe de un mayor número de fieles, formándose insensiblemente las clases y colegios sacerdotales. Pues bien: las jergas sagradas que primitivamente no serían sino para la comunicación entre el ídolo y su sacerdote, se extendieron más tarde para convertirse en jergas propias de la clase sacerdotal, desde cuyo aspecto adquieren aún más destacadamente todos los caracteres que Niceforo y otros conceden a las jergas. El sacerdote primitivo habló la jerga con sus dioses, sin ser atendido por sus fieles, añadiendo así un nuevo misterio a sus funciones, ya de suyo misteriosas, y cuando la clase sacerdotal fue organizándose la jerga sirvió también para uso de la clase, en perjuicio siempre de los profanos.

Este carácter defensivo de la jerga religiosa, desde este último punto de vista, nos lo pone de relieve la siguiente cita de Laffite, refiriéndose a los sacerdotes de Dahomey (1): "Los hechiceros y hechiceras se entregan a prácticas ocultas que me han sido imposible descubrir: tanta era su reserva y ocultación respecto de nosotros. Un lenguaje particular, desconocido de los profanos, les permite celebrar consejos en público, sin que teman un oído indiscreto que recoja sus deliberaciones. Este lenguaje difiere esencialmente del nacional, y aquel iniciado que lo diera a conocer, no ya a un extranjero, sino a un simple creyente, sería castigado con la muerte". A las hechiceras mismas hasta se les prohíbe el uso del lenguaje vulgar (2); el jergal es obligatorio también entre los sacerdotes yorubas (3). Escribe Berenger-Feraud, refiriéndose a los antiguos magos (4): "Para impedir en lo posible la difusión *de*

---

(1) *Le Dahomé,* página 122. También A. B. ELLIS: *The Land of Fetish,* página 52.
(2) BOUCHE, ob. cit., página 79.
(3) Ibídem, página 127.
(4) *Superstitions,* etc., t. I, página 281.

sus conocimientos los que poseían secretos tan fructíferos para ellos adoptaron lenguajes y escrituras convencionales. Y por una pendiente natural se llegó al empleo de alegorías..." En cualquiera de los casos expuestos no merece la jerga religiosa o mágica el dictado de unilateral, que es un contrasentido.

La jerga sagrada obedece además a otros orígenes. Ya no es el sacerdote el que la compone y usa, son los fieles los que la inventan y hablan, también como medio defensivo. J. G. Fracer nos proporciona numerosos ejemplos, de los que tomo algunos. En Laos los cazadores de elefantes deben dar nombres convencionales a los objetos de uso corriente, de donde resulta que hablan una lengua especial. Los tchames y los oran-ghai de Indo-China se entienden por medio de una jerga, cuando van en busca de cierta madera preciosa. Durante los tres o cuatro meses que dura la cosecha del alcanfor los jakuns y birmas hablan un lenguaje especial llamado *del alcanfor*. Lo mismo sucede entre los kayans de Borneo. En algunos países malayos tienen una jerga especial los trabajadores de las minas de estaño, así como los de las minas de oro en Sumatra, los habitantes de las Célebes, durante la siega, y los de Nias durante la recolección del arroz, los de las islas Sangi cuando están en el mar; costumbre de la que aún se conservan supervivencias entre algunos pueblos pescadores de Escocia, algunos cazadores de Alemania, etc. Todas estas jergas obedecen a la idea de que los espíritus malignos que conocen el lenguaje corriente de los hombres, podrían trastornar la realización de actos tan trascendentales como la pesca, la caza, la recolección, etc. Un pensamiento semejante debió inspirar también a los sacerdotes primitivos; el deseo de velar a las divinidades malévolas las comunicaciones dirigidas a las benévolas y procurar el secreto en la confección de los hechizos; sucediendo quizás en este caso que las divinidades que debían ser engañadas fuesen precisamente las benéficas, que eran las que podían tener interés en impedir la preparación y eficacia de un maleficio.

Nos da también J. G. Frazer numerosos ejemplos, que creo inútil referir, de perífrasis encomiásticas pronunciadas sistemáticamente, en vez del verdadero nombre de las divinidades, y de ahí una nueva fuente de voces jergales. Al tratar de los dioses de los afro-cubanos ya he expuesto algunos de los diferentes nombres que se dan a cada uno de ellos.

Por otra parte la jerga se ha derivado parcialmente del concepto de la oración. Esta no era ni es sino la fórmula del contrato del creyente con la divinidad; fue algo así como aquellas fórmulas jurídicas de obligar del antiguo Derecho romano, la falta de las cuales bastaba para que el contrato cambiara de carácter. Dice, refiriéndose al concepto de la plegaria, Lefevre (1): "Si, de humilde intermediaria entre el hombre y la divinidad, la oración se ha elevado al rango supremo, es porque ella obliga a los dioses. Pronunciada en hora favorable, con los gestos apropiados, según los ritos prescriptos, ella los evoca, los domina, los crea. Ellos no existen sino por ella; y el sacerdote que sabe y enseña las fórmulas sagradas se adueña de la dirección de la tierra y el cielo, domina los mismos dioses y los hace descender, conforme a su voluntad, sobre el altar, encarnándolos en un fetiche sólido o líquido, de madera, de piedra, de metal o de harina; él los tiene a sus órdenes y habla en su nombre". Aún en la actualidad ciertas fórmulas sagradas, si bien conocidas de todos, que recuerdan los *mantram gayitri* de los brahmanes, son de la exclusiva competencia de los sacerdotes; así, por ejemplo, las palabras rituales para la transubstanciación del dios católico en el pan y el vino.

Conocidos los orígenes posibles de las jergas sagradas (2), el misoneísmo explica su continuación y supervi-

---

(1) Ob. cit., página 531.
(2) Otro motivo de jerga sagrada parece a primera vista descubrirse en un fenómeno histórico. "Un rasgo característico de la bruja era el de hablar lenguas que ella no conocía; fenómeno que no es raro en el histerismo y no es sino el paso de algunas impresiones de la inconciencia a la esfera de la conciencia." Los poseídos del demonio, dice AMBROSIO PARE, hablan lenguajes desconocidos. (LOMBROSO Y FERRERO: *La Femme* etc., página 202). Sin embargo, no se trata de verdaderos lenguajes, sino de la pronunciación de sonidos desprovistos de significado convencional alguno, y, por lo tanto, la jerga era imposible.

Fig. 28.—*Bocú*, negro brujo, condenado á muerte por asesinato de una niña, cometido para extraerla el corazón y la sangre.

Fig. 30.—Negro brujo, cómplice del asesinato cometido por los delincuentes de las figs. 28 y 29.

Fig. 31.—Negro brujo, otro cómplice del asesinato cometido por los delincuentes de las figs. 28 y 29.

Fig. 29.—Negro condenado á muerte por asesinato, inducido por la brujería.

Fig. 32. Negra bruja, procesada por delito brujo.

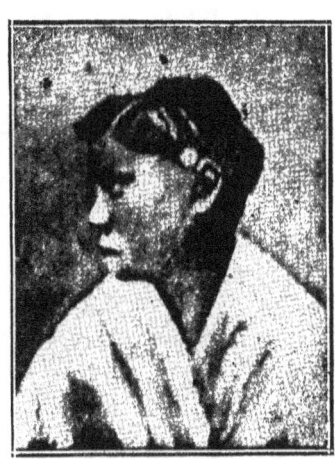

Fig. 33. — Negra asesina para librarse de una enemiga que quería embrujarla.

vencia, aun cuando el móvil inicial que les diera vida haya desaparecido desde ha mucho tiempo. La jerga subsistió por esa profunda repugnancia que lo nuevo inspira a todas las instituciones religiosas de todos los países y de todos los tiempos. Y el misoneísmo religioso ha sido tan intenso, que ha bastado por sí solo para la formación de ciertas jergas sacerdotales (1). Contribuye a demostrarlo un hecho muy común en las jergas de referencia, cual es el uso de palabras antiguas, y hasta de lenguajes que cayeron en el olvido. Los habitantes de las islas Sangi, se sirven mientras están en el mar de un antiguo lenguaje que no es comprendido sino en parte por la generalidad, empleándolo también en sus canciones populares y en ciertos ritos paganos, debido ello al miedo que los espíritus les producen (2). La jerga que los jakuns y birmas usan cuando la recolección del alcanfor, se compone en gran parte de palabras malayas o de origen malayo; pero comprende también otras que no son tales y que se supone que sean los restos de los dialectos jakuns, hoy día desaparecidos (3). La bruja del Africa Occidental a que se refiere Roemer en la cita que de él hace Tylor, respondía a las preguntas "con voz débil y como un silbido, empleando antiguos idiomas". En Dahomey, nos dice Schoolcraft, "el sacerdote pronuncia una alocución en una lengua hierática, ininteligible" (4), así como ciertos hechiceros del golfo de Benin (5). Entre los crickes las mujeres enseñan a los niños como un deber religioso la antigua lengua de la raza, la seminola. La misma tendencia se observa en los antiguos. El brahmanismo adoptó el sánscrito, mientras que el budismo empleó el pali. Los sacerdotes de Egipto se servían de un lenguaje distinto del demótico, distinción que se reflejaba en la escritura de forma arcaica (*jerga*

---

(1) R. DE LA GRASSERIE atribuye únicamente a la inmutabilidad de los ritos, con relación al resto de la vida social, el origen de los lenguajes sagrados. (*Psicología de las Religiones*, pág. 220).
(2) Cita de J. G. FRAZER, Ob. cit. página 398.
(3) Ibidem, página 392.
(4) *Information rapeeting the History*. Cita de Spencer.
(5) RECLUS. *Nouvelle Geographie Universelle*, t. XII página 634.

gráfica, como diría Lombroso). En Samotracia se cantaban en el culto de los Dioscuros cánticos compuestos en lenguaje que se había hecho incomprensible al vulgo, y que se decía era el lenguaje que hablaron antiguamente Cástor y Polux (1). "La magia habló egipcio y hebreo en el mundo griego, griego en el mundo latino y latino entre nosotros" (2). Aún hoy, las religiones mantienen el uso de idiomas antiguos. Tal sucede con el budhismo japonés, que nos revela su origen por el empleo de oraciones en lengua desconocida, por la conservación de un alfabeto y de una escritura india, el sánscrito o devanegarí en todos los escritos religiosos (3). Asimismo ocurre entre los budhistas chinos (4), y los lamas del Thibet (5). En Java, el kavi es la lengua sagrada. El pali entra en la liturgia de los siameses y de los anamitas (6). Un arcaico lenguaje semítico conserva la iglesia abisinia (7), y lenguas muertas siguen empleando los católicos en sus iglesias y los judíos en sus sinagogas (8).

Dice A. de Blasio que la jerga bruja es inestable e improvisada por el hechicero; pero me inclino a creer lo contrario, especialmente con referencia a los brujos afro-cubanos. Si la jerga no tuviese otro fin que impresionar al infeliz creyente, tal como parece suceder en algunos brujos modernos, más atentos a la productiva farsa que a la conservación de una tradición que quizás no existe para ellos, los cuales pueden ser considerados como el último grado de la degeneración de los antiguos magos, entonces parece aceptable tal afirmación; pero los principios que hicieron nacer las jergas sagradas, de las cuales la de los brujos

---

(1) BERENGER-FERAUD. *Superstitions,* etc. t. V. pág. 280.
(2) HUBERT Y MAUS, ob. cit., página 55.
(3) WALTER DICKSON, *Japan:* 1869, página 14. (Cita de SPENCER).
(4) R. DE LA GRASSERIE, ob. cit., página 69.
(5) *Histoire et Iconographie,* etc., *Asie,* página 226.
(6) Ibídem, página 264.
(7) HUTCKINSON, etc.: *Razas Humanas;* página 396.
(8) Lo mismo sucede con los escritos religiosos; así en Islandia, por ejemplo, la magia empleaba los caracteres rúnicos; pero la consideración de este aspecto gráfico de la jerga sagrada queda fuera de este trabajo.

no es sino un reflejo, niegan la posible variabilidad frecuente de las mismas. La divinidad no puede entender una serie de sonidos articulados, cuya clave no conozca; tampoco los sacerdotes entre sí, ni los fieles al hablar esas jergas en la caza, en la pesca, etc., podrían emplearlas, ni las perífrasis encomiásticas tendrían sentido, ni la oración tendría la virtud de obligar a los dioses... La supervivencia de antiguas palabras e idiomas en dicha clase de jerga nos demuestra además, irrefutablemente, la general estabilidad de las mismas. Claro está que según sea el mayor o menor grado de extensión e intensidad de la cohesión entre los sacerdotes o los fieles, entre los que sientan la necesidad de hablar un lenguaje defensivo, será la estabilidad de éste; lo mismo que sucede con las jergas criminales: las más duraderas son las especiales de las asociaciones delincuentes; compárense si no en España, el habla de la antigua *germanía,* conocida en su mayor parte, con las escasas y más variables voces jergales de los delincuentes españoles de hoy día, cuyas asociaciones se van diluyendo más y más (1).

La jerga de los brujos de Cuba es muy varia, por su distinta procedencia y por el apartamiento y hasta oposición que existe entre ellos. En los conjuros y ceremonias suelen emplearse frases y voces africanas, cuyo origen concreto es poco menos que imposible determinar, por el sinnúmero de lenguas que se hablan en la costa occidental de Africa (2) y la creciente corrupción de las mismas por los afro-cubanos, aparte de su carácter algunas veces

---

(1) Véase QUIROS Y LL. AGUILANIEDO *La Mala Vida en Madrid,* páginas 76 y siguientes. Sin embargo, también en las jergas criminales nótase la supervivencia de voces anticuadas.

(2) Lastimosamente, nada o muy poco se ha hecho en Cuba para conservar los lenguajes de los negros. JOSE M. COLLANTES *(Un Vueltabajero Ilustre,* La Habana, 1902) escribe que TRANQUILINO SANDALIO DE NODA conocía los lenguajes congo, *carabalí* y mandinga, y que llegó a componer los prodromos de sus respectivos vocabularios. Conoció también, según otras noticias, el *lucumí,* y dícese que escribió su vocabulario, y que servía de intérprete al capitán general, gobernador de Cuba, D. JOSE DE LA CONCHA, cuando trataba con los negros. De todos modos sus trabajos filológicos permanecieron inéditos y pueden considerarse como irremisiblemente perdidos.

jergal, que aún conocidos todos los lenguajes usuales de los negros en Cuba, impediría el conocimiento de las voces, cuyo significado oculto no puede alcanzarse sin la condescendencia de un iniciado. Pero esta variedad de las jergas brujas no obsta a la estabilidad de las mismas, sobre todo entre los brujos africanos, pues la buena fe de sus actos y el misonísmo que los informa los lleva al religioso respeto de la tradición que les fue confiada como depósito sagrado.

Los brujos, además de conservar expresiones jergales de sus países, mantienen los lenguajes vulgares hablados en estos mismos, y de ahí que lo que en Africa era habla común, de todos conocida, pase a ser en Cuba habla jergal de los brujos y de sus adeptos. El misoneísmo que mantiene el empleo del latín y del hebreo entre los religiosos blancos, explica la conservación de lenguajes africanos entre los fetichistas, cuando ya han sido casi totalmente olvidados por la generalidad de los negros afro-cubanos.

Es otro carácter de los brujos afro-cubanos, en especial de los que viven en las ciudades, la independencia, es decir, la falta de sumisión a determinadas autoridades jerárquicas. En las poblaciones rurales principalmente, nótase aún algunas supervivencias de organizaciones brujas, restos de las cofradías y de los antiguos cabildos, y hasta algunas de aquéllas mantiénense todavía prósperas. Hasta se dan casos de sociedades legalmente constituidas. En la Prensa habanera publicóse no ha mucho la siguiente noticia demostrativa (1): "El policía especial del gobierno de la provincia, señor J. Valdés, ha informado al Gobernador civil que sería conveniente disponer la disolución de la sociedad de los congos de El Gabriel. Después de todo, de hecho se halla disuelta, porque sus socios son cinco y casi todos están presos o procesados. El congo Ruperto Ponce, compañero de Víctor Molina en la materialidad del asesinato de Zoila, tenía en su bohío cuando fue detenido por el capitán señor Delgado varios recibos de la sociedad de congos de El Gabriel y la cuota mensual de un peso. También entre los papeles que tenía R. P. se hallaba una

---

(1) *El Mundo,* 14 de diciembre de 1904.

hoja impresa con décimas dedicadas al crimen de la niña Zoila". Y este caso del asesinato de la niña Zoila ha patentizado también la increíble extensión del prestigio del brujo *Bocú,* que tenía agentes y corresponsales en muchos pueblos distantes de su residencia, y hasta recorría éstos a menudo para satisfacer las solicitudes de sus adeptos. Pero una clase sacerdotal bruja no existe. Los brujos, más por degeneración que por retardo de evolución, están en aquellos estratos primitivos del sacerdocio, en los que todavía no se ha organizado como clase; cada brujo, aunque reconociendo algunas divinidades adoradas por sus colegas, tiene sus propios fetiches y su especial poder sobrehumano. Y esto sucede no solamente entre los que ejercen diferentes cultos, sino hasta en los que creen una misma teología fundamental, contribuyendo a ello la ausencia de un poder político que ejercitar, como en Africa, que les imponga la necesidad de sumar sus acciones, de agruparse para conseguir fuerza predominante. La competencia profesional no ha tenido en Cuba traba ninguna, y desde cierto punto de vista ha motivado una regresión del sacerdocio fetichista. La independencia llega a veces hasta la lucha, la rivalidad, las recíprocas venganzas por medio de los más terribles *embós.* Por esta circunstancia los brujos afro-cubanos no celebran aquelarres en las noches del sábado (1), ni se les achacan las inmundas y misteriosas ceremonias en que fueron basadas tantas persecuciones a sus colegas de la Europa medioeval, como la *misa negra* y otras, ni se les reconoce ese poder sobre sí mismos que permitía a los magos la ubicuidad, el eludir las leyes de la gravedad física, etcétera.

Y así como por dicho carácter se distinguen de los magos y nigromantes europeos, también en muchos otros aspectos se separan de éstos. El brujo no ha conocido la Astrología, porque su inteligencia rústica no le ha permitido nunca el manejo del astrolabio ni la coordinación de los complicados oráculos de aquélla. No ha compuesto talismanes con amalgamas de múltiples metales, porque sus ideas mi-

---

(1) Como sucedía entre los magos de Europa y parece acontecer entre los de Yoruba, según A. B. ELLIS. (Ob. cit., página 116).

neralógicas no han ido más allá de su astronomía; y lo mismo puede decirse de la Alquimia y de otras prácticas que suponen cierto nivel de civilización a que los brujos aún no han llegado. Ni ha formulado horóscopos, porque éstos son colorarios de una concepción fatalista del orden universal, que los brujos no tienen.

Lo que más caracteriza a los brujos negros y los distingue de los europeos es su condición, tantas veces citada, de sacerdotes de un culto, que aún vive acoplado al ejercicio de la medicina y de la adivinación. En efecto, los encantadores y magos de la Edad Media y aún sus descendientes actuales, han sido siempre enemigos de la religión que les rodeaba; eran su reverso, llegando a ser esenciales en sus ritos los pactos con las potencias infernales, la constante comunicación con éstas, origen de todo su poder, la posesión demoníaca, las relaciones sexuales con el íncubo satánico, la repugnancia por todos los símbolos religiosos (cruces, imágenes, agua bendita, etc.) pues ante ellos quedaba detenido todo el poder diabólico. Se les atribuyó a los magos la finalidad maléfica, inmediata o remota, en todos sus actos. El hechicero era una persona mala, un instrumento de Lucifer que se encargaba de atormentar a los humanos que creían en la verdadera religión, al mismo tiempo que proporcionaba placeres y bienes terrenales a cambio de la compraventa de almas, y medios para que unos pudieran impunemente causar males a los semejantes arrastrando así mayor número de infelices a los antros de la eterna expiación. El brujo medioeval obraba el mal por iniciativa propia, por el solo placer de causarlo; su alma estaba entregada al diablo, y éste, en cambio, le había dado su poder a la vez que sus eternas inclinaciones al pecado. La Iglesia Romana, como la Protestante, desplegaron toda su autoridad para perseguirlos y exterminarlos, y del fuego de la hoguera pasaron al infierno millares y millares de víctimas. La hecatombe extensa y continua dejó muy atrás a las matanzas que aún modernamente han ejecutado algunos reyes africanos y que tanto nos han horrorizado.

Nada de esto se observa en los brujos negros. Estos son sacerdotes, y, por tanto, sus personas son hasta cierto punto sagradas; jamás, en su país han sido perseguidos (1); si se relacionan con los dioses malévolos es para contrarrestar sus intenciones. Los sacerdotes brujos son religiosos, aunque amorales. Depende este concepto principalmente de la idea que se forman los creyentes primitivos de los genios malignos. Los negros africanos se encuentran en ese grado de la evolución religiosa en que no se ha pasado todavía del dualismo físico al moral; los dioses son buenos o malos porque conceden bienes o producen males, físicos, ambos, pero no como premio o castigo; estos conceptos entran, cuando entran, muy secundariamente en las ideas religiosas de los negros. Los dioses no son sino la personificación de las fuerzas de la Naturaleza; éstas obran sin relación alguna con el sistema moral de los hombres. A éstos el trueno les causa pavor semejante al que les puede producir el rugido del león; se trata de actividades dañinas por sí, no por reflejos de acciones humanas. Ni siquiera han llegado los negros al estado de transición en que el dualismo físico se confunde con el moral. Para ellos sería muy otra la concepción religiosa del diluvio universal, de las plagas de Egipto, del fuego de Sodoma, de las pestes medioevales, etc. No son todavía los dioses los que se ocupan de regular la conducta de los hombres conforme a ideales divinos; son los hombres los que pretenden someter la actividad de los dioses a conveniencias humanas. Los dioses obran a su antojo sin ocuparse de los mortales; éstos todavía no pecan olvidándose de aquéllos. Existen personificaciones de los males físicos, que no obran sino para dañar; el culto a ellas dirigido tiende a calmar su irritabilidad constante *(ut non facias)*. El culto de las divinidades benéficas, que hacen siempre el bien, pide y a veces obliga a éstas a ejercitar su benevolencia *(ut facias)*.

---

(1) Me refiero a persecuciones colectivas, pues son frecuentes en Africa los casos de castigos impuestos a tal o cual fetichero por atribuirle la intención de impedir la lluvia o la de hechizar al reyezuelo, o la impotencia de producir la primera. En unos casos se trata de países donde el poder sacerdotal no se ha desarrollado todavía; en otros, de regiones donde al mismo tiempo que una clase potente de sacerdotes ortodoxos, existen verdaderos hechiceros, equivalentes a los magos europeos medioevales. Estos son siempre temidos y despreciados a la vez.

De ahí que el sacerdote brujo de los negros no sea tenido por satélite de los dioses malos. Es preciso que predomine el dualismo ético, que los dioses se distingan en buenos y malos, no por el bien o el daño físico de que unos y otros se valen como medios, sino por el bien o el mal moral que tienen por fin; es preciso que se cristalice un orden social, un sistema moral, que será el mismo de los dioses; es preciso que los hombres conciban a los dioses benévolos como interesados en el mantenimiento del orden social humano; es preciso que se organice una clase de hombres encargados de velar por la conservación de éste, relacionándose, por tanto, con los dioses buenos, para que todo enemigo del orden social, del sistema ético-religioso, sea considerado como un colaborador de los dioses malos, que no tienen otra ocupación que la de desbaratar la obra de los buenos. Cuando la rebeldía es continua, cuando por la constancia de la desviación ético-religiosa llegan a caracterizarse tales o cuales individuos, éstos son considerados como sacerdotes del mal. Como agudamente dice Clodd (1): "El diablo debió haber sido el primer *Wing*, o como se diría hoy, el primer *radical*". Por esta razón los magos europeos, como todos los enemigos de un determinado sistema social, en cualquiera de sus aspectos, político, religioso, científico, etc., son anatematizados por la religión imperante, son inspirados de Satán. Por lo mismo, en las sociedades bárbaras los dioses buenos son nacionales e intransigentes; los extranjeros, en sus religiones *falsas* adoran siempre al diablo, sus sacerdotes son brujos; idea que aún estaba muy en boga en Europa cuando la conquista del Nuevo Mundo, y que aún prohijan no pocos misioneros de Asia y Africa.

Pero el brujo afro-cubano, además de sacerdote es hechicero, y con este carácter puede causar el mal. No obstante, debido sin duda a la influencia del otro carácter y a la del ambiente, por lo general y al menos en la actualidad, salvo en casos en que lo inspira la propia venganza por ofensas recibidas de índole particular, el brujo no obra

---

(1) E. CLODD: *Fiabe e filosofía primitiva*. (*Tom-Tit-Tot.*) Trad. it., Turín, 1906; página 28.

el mal como fin, por su propia iniciativa. Cuando se presenta un creyente solicitando el modo de producir un daño, el brujo lo entiende, lo aconseja y le prepara un *embó;* pero una vez entregado éste, el brujo termina su cometido. Entre la víctima del embrujamiento y el brujo hay siempre un tercero que es el que ha promovido el daño, el brujo lo atiende, lo aconseja y le prepara un daño. El brujo afro-cubano no ejerce directamente su poder en perjuicio de un individuo sino en casos personales, ni sus prácticas son esencial ni principalmente dañinas. Por esto también no ha merecido encarnizadas represiones por parte del pueblo, como los hechiceros de Europa, aún los actuales, y de otros muchos países salvajes y civilizados, incluso en Africa misma: ni le han atribuido facultades misteriosas de carácter puramente agresivo o defensivo, como la de convertirse en fiera, la de causar mal de ojo a los niños, la de hacerse invisible, la de entender el lenguaje de los animales, la de salir volando por la chimenea, previo el empleo de ciertos ungüentos y cabalgando en una escoba, como cualquier Marizápalos europea; ni tampoco aunque esto, seguramente, por influencia del ambiente civilizado, se le concede el poder de provocar ciertos encantamientos, como convertir a las personas en bestias, hacerlas dormir por largos años, hacerlas pasar ilesas por el fuego, etc., facultades todas éstas que se les reconoce a los hechiceros africanos cuando no son principalmente sacerdotes.

Ya me he referido en otra página a la *burda* creencia popular, en Cuba no tan insistente como en otros países, que achaca a los brujos negros en América la cualidad de envenenadores profesionales, y he afirmado su falsedad, por lo menos, con relación a los afro-cubanos. Asimismo he de repetir aquí que si bien sus ritos, especialmente de los nativos de Africa, en tiempos anteriores y en las regiones donde la población negra es más densa y apartada de la tutela de las autoridades, se emplean restos de cadáveres, no pueden atribuírseles la criminalidad habitual consistente en sacrificios humanos a los ídolos, como afírmase que sucede en Haití, Estados del Sur de la República Septentrional de América, Antillas francesas, etc., a no ser que en esta categoría se incluya el uso de restos de cadáveres reducidos a polvo, para la confección de filtros y encantamientos.

Pero el reciente crimen cometido por los brujos con el fin de obtener un corazón palpitante de niña blanca, así como la remembranza de casos semejantes, indican que si bien por fortuna no es frecuente entre los brujos afrocubanos la composición de *embós* que requieran una tan terrible preparación, no obstante el germen del homicidio continúa latente en la psiquis del brujo. Sin embargo, aún en este caso reciente, repito, el fanatismo brujo se inspiraba en móvil benéfico, aunque es escogiendo para su consecución un medio criminal, y el brujo no obraba el mal, aunque sólo como medio, en beneficio propio, sino ajeno.

Aún en las ocasiones en que el brujo procura un daño al prójimo por medio de un *embó* o un envenenamiento, no lo hace renegando de los dioses buenos, que permanecen indiferentes a lo que en otras religiones excitaría las iras celestes y obligaría a los dioses benévolos a producir males o castigos. Ya he dicho que en este estrato de la evolución religiosa son los hombres los que se afanan para hacer que los dioses se ocupen de sus necesidades, y no los dioses los que se esfuerzan por ser los determinantes de los actos humanos. La divinidad mala entonces no lucha necesariamente contra la buena, sino contra el hombre. Por esto en Africa, cuando el poder religioso no es predominante y se descubre un daño causado por el hechizo de un brujo, es decir, por el ministro de una divinidad, se lucha contra él hasta la muerte. Así ocurre cuando a algún fetichero se le atribuye la falta de lluvia o la muerte de un reyezuelo, etc. Pero esto sucede, repito, allí donde la clase sacerdotal no existe, porque en caso contrario consigue siempre explicar religiosamente cualquier mal causado por un sacerdote, a satisfacción de la conciencia popular.

El carácter sacerdotal de los brujos ha hecho que en Cuba el que es brujo lo sea por su propia voluntad, por sentirse inclinado a tal forma de parasitismo; o lo que es lo mismo: en Cuba no hay *falsos brujos* como en la misma

Europa, infelices seres humanos, que por algún carácter anómalo y a veces hasta por la mera vejez se ven expulsados de la sociedad, perseguidos como seres consagrados al mal y en pacto con las potencias infernales. Este fenómeno, consistente en la calumniosa fama de brujo atribuida a un desgraciado inocente por la unánime opinión de una aldea, que es frecuente en Europa y que ha sido explicado científicamente por Hubert y Maus, no es conocido en Cuba, porque el brujo aquí ha sido siempre sacerdote de un culto, no ha sido anatematizado como sacerdote del mal, ni lo es, en efecto, desde cierto punto de vista, ni ha entrado en la brujería afro-cubana por la tangente de una profesión misteriosa, como la de médico, de herrero, etc., sino por la vía directa de la herencia o de la vocación. Si en Africa puede notarse bastante el efecto de la conciencia social en la calificación originaria de los feticheros, éstos al llegar a Cuba, mantenedores de una tradición religiosa ampliamente elaborada, no tuvieron por qué experimentarlos, ni el fenómeno pudo manifestarse por las razones expuestas.

El brujo vive del altar, como sacerdote que es. Puesto que así sus hechizos, como sus agüeros, participan del carácter religioso, todo lo que percibe suele ser en concepto de ofrenda a los *santos*. Esto era general en tiempos pasados. Entonces podía notarse también que el brujo, al pedir la retribución de su trabajo, disfrazaba hipócritamente su petición, solicitando en cantidad algo exagerada la materia necesaria para la confección de los hechizos o las ofrendas al *orisha*. Conservaba también en esto su carácter africano; no siempre percibía el *oyá* en dinero, sino gallos, palomas, lechones, manteca de corojo, fruta, legumbres, etc. A veces se aventuraba a pedir ropas (cuando se trataba de *embrujar* al dueño de éstas), aguardiente y cerveza (que sustituían el *tafiá*, las otras bebidas africanas), y alguna moneda (si ésta tenía que entrar en el *embó*, análogamente a los antiguos cauris). Pero el progreso ha traído la corrupción, también para la religión del brujo, para su ortodoxia litúrgica y la respetabilidad de sus tradiciones y sacerdotes. Estos actualmente, salvo para funciones exclusivamente rituales, prefieren que el creyente deposite en sus manos dinero contante y sonante, sabiendo que ningún Mesías los arrojará del templo. Sus *limpiezas* y hechizos los venden como el médico sus prescripciones y el farmacéutico sus drogas. Sus agüeros los cotiza como el abogado sus consejos. Claro está que no tienen aranceles; cada brujo en cada caso cobra lo que puede, al menos un peso, además de los ingredientes del *embó* o de la ofrenda para la *limpieza*. Las ganancias dependen de la condición económica de los clientes y de *como están las cosas*. No obstante, el fanatismo es tan grande en ciertas gentes, que los *honorarios* del brujo en pago de un *embó* ascienden a veces a sumas considerables, para ahorrar las cuales tienen los infelices clientes que trabajar durante larga temporada; se dan casos de pagar por cualquier inmundo brebaje diez, quince y hasta veinte centenes. Años ha cuando la ignorancia era bastante más común, incluso en la clase alta (improvisada, en gran parte, como en todo ambiente colonial), y a la puerta del *taita* paraban quitrines y volantas, cuando las joyas se lucían en los saraos, solían recibir antes de usarse el influjo de un conjuro que ahuyentara la *salación*, cuando a pesar de las sempiternas exclamaciones de ¡*la cosa está mala!*, corrían las onzas hasta en las vallas de gallos, entonces la profesión de brujo era sumamente provechosa. Cuentan de un *taita* José que allá por el año 1883 llegó a ser principal condueño de un solar en la calle Compostela, de La Habana, donde tenía su templo, y que era conocido por *solar del arará*.

Hoy son ya muchos los negros que, si bien creyentes todavía de la virtualidad de los *embós* y de los conjuros, van perdiendo la fe en sus autores. La *ley* de los brujos *de verdad*, dicen es no cobrar retribución alguna hasta que se haya *visto el trabajo*, es decir, el resultado del hechizo; sin embargo, aunque disminuidos los ingresos del brujo, logra éste todavía vivir parasitariamente, satisfaciendo una verdadera necesidad psíquica que aún siente, por desgracia, buena parte de nuestra población.

No tanto por necesidad material de tener un modo más

de ganar dinero, como por defensa, el brujo afro-cubano, especialmente el criollo, ejerce algún oficio manual.

Pero esta especie de adaptación mimética al ambiente social no hace sino disfrazar su modo de vivir parasitariamente de las exacciones a los ignorantes, de la explotación de sus concubinas, etcétera.

CAPITULO V

DIFUSION DE LA BRUJERIA

I. Aparente catolización de los negros. — Afinidades entre la religión de los negros y la de los blancos. — Despreocupación religiosa en Cuba. — II. Prestigio del brujo hechicero y sus causas. — III. Prestigio del brujo agorero y sus causas. — IV. Resumen.

I

Conocida la burda teología de los brujos, su salvaje terapéutica y sus agüeros, que por el mero hecho de ser tales revelan la psiquis primitiva de quienes los emiten o los creen; conocidos también sus rasgos psíquicos, su modo de vivir, y, en parte, su delictuosidad, parece a simple vista inexplicable la extensa difusión alcanzada por la brujería en todas sus manifestaciones. Pero a poco que se reflexione acerca de la demopsiquis cubana, sobre todo durante los dos primeros tercios del siglo último, se observará lo propicia que era para el cultivo de toda clase de supersticiones. Procuraré exponer a continuación las causas principales que favorecieron el desarrollo y la conservación de la brujería en Cuba, en cada uno de sus tres aspectos.

Naturalmente, dado el fervor religioso, dogmático por lo menos, que inspiraba a los españoles de la conquista y a los gobiernos sucesivos de la exmetrópoli, la brujería en su aspecto religioso fue siempre perseguida más o menos oficialmente, y si no se consiguió una constante represión en realidad eficaz, no escasearon disposiciones legales destinadas a obtener la catolización de los negros. Ya en

1531 se prohibió llevar esclavos berberiscos a las Indias, y en 1543 se dictó otra ley en idéntico sentido, pues los negreros iban en busca de berberiscos a Cerdeña, Mallorca, Menorca y otros países del Mediterráneo, y esto se creyó peligroso. "Porque los negros que hay en aquellas partes de Levante diz que son de casta de moros, y otros tratan con ellos; y en una tierra nueva donde se planta agora nuestra santa fe católica, no conviene gente de esta calidad. (1). Quizás por este especial cuidado no alcanzó el mahometismo traer prosélitos a Cuba en la proporción que a otros países de América, si bien en el siglo XIX entraron bastantes, como dice J. M. Rodríguez García (2) —mandingas principalmente— y nos lo demuestran razones fuera de este lugar. A la catolización de los esclavos se propendió por los españoles con tanto afán que se llegó a promulgar disposiciones como las dictadas en 1680, 1693, 1733, 1740 y 1759, en que se decía: "que todos los negros y negras que, con el deseo de abrazar el catolicismo, se refugiaren en las provincias de Nueva España, huyendo de las colonias inglesas y holandesas, quedasen libres sin poderse vender ni restituirse a sus primitivos dueños" (3), preceptos que se cumplieron con todo rigor (4). La Real cédula de 9 de Agosto de 1682, aprobando la IV constitución sinodal diocesana de Cuba de 1680, el capítulo I de la Real cédula e instrucción circular a Indias de 31 de Mayo de 1789, el artículo 3 del bando de buen gobierno del Conde de Santa Clara de 1799, el ídem de 1842, y otras disposiciones ordenaron repetidas veces el bautismo obligatorio de los negros y el deber en que estaban los amos de enseñarles los preceptos de la religión católica y hacerles frecuentar sus sacramentos y ceremonias (5). Pero conocida la condición del esclavo, en particular del dedicado a las faenas agrícolas, es fácil comprender que la

---

(1) ANTUNEZ: *Memorias Históricas*. (Cita de FERRER DE COUTO.)
(2) *The Island of Cuba*, de La Habana, vol. I, página 72.
(3) ZAMORA. *Legislación Ultramarina*, tomo II. Voces: *Esclavitud, esclavos*.
(4) Véase FERRER DE COUTO, ob. cit., pág. 50.
(5) Véase FERNANDO ORTIZ: *Los Negros Esclavos*. La Habana, 1916.

semilla católica no tenía ni tiempo siquiera para germinar en aquellas conciencias agostadas por el trabajo. Por otra parte, su forma de ingreso en el catolicismo basta para dar a conocer la ninguna eficacia que podían tener las predicaciones evangélicas, cuando éstas se hicieran. Apenas llegado un cargamento de *ébano* a la plantación, se formaban en filas los reclutas de la servidumbre, y el sacerdote los bautizaba a todos a la vez mediante unos hisopazos de agua bendita, hecho lo cual se les colgaba al cuello una planchita de lata con el nuevo nombre católico dado a cada uno. Sin duda debieron creer los neófitos que aquella ceremonia no era sino un exorcismo verificado por el *babalá* blanco, y la colocación de un amuleto.

No obstante el ambiente hostil, los brujos adoptaron astutos medios de seguir practicando sus cultos, y más de una vez fueron los mismos blancos los que facilitaron su ejercicio. Los esclavos acostumbraron en los ingenios, con el beneplácito de los amos, tener un altar con la imagen de Santa Bárbara, de la Virgen de Regla, etc., y para su culto se nombraron cofradías. Pues bien; Santa Bárbara no era para los negros sino el *orisha Shangó* y la Virgen de Regla el *orisha Yemanyá*, etcétera, y las cofradías no fueron sino la organización de los fieles sometidos al fetichero, que acaso ayudaban la misa al sacerdote blanco, ante las mismas imágenes que él adoraría luego de otra manera.

Además el ejercicio de los cultos africanos daba muestras de vida en las sombras, donde la acción de los blancos no se dejaba sentir. Natural era que al *apalencarse* los *cimarrones* avivaran en la libertad el rescoldo de su religión. En un artículo publicado por Pedro José Morillas, en la revista *La Piragua*, titulado *El Ranchador*, se habla de los *palenques*, y de hallazgos en estos lugares de ídolos de madera, juntos con plumas de gallos, cazuelas conteniendo una masa resinosa en que se veían clavados dientes de jutías, y cabellos, peonías, pedacitos de espejo, etc. fetiches todo ello. Más arriba se ha copiado lo que acerca del culto en un *palenque* nos refiere un testigo presencial.

Pero pese a las disposiciones de las autoridades, la religión fetichista siguió difundiéndose más y más mediante algunas tácitas transacciones, puramente formales, con los creyentes católicos. Así como ciertos insectos al verse sujetos por una de sus patas se resignan a pagar con la pérdida de ésta el precio de su huida y consiguiente salvación, el fetichismo se desprendió de algunas de sus partes secundarias, para alcanzar una vida más segura y duradera. El catolicismo tampoco podía conseguir más, pues el fetichismo animista de los brujos traducía la idea religiosa de la mayor parte de los mismos fieles de aquél. Nunca mejor que al observar el contacto entre la religión de los blancos y la de los negros se puso de relieve la verdad afirmada por Clodd, siguiendo un perfecto símil, tomado de la Química: "Las religiones son todas alotrópicas, es decir: así como el diamante y el carbón no son sino diferentes modos de presentarse una substancia, así las religiones tienen la misma esencia y varían sólo en sus varias manifestaciones" (1). El culto católico practicado en Cuba no era en efecto, esencialmente distinto del fetichista, y las divergencias entre ellos existentes no fueron sino meramente de forma, y menos intensas de lo que general y vulgarmente se cree por prejuicio heredado y por falta de desapasionada observación objetiva. Como que este punto es fundamental para considerar con criterio positivista el tema, pondré de relieve algunas de las muchas analogías que ponen en contacto el culto católico con el practicado por los brujos, tomando como base de comparación el yoruba, que he expuesto extensamente, y que es el predominante.

Si al brujo su teología le enseñó la existencia de un dios soberano, al que están sometidos varios órdenes de divinidades inferiores u *orishas*, así oyó decir también cuando le fue expuesta la teología católica, y a los *orishas* llamó *santos* en Cuba como en el Brasil, como en Africa.

Los espíritus malévolos que conoció en Africa los encontró también en Cuba.

Si a *Olorun* no se le rinde culto en Yoruba y sí a los *orishas*, entre los católicos las invocaciones indirectas al

---

(1) *L'Uomo Primitivo*. Trad. it. Torino, 1914; página 109.

dios único por medio de intermediarios celestiales son las más frecuentes.

Para sustituir a su *orisha Obatalá* escogieron los brujos a Cristo, al Santísimo Sacramento, a la Virgen de las Mercedes, con criterio que no he de repetir.

Santa Bárbara, patrona contra los rayos y truenos, no es sino el *Shangó* de los católicos.

Yemanyá, dios de los mares, se convirtió en la Virgen de Regla, y si los sacerdotes del fetichismo hubiesen conocido más extensamente el santoral católico, hubieran encontrado, sin duda, otros santos de funciones análogas, como San Telmo, etcétera.

Y así de casi todos los demás *orishas*. Si el fetichismo reconoce una infinidad de *orishas* inferiores dedicados a proteger de algún mal a los mortales, apenas hay personaje en el santoral católico al que no se le atribuya alguna especial dedicación benéfica, cuyos santos desvían los actos del culto y adoración del Gran Mediador, como afirma un clérigo, el P. Lagrange (1).

Así como el fetichismo no distingue frecuentemente la potencia divina, abstracción hecha del muñeco o fetiche en que se localiza, así los creyentes católicos conceden a muchas imágenes un verdadero carácter fetichista, atribuyéndoles mayor poder que a otras imágenes de la misma divinidad, abstractamente considerada. Basta recordar el culto tan extendido de la Virgen de Lourdes, cuya milagrería es tan reconocida en Francia como el de las *Madonnas* de Loreto y de Pompeia en Italia, de la Virgen del Pilar en Aragón, de Guadalupe en México, del Carmen, de los Dolores, de los Desamparados y mil y mil más. Lo mismo puede decirse de la diversa veneración que merece la imagen del Cristo crucificado: según sea la de tal o cual Iglesia de tal o cual país. Dice con razón a este respecto Girad de Rialle (2): "Cuando Luis XI dirigía sus plegarias tan pronto a Notre Dame d'Embrun, como a Notre

---

(1) *Etudes sur les religions semitiques.* París, 1905; pág. 25.
(2) Ob. cit., páginas 223-224. Léase el capítulo de dicha *fe* obra titulado: *Fetichismo en los pueblos civilizados.*

Dame de Clery, distinguiendo una de otra, no invocaba realmente a la gran mediadora entre el hombre y su divino Hijo, sino a un verdadero fetiche, a un ídolo semejante al de los negros o de los papúes".

Si los yorubas llegaron a sostener congregaciones religiosas que se distinguían por el color de los vestidos y de los collares, congregaciones hallaron en Cuba y vestidos, medallas y cordones de determinados colores para distinguirlas.

Las supervivencias fetichistas se descubren más aun cuando se considera el culto de las reliquias, de los escapularios, de los cordones, de las palmas benditas y demás amuletos.

Si los negros africanos tuvieron por amuletos los escritos de los marabús con versículos del Korán, en Cuba pudieron sustituirlos por determinadas oraciones de los blancos, llevadas por éstos a menudo, como también los evangelios, colgando del cuello metidas en una bolsita.

Si los fetichistas ofrecen algunas manifestaciones zoolátricas, entre los blancos encontraron, con significado más o menos simbólico, el *agnus dei* o *cordero pascual*, la paloma del Espíritu Santo, el león de San Marcos...

Como se ve, tantos puntos de contacto entre el culto de los negros y el de los blancos no podían menos de producir la fusión de ambos criterios religiosos en las inteligencias débiles, sobre todo entre los africanos, que eran los oprimidos, y cuya religiosidad, por varias causas, no era tan intransigente como la de sus amos.

Así es que los fetichistas aceptaron de los católicos el nombre de algunas divinidades, aplicándolo como una especie de apodo a las suyas, antropomorfizaron más sus ídolos, asimilándolos a las imágenes cristianas, y llegaron a practicar algunas fórmulas del rito. El fetichista llegó a adoptar algunas imágenes, así como los cristianos adoraron las estatuas paganas, cambiándoles la advocación (1) y se apropió algunas fórmulas rituales, lo mismo que

---

(1) Aún hoy, en la catedral de Pisa, por ejemplo, puede verse una antigua estatua de Marte, adorada bajo la advocación de San Efeso.

los cristianos conservaron el uso de los exvotos de los cirios, de las flores de los trajes talares, de los baños lustrales, de los títulos jerárquicos *(pontifex, economus, presbiterus, diaconus,* etc.), hasta algunas palabras de la jerga sagrada, etc., propios de los paganos.

Que la teología del fetichismo africano y del catolicismo al uso se encuentran en planos psicológicos muy próximos, se deduce también del respeto que a los católicos les merecen los fetícheros, allí donde éstos dominan; lo cual no sucedería si ambas creencias fuesen radicalmente divorciadas desde el punto de vista psicológico. Un misionero católico escribe: "Todo su poder lo deben los fetícheros al demonio, y éste es nuestro enemigo, el enemigo de todos los hombres. Si él les concede a veces algunos favores se los hace después de pagar bien caros" (1). Véase además las páginas que Lubbock dedica a demostrar con irrefutables citas la creencia de los misioneros en el poder sobrenatural de los hechiceros salvajes y de sus toscos ídolos, que toman por representación del diablo (2). En conclusión, como dice Hovelacque (3), la religión de los negros-africanos no es otra sino la de las capas sociales no inteligentes de nuestras poblaciones europeas; bien sea que dichas capas pertenezcan a las clases explotadoras y directoras, nobleza, sacerdocio, magistratura, o bien a las explotadas y dirigidas, como es, por ejemplo, la mayor parte de la población rural".

Por esa afinidad entre ambos cultos los brujos no pusieron reparo alguno en adoptar todos los santos y demás potencias celestiales de los católicos. En unos casos el nombre de éstos no fue sino la traducción al castellano del nombre de algunos *orishas;* en otros el resultado fue una suma de seres sobrenaturales a los infinitos que cabían en la amplia teología de los fetichistas. Cuando supieron éstos que los blancos tenían como ellos una santa abogada contra los rayos, no vacilaron en llamarla *Shangó,* y cuando aprendieron que otro santo curaba, por ejemplo, las

---

(1) THILHIER: *Annales de la Propagation de la Foi;* 1872; página 266.
(2) Ob. cit., páginas 573 a 575.
(3) Ob. cit., página 399.

enfermedades de la garganta, aceptaron contentos este nuevo *orisha*, que hasta entonces no conocían. Y a esto se redujo casi toda la catolización del esclavo, que juntó alrededor de su cuello un escapulario con un collar de abalorios, y que junto a los *jimaguas* colocó en su altar la imagen de Cristo crucificado, y así pudo el negro calesero celebrar una *limpieza* ante el *babalá*, creyéndose, no obstante, *salao* si no hacía cada día la señal del cristiano con la primera moneda que ganaba, y la encopetada dama, apenas apartada del regenerador confesionario, llevaba al brujo sus nuevas joyas para que con sus conjuros las librara de hechicerías.

Así como las afinidades de los cultos blancos y negros favorecieron su aproximación, la diferencia principal entre ambas religiones no la impidió. En efecto, la religión católica, como todas las religiones avanzadas, ofrece un carácter que la separa de la fetichista de los afro-cubanos, cual es la superposición del elemento ético. Los dioses de los brujos, como sus sacerdotes, son *amorales*, según he dicho ya. Si hablan de una vida futura en la que serán recompensados los justos y castigados los pecadores, es porque lo han aprendido de los católicos. Los negros africanos conciben la vida de ultratumba como exacta continuación de la terrenal, sin que haya en ella premios ni penas, el que muere esclavo sigue sirviendo en el otro mundo al que murió amo.

Esta circunstancia hizo que los brujos, libres de ese carácter ético, que es la causa principal de todas las luchas religiosas, no vieran en los católicos a creyentes radicalmente enemigos, porque sus propios dioses no tenían nada que defender fuera de sí mismos, y extendiendo el concepto que de éstos tenían, sumaron a su panteón todos los *orishas* católicos, algunos de los cuales se asimilaron totalmente a los suyos. A su vez el clero blanco no vio ningún peligro transcendente en la religión de los brujos porque no atacaba las fórmulas de su ética y su amoralidad la incapacitaba para un extenso y verdadero proselitismo; por esto su oposición a la brujería fue más dogmática que movida por el acicate de la competencia profesional.

Otra diferencia importante entre los cultos católicos y

fetichistas no pudo tampoco impedir su fusión en ciertas capas sociales. Ella derívase del elemento artístico relacionado con la forma del culto. Desde el tamborileo religioso del fetichero africano hasta los recientes oratorios de la música sacra, desde el ídolo pestilente y mísera cabaña hasta las catedrales góticas, el culto ha revestido ropajes más y más suntuosos y artísticos; pero a fe que con mayor intensidad *habla el alma* de los negros y de muchos blancos de psicología igualmente primitiva, la forma salvaje y misteriosa del culto brujo, que la civilizada del catolicismo. Aunque así no fuese, el arte no es sino un accesorio de la concepción religiosa, y todos los días vemos imágenes ridículas, talladas bárbaramente, merecer más devoción que otras verdaderamente bellas y que encarnan con perfección, por el *verismo* de sus formas y policromía, la idea que forman los hombres de los dioses antropomorfos.

Otra circunstancia importante influyó en que el negro conservara su fetichismo, y lo que es más digno de nota, que al desembarazarse poco a poco de sus primitivas creencias, cayera en la irreligiosidad, mejor dicho, en la despreocupación religiosa, que es característica de la sociedad de Cuba. Esta ventajosa cualidad de la psiquis cubana resalta apenas se penetre un poco en las costumbres nacionales. A continuación traduzco unos párrafos de dos extranjeros que tiempo ha llegaron a Cuba y estudiaron el modo de ser de sus habitantes. Dice el italiano Gallenga (1): "Tampoco la religión del Estado, tal como es aquí, tiene influencia en las masas. En ciudades como Manzanillo, Cienfuegos, Sagua o Villaclara, que cuentan de 12,000 o 15,000 habitantes, existe solamente una iglesia con tres sacerdotes. Los que conocen los ritos de la Iglesia católica saben bien que tres clérigos no pueden, aún haciendo esfuerzos sobrehumanos, administrar Sacramentos a una centésima parte de su grey. En una ciudad italiana de igual extensión y con igual número de habitantes, se contarían un obispo, uno o más capítulos de canónigos, un seminario, 300 sacerdotes por lo menos

---

(1) *La Perle delle Antille.* Milano, 1874; pág. 110.

y media docena de comunidades monásticas de ambos sexos. Si es un mal el que haya pocos o muchos curas, es cuestión que no me interesa dilucidar, pero el hecho es que los cubanos no se lamentan de la escasez de preceptores religiosos". El francés Piron, dice: "No hay otro país en el mundo para acomodar la religión a su género de vida; ellos la convierten en una amiga complaciente que se doblega a todas sus fantasías". Cubanos y españoles se unieron en esto para lograr, aunque involuntariamente, una relajación de las ideas religiosas. El español recién inmigrado, sometido inmediatamente al yugo del trabajo, no tuvo tiempo ni posibilidad de practicar los actos de su culto con la asiduidad necesaria, y siguió largos años viviendo, como dependiente o como amo, divorciado de la religión; lo cual no obstaba para que, al casarse, lo hiciera católicamente, bautizara sus hijos, y al regresar a su patria se hiciera amigo del cura de su aldea y lo favoreciera con donativos para él o para la iglesia del lugar. En Cuba no se ha oído hablar de religión con el fanatismo de los pueblos caducos, ni con la fe de los creyentes neófitos. Tampoco, por idénticas causas, ha habido una opinión verdaderamente anticlerical. La Prensa, exclusivamente religiosa, vegeta y muere como la librepensadora. La indiferencia reina. La religión, el rito sigue observándose por misoneísmo y por la fastuosidad y hasta la teatralidad con que las iglesias rodean ciertos actos (1). Este carácter del culto en Cuba era antiguamente muy acentuado, y hasta llamó la atención de los viajeros extranjeros (2).

Las disposiciones legales en pro de la catolización del negro no pudieron, pues, ser muy eficaces, como lo hubieran

---

(1) Ciertos casamientos católicos, por ejemplo, son tan solemnes y el espectáculo es tan suntuoso, si no más que algunas ceremonias fundamentales del culto, como la misa. Hace algún tiempo que desde las páginas de *La Discusión*, JESUS M. CASTELLANOS observaba con verdadera penetración y criterio positivista el fenómeno de la despreocupación religiosa de nuestra sociedad, inspirándole atinadas observaciones.

(2) CASTONNET DES FOSSES: *Cuba et Puerto Rico;* París.

sido si el espíritu evangelizador de la autoridad hubiese secundado la conciencia pública. Pero, por otra parte, las mismas autoridades, especialmente las del siglo último, no se mostraban muy celosas e intransigentes que se diga, por la conversión de los infieles, ni por la conservación íntegra del prestigio de la religión del Estado.

No es de extrañar, pues, que los negros pudieran conservar sus ritos, no encontrando en los blancos una verdadera y constante intransigencia en favor de los suyos. Y no sólo consiguió el fetichismo su permanencia entre los africanos, sino también su difusión entre los criollos, bien fuesen de color o blancos, y asimismo entre los españoles. Las supersticiones fetichistas de los negros criollos se explican por herencia; las de los blancos, en parte, por el contacto en que desde niños vivían, especialmente los cubanos, con los negros esclavos, con sus padres o compañeros de solar, de juegos o de escuela, y sobre todo por deficiente estratificación intelectual. Pero hay que consignar aquí que el brujo, en su carácter de sacerdote, no logró prosélitos entre los blancos, y apenas entre los mestizos, arrollados unos y otros por la indiferencia religiosa general, y que si los templos brujos han sido y son frecuentados por los blancos, es debido al prestigio de los *embós* y al de los vaticinios.

I I

En efecto el brujo, como curandero y preparador de hechizos, mereció siempre de mayor crédito. Cuando llegaron los primeros negros a Cuba encontraron ya difundida de creencias en la posesión demoníaca del enfermo, no solamente entre los blancos, sino también entre los indígenas. Estos llaman *babujal*, palabra que aún conservamos, sobre todo en las provincias orientales, al *bilongo* de los africanos. Dice Bachiller y Morales que era un espíritu malo que tomaba forma de lagarto y se introducía en el cuerpo humano, del cual no salía sino a fuerza de conjuros y exorcismos, invocando al espíritu benévolo y acompañando las invocaciones de sendos zurriagazos. Los negros, que tan frecuentemente se unían a los aborígenes, debieron hallar, pues, entre éstos una confirmación del valor de su supersticiosa creencia.

Además, la ignorancia y la religión de los blancos le ofrecieron no pocas analogías con sus *embós* y con el origen sobrenatural de la enfermedad y de la salud. Por lo que a esto último se refiere, ya he copiado más arriba un párrafo de Sergi que hace notar el maridaje entre la medicina y la religión hasta épocas no muy remotas. Todavía hoy, la lista de los santos que curan es interminable, cada enfermedad tiene en la corte celestial un *abogado* por lo menos. Atribuir las enfermedades, sobre todo las epidémicas, a castigos celestiales fue muy común tiempo atrás, como aún hoy lo es en pueblos que siguen viviendo como en el pasado. Recuerda Tylor (1) que cuando la peste desoló a Roma, en tiempos del Papa San Gregorio, vio éste al arcángel San Miguel sobre el mausoleo de Adriano blandiendo su espada ensangrentada. Y el arcángel sigue aún en estatua sobre la mole adriana, que debió a su huésped celestial el nombre de *Castel Sant Angelo*, que aún conserva.

Respecto a las supersticiones referentes a hechicería, así maléfica como benéfica, pueden comprobar aún en la actualidad, en cualquiera de las regiones españolas, principalmente de aquellas que han contribuido en mayor grado a la población blanca de Cuba. "Galicia (por ejemplo) sigue siendo el país del curanderismo y de los exorcismos... Como en tiempo atrás, hay por estas aldeas gentes poseídas del diablo, otras en comercio diario con las brujas, y no pocas atormentadas por el trasgo y el trangomanco, duendes domésticos a quienes achacan multitud de enfermedades corrientes... La curación de estas enfermedades, a cargo de *negrumantes* y *vedoiros*, es un conjunto de prácticas religiosas y fúnebres, unidas a los preparados de una farmacopea salvaje... Allí acuden (a ciertas localidades cuyos nombres excuso copiar) endemoniados y hechizados para librarse de su encantamiento... El enfermo sufre una verdadera paliza que le suministra el exorcizador, a

---

(1) Ob. cit., página 338. Véanse además las páginas anteriores y posteriores.

cada golpe, los parientes y deudos, provistos de ramas de laurel empapadas en agua bendita, rocían al enfermo y gritan como energúmenos. ¡*Botao fora!*.. Esta ceremonia tiene una variante, que consiste en un ágape de pan mojado en vino, del cual se procura participen los muertos vertiendo al osario buena parte del comistrajo" (1). En Santander, igual credulidad e igual parasitismo. No ha mucho publicó la prensa diaria de Madrid la noticia que sigue: "Hace dos años fue a residir a Santoña D. M., de oficio sastre, trabajando en distintos talleres y estableciéndose después por su cuenta. Pero no sólo se dedicaba a la sastrería, sino que, aprovechándose de la supina ignorancia y fanatismo del pueblo, explotaba inicuamente a las clases bajas, sobre todo, criadas de servir, que tenían en el *brujo* una fe ciega, y a las que tenía sugestionadas por completo.

Expendía ruda y sabina, conocidos abortivos y emagajes, entre otros medicamentos, y entre su gran parroquia era considerado como infalible. Por una casualidad, el doctor S. se puso sobre la pista del *negocio*, y merced a sus activas gestiones se ha puesto en claro algo de lo que hay en el asunto, pues se sospecha con fundamento que falta todavía por descubrir mucho. Las muchachas eran sometidas a una serie de conjuros y prácticas ridículas, evocando a San Sebastián y a otros santos y conminando con la furia del infierno y la maldición celeste a las que dijeran algo de lo que se hacía con ellas, por cierto que no todo muy conforme a la moral. La opinión espera que el juez pondrá en claro todo lo que al asunto respecta, pues se teme que se oculta algo no muy limpio en el fondo (2). Con igual intensidad que en Galicia y en la Montaña, la brujería se extiende por todas las regiones de España, principalmente por Asturias, León, ambas Castillas, Extremadura, Murcia, algunas regiones andaluzas y Canarias, de cuyas regiones ha venido siempre a Cuba el mayor número de inmigrantes. Pero las supersticiones se extienden a las demás, y en todas ellas se cree en poseídos,

---

(1) Artículo de P. ROVIRA: *El Campesino Gallego,* en *Nuestro Tiempo,* de Madrid. Noviembre de 1903; página 633.
(2) Del *Heraldo de Madrid,* del día 24 de Enero de 1905.

en *mal de ojo* o fascinación (*mal gueyo y mal del filu* en Asturias, *beguizco* en las Vascongadas, *mal intencionado* en Santander, *mal de envidia* y *mal pagano* en Canarias, *mal dunat* en Cataluña, etc.), embrujamientos y en toda clase de amuletos, desde los más primitivos (cabeza de lagarto, dientes de reptil, etc.) hasta los escritos (Evangelios, Regla de San Benito, etcétera) (1).

Y al igual que en España, en todos los demás países civilizados sobreviven idénticas supersticiones. Como dice Morsell en el prólogo a la obra citada de Blasio: "Una desoladora uniformidad reina también en este campo incultivado del pensamiento humano. Do quiera se lleva la investigación demopsicológica se encuentran las mismas ilusiones, los mismos errores lógicos, el mismo miedo irreflexivo, idénticas irracionalidades. Aún hoy el australiano, el bosquimano, el vedda de Ceylán, el akka del centro de Africa, estos residuos, o, si se quiere, estos representantes del hombre prehistórico, se dan la mano en sus supersticiones con el habitante de París, de Londres, de Milán, de New York, los cuales no obstante, son o se imaginan ser los representantes de la más avanzada civilización moderna". Y lo mismo sucede entre las personas de la llamada *alta sociedad*. Girard de Rialle recuerda, como ejemplo, los *port-bomheurs*, inseparables compañeros del jugador en las mesas de juego de Montecarlo.

La difusión de la hechicería de los blancos sigue todavía favorecida en Cuba por la venta de libros vulgares que de ella tratan: *tratados de la magia blanca y negra, libros de San Cipriano*, de *Simón el Mago*, de *Alberto el Grande, Enchiridion Leonís Papae, Grimorio de Papa Honorio*, etc. (2). Hasta en Cuba misma se ha llegado a editar algún compendio.

---

(1) Véase el artículo de R. SALILLAS: *La fascinación en España*, en la *Revista de Especialidades Médicas*, de Madrid; 20 de Noviembre de 1902.

(2) Buscando un catálogo de libros de magia y *ciencias ocultas* publicados en castellano, recibí uno de un editor madrileño, cuya lectura es interesante para conocer el grado de supervivencia de tales supersticiones. En dicho catálogo es anuncian pomposamente las obras de magia editadas por la misma casa o por otras; un libro de *magia suprema*, de unas 150 páginas, en 8o. se vende al precio

Así se explica la infinidad de fórmulas de hechicería, conjuros, oraciones, supersticiones, etc., que subsisten en Cuba, de origen europeo. Aunque fuera del tema de este libro, por no referirse a la brujería africana, expondré algunas para que se vean sus diferencias y analogías con los procedimientos usados por los brujos, si bien algunos criollos ya las han adoptado y las aplican. Para curar ciertas enfermedades del estómago emplean la siguiente oración: "Donde Dios se nombra, todo mal se quita; donde yo pongo mi mano con fe, la Virgen Santísima su divina virtud, los Santos Evangelios de la misa y el misal, la mañana del Señor, San Juan la piedra y labrador te sane de color, tumor, tabardillo *tripa encogida*, resfriado o agua empozada, maldito mal, de este cuerpo para el hondo del mar, criatura humana engendrada del hombre. Jesús en cruz murió y en cruz te lo corto con palabras del Espíritu Santo, los Santos Evangelios de la misa y el misal, la mañana del Señor, San Juan, San Gregorio bendito estuvo opilado y la Virgen María Santísima lo curó, así queda de mi mano con gloria al padre † gloria al Hijo † y gloria al Espíritu Santo †". Se hace la señal de la cruz por tres veces sobre el vientre del enfermo y se le da a beber café con sal.

Para evitar la caída de los dientes se toma un cordel, se rezan tres *credos* y cada vez al llegar en la oración a la palabra *descendió*, se hace un nudo. El cordel con los tres nudos debe llevarse atado al cuello. De origen europeo son también muchas supersticiones, como la creencia en el *mal de ojo*, la fatídica influencia del número 13, el mal agüero de la lechuza, del gato negro, etc., la *salación* por la pata de cabra, la lagartija y mil y mil más.

Pero aún aparte de la fe en el poder sobrenatural del

---

de 10 pesetas, y otros libros se venden también a precios igualmente proporcionados a los preciosísimos secretos que contienen y a la barbarie de sus compradores. Pero lo más curioso es la venta de talismanes: un gran *talismán de constelaciones*, de siete metales, se vende por 20 pesetas; otro *talismán celeste*, construido bajo la influencia del sol, cuesta 15 pesetas un *talismán de Venus*, también 15 pesetas, y una *dominatur*, que reúne las virtudes de los otros, cuesta algo más. Los comentarios huelgan, como dicen los periodistas.

brujo y en la producción de enfermedades por un *bilongo,* no faltan quienes crean en la virtud de los brujos como simples curanderos, a lo que hoy van reduciéndose, perdiendo más y más de cada día el carácter religioso. Los negros africanos desde luego han creído más en la ciencia de sus médicos que en la de los blancos; pero su crédito entre criollos y españoles no ha sido de poca monta, y dura todavía entre todos. En un caso de brujería ocurrido en Abreus se encontró nada menos que una especie de hospital y templo a la vez, con varias camas, donde el brujo tenía clandestinamente *en cura* varios enfermos. En la hechicería curativa de los brujos no ve el ignorante que la consulta, la complejidad de la terapéutica moderna, ni el diagnóstico se medita, ni se utiliza instrumental alguno, ni se recetan sucesiva o simultáneamente pluralidad de medicamentos, ni el brujo acude por lo común a la consulta de otros brujos en casos graves (lo cual revela inseguridad, impotencia), ni se exigen operaciones quirúrgicas (que tanto repugnan a las inteligencias débiles...); el diagnóstico, como el pronóstico del brujo, son precisos; precisa es también la profilaxis, como dictada por quien no puede equivocarse, por quien disfruta de la inspiración divina, por quien hace de su profesión un secreto. Tales circunstancias no hay duda de que otorgan al brujo el prestigio de un gran poder entre sus clientes, que se cuentan en las capas sociales de psiquis primitiva.

Es de notar que generalmente se acude a los brujos, como a los demás curanderos, en el caso de enfermedades crónicas o incurables: úlceras, paludismo, tuberculosis, histerismo, esterilidad, etc., es decir, cuando perdida la esperanza en los medios de la medicina civilizada, las inteligencias débiles retrogradan fácilmente hasta hundirse por el peso del abatimiento del ánimo en el salvajismo y la primitividad.

Además de las causas expuestas, otro curioso fenómeno psicológico contribuyó al prestigio del brujo en su carácter de hechicero, relacionado con su carácter sacerdotal. Tylor en su *Civilización Primitiva,* pone de relieve el siguiente fenómeno demopsicológico: cuando dos razas o pueblos, uno superior o dominante y subyugado o inferior el otro, conviven, o, por lo menos, están en contacto inmediato, la hechicería más poderosa queda relegada a los sacerdotes del pueblo dominado e inculto, y a su misterioso poder presta más crédito el pueblo más avanzado que a los ministros de sus propias divinidades, aunque éstos cultiven igualmente la magia. El autor aporta numerosas citas que comprueban su afirmación (1), de las cuales tomo las siguientes, muy características. Los malayos, que han adoptado la religión musulmana y que tienen sus encantadores, creen que éstos son inferiores al *poyang* o hechicero salvaje de la comarca de los mintiras, y a él recurren en sus enfermedades y para sus venganzas. También los jakouns, que son considerados casi como animales, causan terror a los malayos por sus hechizos. En la India antiguamente los dominadores arios calificaban a los salvajes autóctonos de *poseedores del poder mágico*. Aún hoy los sudras de Canara viven en el terror continuo que les produce el poder demoníaco de la casta servil, que les está sometida; así pasa entre los todas y badagás respecto de los kurumbas, parias despreciados y de vida miserable en los bosques. Los japoneses, de vida bárbara, son temidos por sus dominadores los escandinavos y finlandeses, cuyos magos van a Laponia para perfeccionarse en sus ciencias ocultas. La supervivencia de tal idea se observa igualmente entre las gentes ignorantes de los pueblos civilizados. Más de un blanco, dice Tylor, teme de los hechizos del *obi-man* de Africa y de las Antillas. En Europa se atribuye el poder de la hechicería a los bohemios, gitanos, etc. Es aún más notable que entre dos sectas o religiones, se atribuya a los sacerdotes de la inferior el carácter de magos. Entre los escoceses se creía que un cura papista podía expulsar a los demonios y curar la rabia, y que el clero presbiteriano no gozaba de semejante virtud. Lo mismo refiere Bourne de la inferioridad del clero anglicano respecto del papista para los exorcismos.

En Alemania subsiste todavía tal superstición.

El citado antropólogo inglés no trata de explicar este fenómeno, diciendo simplemente: "El mundo moderno, rechazando las ciencias ocultas como una superstición des-

---

(1) Ob. cit., t. I, páginas 132 y siguientes.

preciable, ha seguido la opinión por eso mismo, de que la magia pertenece al estado más inferior de la civilización". Puede darse, sin embargo, una base antropológica al fenómeno. Sabido es que en los primeros pasos de la religión, cada pueblo, cada aldea, cada clan, hasta cada individuo tenía divinidades propias. Aún actualmente los negros de la costa occidental de Africa están convencidos de que hay un dios para ellos y otro para los blancos, y de que cada uno favorece a los fieles de su raza, desatendiendo todo culto proveniente de la raza contraria. Esta creencia en la realidad e independencia de múltiples panteones subsistió, pero se fue modificando. Cada religión se creyó la superior, por la razón ya expuesta, como condición de vida de un sistema social; pero las supersticiones exigían una transacción, por decirlo así, y si bien a todas las divinidades de todas las religiones, aún a aquellas que por ser de los enemigos fueron consideradas como inferiores, se les reconoció expresa o tácitamente poder sobre la humanidad, se interpretó éste como manifestación de los espíritus inferiores, o sea de los malignos, que persiguen a los humanos y se gozan llevándolos por sendas desviadas de la única verdadera religión. Así interpretaron los misioneros españoles en América el poder de las divinidades de los aztecas, de los incas, de los mayas, etc. Y más arriba ya me he referido a ciertas citas de Lubbock, demostrativas de la credulidad de los misioneros modernos en la hechicería de los salvajes, inspirados por el diablo. Este reconocimiento de la existencia de poderosas divinidades peculiares a cada pueblo y el de su inferioridad con relación a las propias, y, sobre todo, su malevolencia, explica el porqué se otorga por una religión a los sacerdotes enemigos el carácter de magos, ya que a éstos se les teme y respeta principalmente porque pueden producir el mal, y cuya función dañina es propia de los dioses de dichas religiones *falsas* y enemigas, y ajenas a la bondadosa acción de las divinidades verdaderas, que son siempre las propias. Contribuye a afirmar esta idea el hecho de que no solamente los pueblos dominantes o superiores conceden a los sacerdotes de los dominados o inferiores el carácter de magos, como dice Tylor, sino que tal opinión es universal y echada en cara a los sacerdotes de cualquier pueblo enemigo, pues siempre son tenidos por adoradores de dioses malos e inferiores en cuanto a la conquista de beneficios celestiales, sean o no menos civilizados. Así los chinos, por ejemplo, creen que los misioneros cristianos roban los niños para aprovechar los ojos y los corazones en la preparación de filtros mágicos y de productos fotográficos; así como les atribuyen las epidemias de anginas tan frecuentes en el Norte de China, causadas, según dicen, por las drogas perniciosas que aquéllos echan en los pozos (1). Como dice Girard de Rialle (2), para los indígenas del Congo, los sacerdotes portugueses, los misioneros católicos no son más que hechiceros, los magos, los *cuangangas* de los blancos. En Africa se componen hechizos para librarse de los europeos (3). Cuando los todas y los badagás recibieron un misionero europeo, lo tomaron por un poderoso hechicero, que se desprestigió, sin embargo, cuando no quiso repetir los milagros que atribuía a su dios (4).

Esta superstición llega a extenderse a todos los extranjeros, sean o no ministros de una divinidad. Pueden verse numerosos ejemplos de ello en la obra citada de J. G. Frazer (5). Extranjero en estos casos es sinónimo de enemigo. Se trata aquí de una clase de sacerdote defendiendo el régimen presente de la sociedad en que viven, contra otra clase de colega o de revolucionarios, internos o externos, que a su vez apoyan otro régimen que les es propio o intentan modificar el común; unos a otros se acusan de infieles, de esclavos del diablo, y confían en que el dios bueno sabrá castigar sin piedad, en esta o en otra vida, a los contrarios.

Pues bien: esta tendencia a temer la magia de los sacer-

---

(1) J. J. MATIGNON, ob. cit., página 400.
(2) Ob. cit., página 222.
(3) VIGNE D'OCTON, *Siestes d'Afrique*, pág. 44. Véase también lo que refiere P. BARRET, ob. cit., t. II, página 179.
(4) RECLUS: *Les primitifs*. París, 1903; página 288.
(5) Capítulo II, página 230 y siguientes. Véase también la relación de estos fenómenos con el concepto de la magia, según HUBERT Y MAUS, loc. cit., página 26.

dotes de cultos no confesados se manifestó también entre los blancos de Cuba con tanta mayor fuerza cuanto que, en verdad, los brujos practican la hechicería; y de ahí que por atavismo haya personas que, incrédulas y relativamente cultas, demuestren cierto temeroso respeto por los *embós* y sortilegios de la más salvaje brujería africana.

Es de notar también que los brujos en Cuba fueron los únicos que se prestaban a proporcionar hechizos para lograr una venganza. Los sacerdotes de los blancos, ni los médicos de éstos, no satisfacían deseos tan criminales, ni tampoco las adivinadoras a la moderna, cuyo único cometido suele ser el de correr el velo de lo futuro; pero los brujos, sí, y a ellos acudió todo el que sintió revivir en su conciencia un primitivo sentimiento de venganza alevosa por medio del hechizo.

En los hechiceros sigue teniendo fe gran parte de nuestro pueblo, y muchos de los que no acuden a ellos en demanda de remedio para sus males o de armas alevosas, por lo invisibles, para sus venganzas, tienen mucho cuidado de no incurrir en su irritación, y manifiestan temor no disimulado respecto de los hechizos. Los brujos, poco a poco van convirtiéndose en curanderos, quedando, sin embargo, muchos completamente sumergidos todavía en las salvajes supersticiones africanas. Pero el progreso, formal por lo menos, cunde y llega a todas las manifestaciones de la brujería. En el gorro brujo de la figura número 13 puede verse el letrero *Santa Bárbara bendita*, en caracteres tipográficos, letrero que indudablemente en ciertas regiones africanas no obtendría más interpretación de parte de los hechiceros que la de signos cabalísticos. Hoy hay brujos que hasta por escrito ordenan sus remedios. El célebre *Bocú* recibía dos o tres cartas diarias. Todo lo cual prueba que nada significa para la cultura nacional la enseñanza del alfabeto y de la escritura, sin más sólidas bases de progreso intelectual.

Es decir, que la instrucción, como ha demostrado la escuela criminológica positivista, es un arma que puede ser utilizada en pro del bien como en pro del delito.

III

Donde el triunfo del brujo resultó más completo fue en la predicción de los acontecimientos venideros y adivinación de las cosas ocultas. Ni la repugnancia que pudieran sentir los blancos, ni la competencia dañosa de otros agoreros más civilizados, obstaculizaron la difusión de la fama de los agoreros africanos.

El atraso intelectual que hizo descender a muchos blancos hasta la fe en los *embós* y que les hace mantener en su culto supervivencias marcadamente fetichistas, les arrastró también hasta las cábalas adivinatorias de los magos de Africa.

También favoreció la difusión de las supersticiones adivinatorias en general, en este aspecto, la circulación de obritas de literatura nociva procedentes de Europa, como *Los Misterios de la Mano, Arte de echar las cartas, Oráculo de Napoleón, Libro de los destinos, In' ~pretación de los sueños,* etc.

No es preciso que me extienda en demostrar la existencia de adivinos en España, como en toda Europa y América, para deducir la credulidad hereditaria de los blancos de Cuba en esta especie de supersticiones; en todo el mundo, en la mísera aldehuela como en las grandes capitales, existen y viven parasitariamente en la miseria o con lujo, modernas sibilas más o menos célebres y respetadas, algo o nada convencidas de sus prodigiosas dotes. La adivina en las grandes ciudades, no tiene todavía que ocultarse en el misterio, no necesita adoptar una hipócrita posición en la socidead, como el fetichista para ejercer su arte. Su templo es conocido y visitado por la gente del pueblo, si habita en las pequeñas poblaciones o en los *barrios bajos,* por la más encopetada aristrocracia del blasón y del talego si mora en los barrios de moda de las capitales y si sabe dar a sus prácticas el *chic* y la modernidad necesarias. Su anuncio figura en la cuarta plana de los periódicos; sus profecías sobre algún personaje o algún hecho transcendental, se publican por la Prensa periódica, que hasta la honra con *interviews,* cuyo relato es ávidamente saboreado por los lectores. Hasta llega a editar libros de vaticinios. La sibila actual ha plagiado de las gitanas el arte de *echar las cartas* y el de leer la *buenaventura* en las líneas de la mano; pero no satisfecha con estos procedimientos, que ya van relegándose a las adivinas más vulgares, ha resucitado viejas fórmulas mágicas que hoy sorprenden por su exotismo (*cafeomancia, grafología, piromancia, hidromancia, craneoscopia,* etc.) y se vale de los fenómenos psíquicos (sonambulismo, hipnotismo, magnetismo, mediumnidad), cuya explicación estudia la ciencia moderna (1).

El catolicismo presente no reconoce la adivinación sobrenatural (2); pero los católicos de inteligencia poco desarrollada sienten aún la necesidad de consultar a los

---

(1) Como ejemplo típico de la supervivencia de las sibilas en las sociedades civilizadas, y del carácter moderno y hasta seudocientífico que ofrecen sus prácticas, copio, sin traducirlo para que no pierda su propio sabor, el siguiente anuncio que se repartía profusamente uno de los últimos inviernos en lo más concurrido de la *Promenade des Anglais,* de Niza: "L'Etoile du Siecle cest Mme. Ph... M... célebre Sonnambule-Devineresse—Rue... Mme. M...... avec son double vue, par sa science approfondie, l'exactitude et la sureté de ses predictions a conquis jusqu'a ce jour la confiance de toutes les personnes' qui l'consultée; Mme. M... n'est pas une inconnue pour les Nicois, ni pour la colonie cosmopolite et surtout pour la colonie Russe, car l'été dernier a Mouscou et a St. Petersbourg, élle a eu un succes sans précédent, ses predictions sont toujours justes quand élle announce soit accident mortel ou mort tragiqué, comme malheuresement l'on on a deplorer, c'est la fatalité su destin et l'on ne peut s'y soustraire.

Mme. M... donne tous les jours ses consultations sur tous les événement de la Vie, travail sur, connu d'élle seule. Lignes de la main, Cyclomancie, Ceroscopie. Mme. M... avec votre date de naissance vous drésse instantánement et devant vous votre horoscope par écrit; par ses bons conseils élle vous donne le moyen de rensir élle resoud toutes choses quélles que soient les difficultés. Consulter Mme. M... c'est assurer son bonheur. Vous jugerez de sa science.—Recoit tous les jours meme le dimanche de 9, h. du matin a 8 h. du soir. Traite par correspondance, se rend a domicile sur demande."

(2) La Iglesia cristiana no rompió de repente con este aspecto de las supersticiones paganas, muchas de las cuales se reflejan en sus libros sagrados. FERTULIANO, por ejemplo, da un origen

agoreros, de conocer su porvenir, y no teniéndoles su religión acuden a los feticheros. Por otra parte, en Cuba las sibilas a la moderna no han tenido por lo general, asiento fijo y duradero, porque el ambiente de las capitales mayores sigue siendo bastante productivo, y los brujos fueron, por lo tanto, casi los únicos explotadores del arte de la pronosticación, pues cuando una persona supersticiosa tenía necesidad de una predicción no podía valerse sino del brujo negro que *echaba los caracoles*, el *collar de Ifá*, etc. Hoy el brujo ve también mermados sus ingresos en esta rama de sus funciones, pues las echadoras de cartas, las quirománticas, las sonámbulas, etc., les restan clientes, llegando algunas de éstas a publicar sus anuncios en la Prensa, como si se tratase de una profesión honrada cualquiera, y además, lo que es mejor el número de los supersticiosos va siendo menor cada día.

Aún en los muchos que quedan y que en Cuba, como en los demás países civilizados, sostienen tal forma de parasitismo, se nota una diferencia acentuada con relación a los crédulos de los tiempos antiguos y medioevales. Antes era más intenso el carácter religioso de los vaticinios y pronósticos, y de ahí que las palabras de las sibilas fueran órdenes a las que se sometían contentos o resignados los consultantes, mientras que en la actualidad se solicita una predicción no como un mandato, sino como un consejo, que se sigue o no según parezca conforme o deje de parecerlo con el pensamiento y lo que es más común, con el deseo del que ha de aprovecharla. Hoy se busca generalmente al agorero para que dé una respuesta acerca del porvenir o del presente desconocido, cuando se desea un pretexto, un apoyo por débil que sea, que justifique ante sí mismos alguna acción que parece reprobable o injusta, pero a la que se ven incontrarrestablemente impelidos por el deseo, por la pasión; cuando se quiere un último asidero para evitarse el naufragio de una ilusión, en cuya feliz ceguera, que por momentos se disipa, se quisiera continuar viviendo, o si se espera la

---

divino a los sueños, y en este sentido fue seguido por numerosos escritores patrólogos. (Véase CLODD: *Miti e Sogni*; trad. it., Turín, 1905; página 249).

confirmación de una sospecha, imposible de hallar por otros medios. Las mujeres, que son las principales clientes de las adivinas, acuden a éstas la más de las veces para encontrar una disculpa a su propia infidelidad o una prueba de la del marido o del amante.

IV

En resumen el fetichismo africano se mantiene en Cuba, aparte del atraso intelectual de la raza negra, por su equivalencia esencial con el elemento religioso del catolicismo, por la indiferencia en esta materia que es característica de la sociedad cubana, y por la deficiente estratificación psíquica de importantes masas de blancos que, próximos al nivel de la psiquis africana, facilitaron, como he expuesto en otro lugar, la comunión de ideas, supersticiones y prejuicios entre ambas razas, por una ley análoga a la demostrada por el experimento físico de los vasos comunicantes, compenetración que en manera alguna puede sorprender, recordando la regresión frecuente, casi inevitable, de los colonos europeos que se encuentran en comunicación constante con los indígenas africanos. A pesar de su relativamente notable avance psicológico, las supersticiones negras los atraen, les producen una especie de vértigo y caen en ellas desde la altura de su civilización; como si los estratos superiores de su psiquis les sofocaran, se desprenden de ellos y vuelven a la primitividad, a la desnudez de su espíritu, que un resto de pudor atenúa con un simple taparrabos de civilización, que contribuye a que resalte más aún toda su vergonzosa caída regresiva. Ya lo dijo Tylor (1) tratando de este fenómeno: "...esta influencia es tan universal (la del fetichismo) que el europeo establecido en Africa experimenta con frecuencia sus asaltos y llega a aceptar las ideas del negro, o, para servirnos de la expresión usual en la costa, se hace apto para *volverse negro*".

El carácter atávico de este miedo a los brujos lo pone de relieve. Ribot (2) al decir: "El hombre adulto, aun-

---

(1) Ob. cit., t. II, página 207.
(2) *La Psicología de los Sentimientos*. Madrid, 1900; pág. 27.

que su miedo reposa siempre sobre la experiencia, manifiesta a veces (por lo menos los ignorantes y los primitivos) temores vagos, inconscientes de lo desconocido, de las tinieblas, de los poderes misteriosos, de los maleficios de la brujería, de la magia".

Pero no solamente las clases inferiores de la sociedad cubana tienen comercio con los brujos; particularmente tiempo atrás no eran pocas las personas de brillante posición social, más apartadas, por lo tanto, de una íntima comunicación psicológica con los negros, que a hurtadillas de la sociedad solicitaban el consejo y la ayuda del brujo. "Hoy mismo, me escribe una digna autoridad judicial que ha intervenido en un moderno caso de brujería, puedo citar distinguidas damas de la buena sociedad que acuden al brujo y se prestan a sus asquerosos ritos, generalmente inspiradas por los celos". Y así se ha publicado también por la Prensa diaria, con motivo de los últimos delitos de los brujos. El hecho, que se repite en Cuba como en las grandes capitales del orbe, no amerita, sin embargo, la extrañeza. El amor y la salud son y han sido los dos principales móviles que han mantenido la brujería, merced a una no muy sólida cultura en las clases directoras. El deseo no satisfecho, la venganza de infidelidad amorosa, la torturadora duda de los celos, la desesperación de la enfermedad grave o incurable o sea la pasión refrenada y el miedo exagerado, impelen hacia las supercherías y artes de los magos y adivinos a personas que en su normal estado psíquico están muy lejos de creer en tales supersticiones y de sospechar que han de incurrir en ellas, siquiera temporalmente. Como dice M. Grote (1), "la fuerza de la pasión momentánea basta frecuentemente para hacer abandonar el hábito adquirido y hasta puede verse a un intelectual, en un momento de sufrimiento agudo, golpear, pisotear los objetos que le hacen sufrir". Así, cuando en el ánimo se produce un fuerte sacudimiento, se busca el apoyo de las potencias sobrenaturales, ya que las humanas

---

(1) Cita de TYLOR.

son insuficientes para calmar la emoción y evitar o reparar el daño; pero desgraciadamente aquéllas se muestran sordas a los ruegos e insensibles a los halagos, y cuando el trastorno de la psiquis es profundo, ésta no se conforma tampoco con la impotencia de las divinidades que le son algo familiares, y una vez roto el freno de una fe ortodoxa, va descendiendo por la escala de la evolución religiosa hasta llegar a las más primitivas supersticiones fetichistas, hasta llegar a insultar y luchar con el fetiche, con el dios, como esos salvajes que lanzan flechas contra el monstruo que intenta tragarse al sol eclipsado, como el niño que golpea el objeto que le ha herido. Parece cuando se choca reciamente con alguno de los múltiples escollos de la vida, como si la conmoción rasgara la capa de cultura que nos recubre y quedara nuestra psiquis infantil al descubierto, sin protección, indefensa, expuesta a todos los embates de la superstición, de la ignorancia, de la maldad... Y en este choque los estratos de cultura que primero se pierden son los últimamente adquiridos, es decir, los morales, que civilizan relativamente las creencias religiosas, y los intelectuales, basados en el moderno concepto materialista de la causación de los fenómenos de la vida; de la misma manera que cuando una lesión del cerebro priva al lesionado de la aptitud de conocer los colores, el primer color que se pierde es precisamente aquel que ha sido el último en aparecer en la evolución cerebral. Una grave impresión moral basta para aniñarnos, para rejuvenecer en no pocos siglos al espíritu envejecido en la civilización, ya que, como dice Clodd (1): "Si la parte civilizada de nosotros es reciente en la estructura y en las tendencias heredadas, cada uno de nosotros es viejo de centenares de miles de años". De ahí que en un instante de desequilibrio, para pedir en un *embó* o en un sortilegio su cura física o moral, hayan caído en el burdo fetichismo de los brujos personas cultas, si bien restablecido el equilibrio, han vuelto, por la virtualidad propia de su temple psicológico, a elevarse por encima de esos pantanos de la fe

---

(1) Ob. cit., página 188.

salvaje. Pero el hecho ha sido explotado por los brujos afortunados, como eficaz *réclame* para su negocio; y, efectivamente, nada tan contagioso como el ejemplo de una regresión en las clases elevadas, pues de ella se valen a menudo para disculpar y justificar idénticos o mayores atavismos de los inferiores.

Ahora bien: si es verdad que el fetichismo se introdujo más o menos entre los blancos de todas las clases sociales, no es menos cierto que las supersticiones en Cuba, a pesar de su intenso color negro, nunca han arrastrado a los blancos a un estado de atraso tal, como puede observarse en otros muchos países de larga historia. La incredulidad religiosa ha producido también desde este punto de vista otro beneficio, pues impidiendo la exuberancia del sentimiento religioso, ha evitado que éste rebosara fuera de los moldes del catolicismo al uso, para correr por los canales de la superstición al fetichismo más salvaje y absurdo. Así, nunca en Cuba las campanas de las iglesias han tocado invitando a la oración para auxiliar a una parturienta en peligro de muerte, como sucede en Sicilia (1); ni se conoce como en Francia (2) la misa de San Secario para *salar* a una persona; ni padecemos supervivencias del culto fálico como en casi toda Europa (3); ni se preparan cenas para los antepasados en la noche del *día de difuntos*, como en Bohemia y Baviera (4), etc., etc. (5).

Pero, no obstante, el influjo del brujo se deja sentir todavía en manera, por desgracia, demasiado intensa, principalmente en las poblaciones rurales y entre los individuos de su raza, de los cuales es consejero y guía, y a veces,

---

(1) SERGI: *L'Origine,* etc., pág. 260.

(2) J. G. FRAZER: Ob. cit.

(3) BERENGER FERAUD, por ejemplo. *(Superstitions,* etcétera).

(4) SPENCER: *Los datos de la Sociología;* trad. esp., Madrid; t. II, página 118.

5) Véase, entre otros libros de larga y prolija enumeración, el citado de GIRARD DE RIALLE, especialmente el capítulo titulado *Le fetichisme chez les peuples civilises.*

usando un término de la política, hasta *cacique*. Porque, triste es decirlo, los brujos llegan a entrometerse en las luchas políticas, contando, aunque no para sí, con los votos de sus numerosos y fanáticos adeptos y simpatizadores. Este es uno de los motivos de la tolerancia que hasta ahora se ha tenido en los núcleos de población poco densos respecto de los brujos, los cuales con astucia obtienen que las autoridades permitan tácita y benévolamente los actos externos de su culto (toque de tambores, danzas rituales, fiestas del *santo*, etcétera), hábilmente encubiertos con la máscara de un inocente pasatiempo propio de los africanos (1). Excuso explicar, por demasiado sabidas, las consecuencias que semejante ingerencia de un elemento tan salvaje en nuestra política ha de producir en la marcha progresiva de la sociedad cubana. Cuenta Nina Rodrigues lo siguiente, que sucede en el Brasil: "Las persecuciones más rigurosas y formales emprendidas por la Policía se estrellan como por encanto ante las recomendaciones e influencias que ponen en acción los *ougans* o protectores de los brujos. El móvil encuéntrase siempre en el interés electoral, y precisamente en los hombres políticos buscan aquéllos sus protectores. Yo conozco un Senador, jefe local de un partido político, que se ha constituido protector en jefe de los *ougans* y de los directores de las cofradías brujas". Por fortuna no hemos llegado a un semejante grado de barbarie política, ni hemos de retrogradar hasta ese punto; pero si la influencia de los brujos aumenta por tolerancias bastardas, no es difícil prever que ello ha de contribuir a encender la llama de las discordias étnicas, que felizmente no han adquirido en nuestra tierra las ásperas y violentas formas que en otros países. Su creciente influencia, más en este aspecto

---

(1) Debo curiosas observaciones acerca de este aspecto de la brujería a un digno Jefe de Policía de una población del interior, cuyo nombre me está vedado revelar, pero cuyo cargo y respetabilidad bastan para dar indiscutible autoridad a sus apreciaciones. El fenómeno es, por lo demás, público, muy público, demasiado público.

político que en el campo de las supersticiones, produciría también un retroceso en la civilización de la raza de color en Cuba, que por sus costumbres, su afán de progreso, su moderación, etcétera, comparada con la de otras naciones americanas, es digna de apoyo y estima. Y este es el mayor peligro de transigir, aunque sea solamente en un ápice, con los brujos, que representan la parte más atrasada de la población de Cuba, y en especial aquellas masas de negros que no están suficientemente desafricanizadas.

CAPITULO VI

EXTRACTO DE LAS NOTICIAS PUBLICADAS POR LA PRENSA DE LA HABANA, REFERENTES A VARIOS CASOS DE BRUJERIA.

En la imposibilidad de dar datos concretos y sistemáticos que determinen con precisión la intensidad y extensión que en la actualidad tiene la brujería afro-cubana, porque no existen fuentes de estudio a donde acudir, inserto en este capítulo buena parte de las noticias más características que referente a la brujería ha publicado la Prensa cubana en estos últimos años o que me han sido comunicadas por personas dignas de todo crédito (1).

Narración del Sr. Camilo Pérez *(K. Milo)*, redactor de *La Discusión.* (2).

En un pueblo de campo, que se asegura es San Juan y Martínez, residía un matrimonio al que todo cuanto negocio emprendía, o siembra que acometía, le salía mal después de ocurrido el nacimiento de un niño, hijo de ambos, a quien la Naturaleza dotó de tan bellos y hermosos ojos, que no había persona en el pueblo y fuera de él que al hablar de algo bello no mencionara los ojos de aquella criaturita.

───────

(1) Las noticias están casi todas tomadas y extractadas de los diarios habaneros, sin alterar su redacción en la mayor parte de los casos, por más que en algunos contengan apreciaciones y juicios que se apartan de mi modo de considerar la brujería, así en sus factores psíquicos como en sus ritos y prácticas especiales, y contengan inexactitudes hijas casi siempre de la precipitación con que fueron hechas y redactadas las investigaciones periodísticas. Omito en esta edición todas las numerosas e interesantes noticias recopiladas desde 1906. Bastarían para formar un libro.

(2) Publicada en dicho diario el 20 de Diciembre de 1904.

El padre del niño estaba desesperado por su mala fortuna, y quiso la desgracia que encontrara en su camino a un moreno brujo, el que le prometió curarle el *daño* que tenía y alejar de aquel hogar la *maléfica influencia*.

Después de diferentes entrevistas, en que el negro acabó con lo poco que a aquel hombre le quedaba, le sugirió la satánica idea de que la culpa de su ruina eran los bellos ojos del niñito. Día tras día le repitió aquel infundio, llegando a convencerle de que así era, en efecto, y que lo único que podía hacer para conjurar el mal era arrancárselos con la punta del cuchillo.

Aquel hombre, ignoro si con el asentimiento de la madre, llegó al fin en su obsesión a creer en las palabras del brujo, y con su propio cuchillo arrancó los ojos a su hijito, sin que los gritos de dolor del pobrecito enternecieran su corazón, y sin que el aspecto de aquellos huecos ensangrentados llenaran su alma de pavor y arrepentimiento.

....

Este niño vive, es hoy un hombre útil a la sociedad y al que la Naturaleza, como si quisiera indemnizarle de tan tremendo e inquisitorial suplicio, le dotó de exquisita inteligencia y excelente tacto.

Cuenta hoy unos treinta años de edad, se me ha dicho que su nombre es Antonio León; reside en San Juan y Martínez, donde se dedica a la venta de carne de cerdo. El, sin ayuda de persona alguna, compra el cerdo, lo beneficia, y expende al público, por libras, sin que experimente jamás el menor quebranto, pues, sabe calcular perfectamente el peso del animal que compra.

1902
Septiembre.

TACO TACO

En este pueblo hubo un verdadero escándalo, pues se hizo correr la especie de que la señorita de aquella localidad M. C. estaba hechizada, y que a fin de volverle la salud iba a ser operada por los *brujos*. A la joven se le extrajeron ranas, alfileres y un gato prieto... sin rabo y sin orejas, que fue quemado allí en presencia de todos.

Entonces se dijo, y hasta se publicó en *La Discusión*, que el *gato prieto* era nieto y a la vez hijo del señor F. C., padre de la hechizada.

Según referencias, para desembrujar a la infeliz mujer, ésta fue desnudada completamente y tendida en el suelo junto a una hoguera ante un centenar de personas. Tras unos conjuros el brujo provocó el aborto a fuerza de golpes y pisotones.

1903
Abril.

HABANA

En una casa de la calle del Aguila, por los alrededores de Apodaca y Corrales, dícese que vive una parda muy gruesa, llamada Jacinta, que se embriagaba con frecuencia, y que es bruja de profesión.

A sus imbéciles clientes (entre los cuales—según se nos dice—figuran dos encopetadas señoras) les propina la bruja substancias desconocidas, cuyos efectos son o pudieran ser tóxicos.

La hechicera se entretiene en *abobar* maridos, y es tan lista que cobra sus honorarios por adelantado.

Mayo.

HABANA

En la casa número 69, de la calle de San Joaquín fue detenido ayer tarde el moreno Onofre C. C., natural de Pinar del Río, y de oficio cocinero, por dedicarse a curar por medio de hierbas y brebajes, y ocupársele en su domicilio infinidad de objetos de los que hacen uso los brujos.

El Onofre manifestó que era cierto que se dedicaba a curar, siguiendo la costumbre de sus antecesores, que eran Lucumí, Gangá y Arará.

Junio.

REMEDIOS (1)

"En 21 de Junio del año actual se recibió en esta cabecera la noticia de haber sido violada, en el cementerio de Buenavista, barrio rural de este Municipio, la sepultura de la señora A. P., fallecida dos días antes y profanado su cadáver.

"Esa profanación, que consistió en separar la cabeza del tronco del cadáver, impresionó grandemente a los pacíficos habitantes de este territorio, y desde el primer momento se supuso que fuese obra de brujos, de los muchos que desgraciadamente existen en nuestro país.

"A pesar de haberse practicdao a raíz del suceso activas gestiones para averiguar los autores del espantoso hecho, nada se logró conseguir hasta algunos meses después que, merced a confidencias por mí obtenidas, se supo que el día 23 de Septiembre, en una colonia del susodicho ingenio *Adela*, habían de reunirse para celebrar sesión algunos individuos tildados de brujos, en la casa de un pardo nombrado M. C., sujeto conceptuado como presidente de una sociedad de negros brujos.

....

"Esperé media hora más, y cuando sentí el toque del tambor anunciando que la ceremonia había empezado, asalté la casa con los dos guardias y, revólver en mano, sorprendí a los negros que, aunque trataron de huir, fueron inmediatamente arrestados, presentándose a mi vista un cuadro por demás repugnante.

"En el lugar preferente de un altar alumbrado con velas se veía un cráneo, y a su alrededor, mandíbulas de otros, espuelas de aves, tarros de animales, rosarios de dientes humanos y un gran muñeco de palo, que, según declaración de los detenidos, era el Mesías que indicaba el nombre de la persona que había de ser profanada para servir de ídolo a sus estúpidas creencias.

---

(1) De una carta que tuvo la cortesía de remitirme el señor R. Rebollar, jefe de la Policía de Remedios.

"La ceremonia que realizaban consistía: el que hacía de presidente estaba vestido con un traje extraño y un gorro alto dando saltos y gritos salvajes delante del altar, y el resto de sus compañeros arrodillados en coro, con la cabeza baja y los brazos echados hacia atrás, en actitud de orar.
"Ocupados los objetos, conduje a los detenidos, todos de la raza negra, a esta ciudad, poniéndolos a disposición del Juzgado, que los condenó a seis meses de prisión."

Agosto.

GUANAJAY

El fiscal de la Audiencia de Pinar del Río ha formulado las siguientes conclusiones provisionales en la causa número 107 del Juzgado de Guanajay: *Primera:* Que como a las diez y media de la noche del día 8 de Agosto del corriente año se reunieron como sesenta individuos de la raza de color, en el ingenio *Ríos*, armados con machetes paraguayos, cuchillos y palos, muchos dentro de la casa y otros al aire libre, celebrando una fiesta sin permiso de la autoridad, conocida por el "levantamiento del plato" y celebración del "Santo", con numerosos objetos de dudosa aplicación y que recuerdan la asociación ilícita conocida con el nombre de *juego de ñáñigos*, pues tenían un tambor y un güiro, tres patas de gallo, un cabo de vela de cera negra, una escobita de palmas, sin que se pueda asegurar que fuera una reunión de *ñáñigos*, cantando con acompañamiento de tambores...

Diciembre.

JOVELLANOS

Un moreno, de apellido Pollero, robó en el sitio de Julián Pitinena una ternera, y cuando iba cerca del chucho del tren de Cárdenas y Júcaro, una pareja de la Guardia rural lo divisó y le dio el alto. No se detuvo el cuatrero, y la pareja disparó. A la intimidación se detuvo y los guardias le ocuparon la ternera.

Llevaron a Pollero al bohío en que vivía, y dentro encontraron dos cazuelas, varios collares, una cabeza de gato, dos calaveras y otros restos humanos.

1904
Julio.

HABANA

En una habitación de la casa Aguila 116, fueron ocupados por el sargento Peralta varios caracoles, un crucifijo, tres cocos y otros objetos de brujería.

Agosto.

ARTEMISA

Dice *La Realidad* de dicha población, que se cometió una violación en la cual intervino la brujería.

YAGUAJAY

(La siguiente noticia no se refiere a un brujo afro-cubano; pero es preciosa para observar el deplorable atraso de buena parte de nuestro pueblo respecto a supersticiones y hechicerías. El Hombre Dios *ha llegado a instalarse en La Habana con lisonjero éxito. Excuso tratar de este curioso tipo, porque sale fuera del marco étnico del presente trabajo.)*

Ayer por la mañana se apareció en el punto conocido por "Mangos de Sansasicú", un hombre explicando la doctrina espiritista (!) y haciendo curas por medio de rezos y agua, aglomerándose más de seiscientos individuos alrededor del brujo.

Cuando más entusiasmado estaba el orador en su plática, lo detuvo el jefe de Policía, conduciéndolo al vivac.

Los que presenciaban el mitin y muchos que se enteraron de la detención del *Hombre Dios*, se aglomeraron en la puerta de la casa particular del Alcalde pidiéndole que pusiera en libertad al detenido. Entre los peticionarios figuraban muchas mujeres de la raza de color.

Al negarse el Alcalde a poner en libertad al detenido, profirieron los peticionarios en una ensordecedora gritería, que la Policía primero y la Guardia rural más tarde hubieron de acallar con su oportuna presencia.

La multitud, no obstante, no ha abandonado su propósito de que le sea entregado el *Hombre Dios*, y sigue en su actitud provocadora y hostil, que amenazan los rurales aplacar, si llega el momento, con el plan de sus machetes.

Anoche, un gentío inmenso, reunido en manifestación tumultuosa, se dirigió nuevamente a la presencia del Alcalde para insistir en su petición de que pusiera en libertad al *Hombre Dios*. Como el Alcalde mantuvo su negativa se fueron a ver al Juez Municipal, y viéndose desairados también por éste pretendieron dirigirse al vivac con el fin de rescatar el detenido a viva fuerza, saliéndoles al encuentro entonces varios guardias rurales, que lograron disolverlos, no sin haberles propinado antes algunos planazos.

Hoy, por la mañana, continúan multitud de curiosos rondando por los alrededores del vivac.

Los alborotadores parece que persisten en su empeño de libertar al *Hombre Dios*.

Septiembre.

ABREUS (1)

Un trabajador de la finca Jibarú se presentó ayer de mañana al sargento de la Guardia rural, Jerónimo Castillo, Jefe de este destacamento, manifestándole que en la colonia citada se decía que del cementerio de Abreus "estaban sacando muertos y cortándoles la cabeza para *componer brujería*", y que habiéndole preguntado al sepulterero si era cierto esto, le contestó: "Alguno va a coger la cárcel por andar diciendo *eso*."

Más tarde, como a las dos, el sepulturero, Ambrosio Sugasti, participó al teniente alcalde, Cleto Collado, que hace días observó en las sepulturas de los morenos Benigno A. y Bernardo P. (a) *Gallito*, señales de tierra removida, por lo cual suponía se hubiesen profanado sus cadáveres.

En sus investigaciones, el brigada Calle supo que en una casa del Seborucal, barrio de este pueblo, se cantaba

---

(1) Extracto de una importante información periodística del señor Miguel A. Talleda, a quien he de agradecer otras noticias, comunicadas privadamente, y que me han sido muy útiles en la composición de este libro.

muy bajo durante toda la noche, hasta salir el sol, los sábados, domingos, lunes y martes, no siendo este canto de *diversiones*, sino para trabajar *brujería*.

En la misma casa hay un menor, cuya principal ocupación era la de buscar gallos.

A esta casa no se permitía la llegada de todo el mundo, y dentro de ella había un cuarto al cual no se arrimaban ni aún los de la familia.

Con estos antecedentes se dirigieron anoche al Seborucal el brigada de Policía, con guardias a sus órdenes, el Sargento de la rural y el Teniente Alcalde.

En lo más intricando de aquel barrio, entre piedras y malezas, hay una casa de tabla y guano, de bonita apariencia, situada dentro de una cerca que cierra una portadita.

A ella llegaron las autoridades citadas con el fin de solicitar permiso para entrar, y caso de negársele, rodearla hasta el próximo día.

Al tocar la entrejunta puerta, aunque los perros habían puesto en guardia a los habitantes, y éstos, azorados, trataron de esconder todos sus *utensilios*, pudo ver el Sargento y Brigada a uno que parecía ser el jefe, con un gorro rojo en forma de kepis, adornado con plumas por delante y trenzas de pelo corto por los costados, sin zapatos, en camiseta, con un gran collar de cuentas, rematado por delante en una bolsa de cuero guarnecida de colmillos y por detrás con un crucifijo de bronce.

El Sr. Calle, tranquilizándolos, les dijo que venían en persecución de una puerca que acababa de huirse, pidiéndoles les permitiesen registrar las habitaciones, a lo cual accedieron, aunque no de muy buena gana, al parecer.

En el registro se encontraron varias pieles de chivo, una casi reciente manchada de sangre, tres cazuelas con hierbas y brebajes de olor *sui géneris*, como de sangre y aguardiente, un cajón con cuatro piedras grises, apizarrado al parecer, fósiles una, de una media güira, y otra de una bala de cañón pequeña; un fetiche de madera vestido de negro y lleno de sangre, un puñal, un cuchillo, un gorro azul, dos campanillas, varios collares y cadenas, una estampa con el título: *Lázaro, sal del sepulcro,* y una oración, dos brazos y manos de madera, tres escobas de palma forradas de rojo y un macuto en forma de fetiche, sobresaliendo en su parte superior dos cabezas de figuras humanas, el borde superior rodeado de una cadena que sujeta infinidad de llaves, toda la superficie forrada de negro y adornada con cuentas, centavos y medios americanos. Por la parte inferior manaba sangre. Con todo este cúmulo de asquerosidades se puso en marcha la comitiva policíaca, llevando consigo a los detenidos.

Estos son:

Leonardo S., dueño de la casa; José I. (a) *Pelota* (éste era el que *trabajaba* cuando fueron sorprendidos), Manuel R. y Justo T.

Además fueron citadas para que compareciesen al día siguiente varias mujeres asistentes a la *ceremonia*, a saber: Saturnina A., María de Jesús M., Susana Z. (todas recién paridas), y Anastasia M., Inés Z.; menores, Ursula M. y Ernesto T.; todos ellos de la raza de color.

El gorro que llevaba *Pelota* cuando fue sorprendido tiene en su frente un letrero que dice: *Santa Bárbara bendita;* por eso se supone pertenezcan aquellos idólatras a la devoción de Santa Bárbara.

Constituido el Juzgado en el cementerio y abiertas las fosas que se suponían profanadas, se halló que habían desaparecido sus cadáveres, probablemente hace algún tiempo.

En una de ellas, la de Benigna A., se halló la caja destapada, algunos restos de pelo, una clavícula y parte del hueso ilíaco. Además, dentro de la tierra, un plato de lata, tres velas sin encender, y otra vela, también sin encender, en la caja.

La de Bernardo P. estaba también vacía; pero no había en ella plato ni velas. Este individuo murió hace pocos meses de un cáncer en la lengua.

Vueltos a la casa del Juzgado, se procedió a registrar el macuto misterioso, encontrándose dentro de él *tierra de cementerio,* raíces de arbustos, cadenas, cuernos de venado y de reses con una substancia en su interior parecida a sangre podrida, pedazos de cráneos humanos, costillas, fémures, etcétera, pertenecientes a más de tres cadáveres, según afirmación del médico municipal.

Estos restos no pertenecen, por lo menos en su totalidad, a los sustraídos del cementerio, y correspondiendo a más de tres esqueletos, es indudable que son muchas las sepulturas que han sido violadas; a menos que sean procedentes de un crimen.

Entre los presentes corría con insistencia la voz de que habían sido violadas otras sepulturas, una de una parda conocida por *la Vueltabajera* y otra nombrada Eudosia. Aún en estos momentos se afirman estos rumores y es de esperar que en vista de ellos se proceda a nueva investigación.

Poco después de estos sucesos, como a las tres de la tarde, el guardia municipal José Allunaga encontró en el barrio conocido por la *Masgüira* un baile en honor de *Santa Bárbara*.

En el centro de una casa de mala apariencia bailaba una mujer, vestida de hombre, una danza diabólica, teniendo en frente varias imágenes de *Santa Bárbara* y otros santos cristianos; y arrojando a todas partes puñados de maíz tostado para espantar, según ella, el maleficio.

Aquel baile era una rogativa para que saliesen en libertad los detenidos.

Fue suspendida la *fiesta*, y conducidos a la disposición del Juez Municipal, Eduardo B., Nalasco V., Petrona Q., Angela P., Josefa C. y Julia R. Estas últimas no se hallaban presentes, pero fueron acusadas de tomar parte en la rogativa por una de las otras.

En busca del amo de los objetos ocupados y presunto autor de la violación de cadáveres, se trasladaron al lugar conocido por *Dos Bocas*, donde es fama se ejerce la brujería, el sargento de la rural y teniente alcalde, acompañados de una pareja y del paisano Pedro Mancebo.

A lo que parece el individuo señalado por los detenidos como *amo* y autor del delito, es supuesto, pues no se hallaron de él ni las huellas; sin embargo, se encontró una especie de iglesia o enfermería con varias camas y enfermos en cura, una urna con campanario e imágenes, en primer lugar la de *Santa Bárbara,* una cajita con varios amuletos y cinco tambores de inmenso tamaño.

Fue detenido y conducido el moreno Faustino S., *el médico,* quien ya otra vez sufrió una condena por brujería.

Voluntariamente lo acompañó un pardo cliente suyo, quien lo conoce por habérselo recomendado como buen médico una parda llamada Isabel L. Así Faustino como su *cliente* confiesan que el primero vive de la curandería.

Los datos recogidos allí demuestran que en *Dos Bocas* se habían escondido de las autoridades los restos de cadáveres que siempre se usan para *trabajar* la brujería.

El juez municipal, Sr. Quintín Tamayo, obtuvo confidencias de que existían en la casa del detenido L. S. más pruebas de que hubo profanación de cadáveres.

En dicha casa, practicando minucioso reconocimiento, fueron encontrados en el fondo del patio cazuelas enterradas, llenas de líquido que parece sangre, varios fetiches de madera ensangrentados, osamentas humanas y entre éstas un cráneo perforado de un balazo.

La opinión pública señala al detenido *Pelota* como autor de la profanación y jefe de la cuadrilla de brujos.

El elemento sensato de la raza de color pide, alarmado, que se expulse del pueblo a los brujos y sus sectarios. Obsérvase agitación que revela que aún quedan muchos delincuentes. Espéranse descubrimientos más escandalosos.

Está probado que existe en este término una vasta organización de la brujería, y aun cuando hasta ahora no se conozca quiénes sean los autores de la profanación realizada en el cementerio de Abreus, no cabe duda que siguiendo la pista se logrará dar con ellos.

HABANA

El capitán De Beche, de la Sexta Estación de Policía, tuvo noticias de que en la Calzada de Vives, número 119, estaban congregadas muchas personas celebrando actos de brujería, y comisionó a... para que procedieran a la sorpresa y detención de las personas que estuvieran dedicadas a esos actos salvajes.

A las cinco de la tarde sorprendieron en dos habitaciones de dicha casa a más de 70 personas de ambos sexos, que unos de rodillas, otros de pie, oraban alrededor de dos altares, profusamente iluminados con velas de cera y esperma.

Tenían preparada una *opípara* comida, con platos compuestos a la africana.

La presencia de los funcionarios de la Policía fue tan inesperada para los brujos, que muchos de ellos comenzaron a temblar, posesionados, según dijeron, del *Santo*.

Fueron detenidos 20 hombres y 35 mujeres; muchos de los *brujos* se escaparon.

El capitán De Beche se presentó en la casa de la *brujería* y ocupó infinidad de objetos de los destinados a las ceremonias.

El teniente Alacán sorprendió en una habitación de la casa Factoría 11, a la morena Petrona A., Nicolás M. y Polonio N., adorando, al pie de dos altares, a dos Vírgenes; el altar estaba rodeado de plumas de gallina, cocos, candeleros, plumeros y en un rincón de la habitación también se encontró una palangana con sangre, al parecer de aves, caracoles, una vela de las llamadas de iglesia y varios objetos más.

LOS PALOS (1)

La policía de aquel pueblo ha ocupado una cazuela de barro que contenía huesos humanos: un cráneo, las mandíbulas y otros fragmentos de esqueleto.

El pueblo dice que la cazuela pertenece al brujo Juan Cabangas, a quien ayuda en sus misteriosos trabajos de brujería el sepulturero de Los Palos.

Se murmura allí tímidamente, porque nadie quiere que

---

(1) **Fragmentos** de una muy feliz y acertada información practicada por el señor Emiliano Hernández Gato, al cual agradezco otros interesantes datos de que me he hecho eco con provecho durante el curso de mi trabajo.

lo embrujen, que del cementerio se han extraído el cadáver de un niño y la cabeza de una señora.

Dícese que a la sazón de hallarse herido el brujo Cabanga, alguien encontró en su baúl un pedazo de carne humana, de cuya carne aseguraban los brujos que, a medida que iba secándose, sanando iba la herida del hechicero.

Pululan en Los Palos los brujos y las brujas y los que creen en sus hechicerías. Los demás del pueblo se abstienen de decir una palabra sobre el asunto, temerosos de que se les hinche la boca o los pies, o les salga un monstruo en la barriga.

Ciertos días los brujos se reúnen en sitios apartados y muy en secreto; pero el público sabe cuándo hay sesión, porque atisba a los brujos y brujas que salen a formar quórum, y a bailar y cantar, alrededor de sus cazuelas con huesos humanos y con hierbas hediondas.

Después de lo publicado días pasados en *La Discusión*, sobre profanación de cadáveres y otros hechos realizados con la brujería, que dicen trabajaba el moreno Juan Cabangas y otros más, comenzaron las autoridades locales, auxiliadas por la Policía Municipal y Guardia rural, a practicar cuantas diligencias requerían los hechos denunciados para su esclarecimiento, cuyo resultado ha sido el siguiente:

En la casa que habita el moreno Juan Cabangas, hoy en el hospital de Güines, y a cuyo cuidado se encontraba su concubina O. A., ocupóse un saco conteniendo un frontal de un menor de doce a catorce años, un parietal y un maxilar inferior de adulto, y diseminados en varios lugares del patio dos cazuelas conteniendo diversos objetos, dos muñecos de madera pintados de negro y vestidos de tela roja (éstos son los llamados jimaguas), varios escapularios y multitud de cuernos de diversos animales. También fueron ocupados en el bohío que habita el pardo L. V., en el demolido ingenio *Herculano*, un cráneo de persona mayor, colocado sobre un círculo formado con ceniza y entre cuatro velas colocadas simétricamente.

Como quiera que estos restos —aunque al parecer muy viejos, pues dicho sea de paso, nuestro cementerio cumple de inaugurado un año el día 10 del próximo Octubre—, estos restos, repito, y la excitación pública requerían una activa e inteligente investigación a los fines de conocer la procedencia de los mismos, constituyéndose hoy con ese objeto en dicho cementerio el señor Alcalde, el Juez asistido de su Secretario, acompañados por la Policía Municipal y el cabo comandante del puesto y parejas, procediéndose a la exhumación de los cadáveres en que la opinión pública hacía recaer más sus sospechas de que hubieran sido objeto de la pretendida profanación, sin que se haya encontrado ni el menor vestigio de que hayan sido molestados hasta hoy los que allí descansan *per secula seculorum.*

Créese que los restos humanos de referencia procedan de un osario de algún cementerio o quizás de individuos muertos en el campo de la revolución redentora, de los cuales yacen algunos todavía olvidados en nuestras abruptas montañas.

Han sido detenidas las morenas Ofelia S. y Natividad P., concubinas ambas, de Juan Cabangas, y los morenos Félix G. y José C. H. Síguesles la pista a varios más, que eran auxiliares de Cabangas en esto de la brujería.

Octubre.

HABANA

El vigilante número 760, A. Teixeiro, condujo a la Décima Estación de Policía a Ladislao R. C., a Victoria H. A. y a Daniel H. S.

Dijo este último que los otros dos lo insultaron diciéndole que era un sinvergüenza, *salao y brujero.*

Los acusadores manifestaron al teniente Modesto Alcalá, oficial de carpeta, que ellos no insultaron a Daniel H.; pero que observaron que éste arrojaba al suelo un papel con ajos, maíz y otras brujerías con objeto de dañarlos.

El vigilante número 59 sorprendió en la casa número 86 de la calle de la Florida, una reunión de brujos, los que, al apercibirse de la presencia del policía, emprendieron la fuga, no quedando en la casa más que el moreno José R. V., que fue arrestado.

Se ocuparon diferentes atributos y amuletos, entre éstos dos papelitos conteniendo cabellos rubios con los rótulos *Marcos R. V.—Habana y Ursula...—Concordia, número 9;* además, un reloj de bolsillo y algunas papeletas de rifa, no autorizada.

CARDENAS

Ignórase aún la causa de la desaparición desde el día 10, de los niños Crispín y Pedro, de tres y cuatro años, hijos de Felipe Rodríguez, vecino del batey demolido del ingenio *Santa Gertrudis,* término municipal de Martí, y que han aparecido esta mañana a un cuarto de legua de su residencia.

Hay dudas sobre si se trata de un secuestro o de algo relacionado con la brujería.

EL GABRIEL

En el mes de Octubre de 1904 dejó para siempre esta forma de vida, en este caserío, la parda Olalla Triana, víctima de horripilante tisis. Es el caso que al ser atacada la enferma de un fuerte dolor pulmonar, se acordó llamar al médico, como era natural; pero, ¡asómbrense, lectores!, el doctor llamado no fue otro que Julián Amaro, brujo que ya conocemos todos por tener parte muy principal en el asesinato de la menor Zoila Díaz. El tal Amaro llegó y examinó a la paciente; pero no se encontró con la inspiración necesaria, y fue preciso, por indicación de él, llamar a su compañero Jorge Cárdenas, también procesado por la misma causa. Este nuevo *galeno,* llega, se pone de acuerdo con el anterior, y manda se traiga al cuarto una mesa, dos velas encendidas, dos centavos de pasas, una taza, una botella de aguardiente, etc.; y ya con estos preparativos comienzan los *doctores* su fácil extracción del daño que, según *diagnosticaron,* tenía la enferma; y le *sacaron arañas peludas* y otras sabandijas. Los adoradores de Santa Bárbara, ese día aprovecharon la presencia y reunión de los *beiques*, y no quedó quien dejara de sentirse con algún *bicho* en su cuerpo. Resumen: que Cárdenas y Amaro, sacaron algunos buenos pesos por sus *consultas y operaciones*.

Gabriel es una población de importancia, ya por el número de habitantes, como por su riqueza; y, sin embargo, no hay un médico y ni siquiera un botiquín; ¿y la causa? Puede que los que han tratado de establecerse en este pueblo hayan sido informados de lo arraigada que se encontraba la brujería, y temerosos de pocas ganancias, se arrepintieron de venir a Gabriel.

En un cañaveral del ingenio *Fajardo* fue hallada una lata con tapa, y dentro un saco conteniendo 17 piedras de mar, dos collares de cuentas de colores; otro más, con un medio americano en plata; otro más, con una medalla de la Virgen del Rosario; un cordel con una bolsita rota y vacía; una moneda falsa de dos pesetas, y una medalla de la Virgen de los Dolores.

Los vigilantes números 69 y 1,128, en la casa número 72, de la calle Peñalver, detuvieron a varios individuos que se dedicaban a la brujería.

Noviembre.

SAGUA

Ya no son sólo los sortilegios del *Hombre Dios* los que *infestaron* la villa del Undoso; a decir de *La Protesta* de aquella localidad, ha sido sorprendido por la Policía un moreno conocido por el *Hombre Diablo*, que en compañía de otros de su raza se dedica al ejercicio de la brujería, empleando en sus curas cabezas de chivo macho y de gallo malayo, dientes de perro sato, efectuando sus curas por medio de una varita mágica, que él titula *Santa Bárbara*.

HABANA

Se presentó en la Secreta, Francisca G., vecina de Virtudes, e hizo una singular denuncia.

Dice la G. que hace un año se lamentaba con un amigo, en la bodega de que es dependiente en la plaza del Vapor, de los frecuentes dolores de cabeza que le aquejaban y de otros males internos, cuando se le presentó un moreno, llamado Luis, diciéndole que sus males lo curaría el brujo Miguel, vecino de Esperanza, 20, único capaz de quitarle el *desencanto*, que esa era su enfermedad.

La G., aunque incrédula, concurrió al domicilio de Miguel, en unión de Luis.

Miguel, con un rosario y ante varias imágenes, hizo la ceremonia del *reconocimiento* ante sus dioses, cobrando por ello 12 pesos, no sin antes diagnosticar la enfermedad, que dijo ser *daño*.

Durante un año Miguel suministró pócimas a la G., cobrándole mensualmente 12 pesos plata.

Las medicaciones de Miguel empeoraron el estado de la G., que se decidió a cambiar de médico, yendo por recomendación de un amigo al domicilio del brujo Bonifacio, en Zanja, 10, A.

El nuevo galeno, después de criticar el plan curativo de Miguel, le dijo que las medicinas de éste le habían empeorado, pues ella no tenía *daño*, sino *desencanto de la cintura*, cuya enfermedad le curaría si tomaba los polvos que le recetó para ingerir y frotarse con ellos la cara.

Bonifacio cobró seis pesos por cada consulta de las que dio a la G.

Esta, viendo que no se mejoraba, sino que, al contrario, su estado era cada vez peor, y sus males iban en aumento, pues padece ahora de insomnio, inapetencia, alucinaciones y del estómago, se decidió a dejar de verse con el brujo.

Agregó la G. que por correo ha recibido una carta anónima, en la cual la amenazan si persiste en hablar mal de los brujos.

―――

El sargento Emilio Subil, acompañado de los vigilantes

103 y 786, detuvieron en la casa Zanja, 139, domicilio de las morenas María Regla A. y Juan H., por promover escándalo, y estar bailando *el santo*, a los morenos Ricardo G., Gonzalo S., Juan R. y Juan H., los cuales fueron remitidos al vivac del segundo distrito, así como varios objetos dedicados a la brujería que fueron encontrados en dicha casa, por la Policía.

El pardo Mamerto R., vecino de Tacón, 2, acusa al de su clase Rafael E. de haberle estafado a su madre, en diferentes partidas, 50 pesos.

Según se manifiesta, E., para realizar la estafa se puso de acuerdo con una parda nombrada Tula, la que le ofrecía que con remedios de brujos iba a llevar a cabo la reconciliación de ella con su amante, del cual hacía un mes que estaba separada.

CABEZAS

Desde el pueblo de Cabezas se nos pide que llamemos la atención del señor Secretario de Gobernación hacia la culpable indiferencia en que se tiene, en diversos lugares de la República, la persecución y castigos de los llamados *brujos*, que pululan y que son causa ya de muchas muertes.

El vecindario del pueblo de Cabezas acaba de llenarse de terror por la muerte del robusto y querido joven José Rivero, víctima de las hechicerías de uno de esos brujos.

Murió el joven Rivero entre los más terribles dolores y angustias, dícese que por hierbas y brebajes que le suministró un brujo, por solicitud de dos individuos que con la víctima tuvieron una cuestión hace tiempo.

El sargento de la rural, Miguel Duiroca, auxilió al comisionado especial de aquel Gobierno civil en la averiguación de la muerte violenta de José Rivero, ocurrida en aquel pueblo, viniéndose en conocimiento de que Rivero falleció a consecuencia de bebidas que le dieron algunos brujos de Cabezas.

Fue registrada la casa habitada por el vecino Modesto G., ocupándose tres tazas, dos huevos de gallinas, un carapacho de jicotea y varias vasijas con brebajes.

JIBACOA

El día 28 fueron sorprendidos por un cabo de la Guardia rural en la finca *Campos del Rey*, Jibacoa, varios morenos que se dedicaban a la brujería.

Se les ocuparon varios objetos dedicados a estos actos, dinero, armas y cartas importantes, que pueden dar luz en otros sucesos relacionados con la brujería, que están todavía en misterio.

Entre los objetos ocupados figuran dos muñecas que las llaman *Má, Cuca* y *Zangá*, de mucha importancia y fe para ellos; un Cristo en una cruz, amarrado con cadenas; un palo forrado con tela de metal y otras más.

SAN ANTONIO DE RIO BLANCO

El cabo jefe del puesto detuvo en *Jiquiabo*, a Lucas V. y nueve individuos más en momentos de encontrarse en prácticas de brujería, ocupándoles los objetos del caso.

MADRUGA

El cabo Fraga y los guardias rurales números 63 y 65, sorprendieron anoche en Sabanas, cerca del cementerio, dos casas de brujería, en donde se efectuaban ceremonias salvajes de la cura de un vecino de Pipián.

Fueron ocupados varios objetos y quedaron detenidos ocho individuos.

Diciembre.

EL GABRIEL (1).

Existen ya en el sumario formado por el asesinato de la niña Zoila elementos suficientes para intentar la reconstrucción del crimen, y voy a hacerlo.

Domingo Bocourt, que no es ninguna capacidad, sino,

---

(1) Informe-resumen periodístico del señor Camilo Pérez, redactor de *La Discusión*.

por el contrario, un hombre vulgar, ha logrado constituir una especie de secta, a que se le da viso religioso, pero que, en realidad, es tan sólo una sociedad en que dominan él y sus compañeros. Bocourt tiene corresponsales en casi todos los pueblos de las provincias de Pinar del Río y La Habana, donde existe una gran cantidad de personas de color que les cree realmente iluminados por sobrenatural poder, y que con fe ciega hacen todo cuanto aquéllos les ordenan, ya para prevenir cualquier desgracia de familia, o para atraer a sus amantes o maridos, y hasta para ejercitar venganzas.

Dentro de ese mismo elemento de color existen muchas personas que condenan esas prácticas y creencias, pero que nada pueden hacer, toda vez que se exponen a correr un verdadero riesgo.

Bocourt hizo creer que la locura de Adela provenía por *daño* que los blancos le habían echado desde la esclavitud, y que ese *daño* se curaba con sangre joven de blanco.

Juana no es tan mala como parece, pues según sus declaraciones, ella pensó que la sangre y corazón que le ofrecía Bocourt los tomaría de algún cadáver en los cementerios; nunca llegó a imaginarse que pudiera robar una niña y darle muerte a ese objeto. Ella hubiera tomado, no ya sangre extraída de un cadáver, sino algo peor, si lo hubiera, pues verdaderamente está obsesionada con la idea de tener más hijos.

Bocourt, el alma de toda esta monstruosidad, hizo algo más efectivo. Trató de robar a la niña Virginia Perdomo, en Candelaria, valiéndose de dos sectarias: la *Basura* y la *Bemba*.

Excitados los *adeptos* del Gabriel, efectuaron una reunión en casa de Adela y Manuel, alias *Los Congos*, a la que asistieron los procesados Julián Amaro, Jorge Cárdenas, Dámaso Amaro, Pablo Tabares, Pilar Hernández, Laureano Díaz Martínez, Isabel Leal. Allí se aceptaron las doctrinas de Bocourt, y hasta se festejó, llegando a cantarse con la *cadencia rítmica* del africano, *que se necesitaba la sangre de gente blanca para curar a Adela*.

Tocó en suerte buscar a la niña, a Ruperto Ponce y a Víctor Molina, y ellos aceptaron. Molina iba a desmochar palmas a la finca *Zúñiga*, colindante de la *Reserva*, donde residen, con sus familiares, tres de los hermanos Díaz. Todos ellos tienen hijos menores, cosa que sabía Víctor, y, como es natural, dirigió allí sus pasos.

Iba al azar; necesitaban un niño y allí podían encontrarlo; de modo que lo mismo que Zoila, pudo haber perecido otro de sus hermanos o primos.

Obtenida la niña, fue en compañía de Ruperto Ponce a casa de éste, donde le dieron muerte, extrayéndole la sangre y el corazón.

Después, de acuerdo con Julián Amaro, embalsamaron el cuerpecito, salándolo y ahumándolo, probablemente. El cadáver permaneció oculto hasta que, iniciados los registros, se temió fuera encontrado, y lo arrojaron en terrenos *Zúñiga*.

La sangre y el corazón, fue administrado. Adela aún continúa loca, y, respecto a Juana, no ha habido tiempo de conocer los efectos del *sui géneris* remedio.

El Tribunal Supremo de la República, en recurso de casación, ha sentenciado definitivamente este proceso, condenando a la pena de muerte a Bocourt y a Molina, a la de cadena y reclusión perpetua a P. y D. Tabares, respectivamente, a la de cadena temporal a R. Ponce, y a la de presidio mayor a J. Amaro y J. Cárdenas, absolviendo a los demás.

SAN CRISTOBAL

El capitán Ignacio Delgado, cumpliendo instrucciones del juez Sr. Landa, se trasladó a San Cristóbal con el fin de averiguar la conducta y antecedentes del procesado Domingo Bocourt; de las investigaciones que dicho oficial ha practicado en San Cristóbal y en el pueblo de Candelaria resulta comprobado que en Agosto del año actual se frustró un secuestro que intentaron Domingo Bocourt, Jerónimo S. (a) *Jorobado*, Francisco P. (a) *Basura*, y Modesta Ch., reconocidos todos como brujos en la zona de Candelaria. Resultan tan graves cargos contra S., la F. P. y Modesta Ch., que el capitán Delgado procedió a su detención, entregándolos al Juzgado. Este hecho corrobora la intervención, que como director tiene Bocourt en el crimen de la niña Zoila, toda vez que desde hace tiempo buscaba la víctima que había de sacrificar para sus curaciones por medio de la brujería.

GÜIRA DE MELENA

En estos días hemos podido darnos cuenta del número de creyentes de la brujería que existen en aquellas zonas ricas y aparentemente cultas; porque en caminos, calles y cercas se ven muchos objetos pertenecientes a los brujos, tirados por el miedo que en ellos despertó la detención de Bocourt, Cárdenas y Amaro.

En la calle del Rosario, entre las de Santa Rosa y Esperanza, del pueblo de Güira de Melena, fue ocupado por la Policía un trapo rojo, conteniendo una cajita llena de piedra imán, limaduras de acero, una aguja y una herradura imantada; un lío de collares de cuentas ordinarias, una cadena que tiene de tramo en tramo pedazos circulares de güira seca, una medalla ordinaria y un cuerno de chivo con plumas de colores y una especie de pájaro azul.

CONSOLACION DEL SUR

Acaba de llegar a ésta, conducido por el activo teniente de la Guardia rural, Sr. Usatorres, el moreno Pablo Tavío, que fue sorprendido oficiando en un altar que tenía en un bohío, detrás de su casa, dedicado a la práctica de los brujos.

En el altar ocupó el Sr. Usatorres los objetos siguientes:

Una Santa Bárbara, una cazuela con huesos podridos, caracoles, monedas y otros objetos, dos patas de gavilán, dos cueros de chivo, un tambor, pomos con alambres y varias substancias.

Debajo del altar y en un baúl se encontraron campanillas, tazas, espuelas, navajas, cuchillos, crucifijos, un cartucho de puntillas, velas de sebo y esperma, latas en las que guardaba cabellos de seres humanos, astas de animales, hierbas, collares, varias reliquias, piedras de mar, güiros, espejos, carreteles de hilo, tierras podridas y otros objetos más.

CABEZAS

El señor Gobernador civil recibió un anónimo que decía que en el pueblo de Cabezas existía la *brujería*. Con este motivo el señor Gobernador ordenó al Jefe de la Policía especial que fuese al referido pueblo a indagar lo cierto.

Este salió el día 13 para el pueblo de Cabezas a investigar los hechos, y se obtuvo el resultado de la ocupación en la casa del moreno *Ta Julián* y de la parda Modesta G., de los objetos siguientes:

Una mesa con un género blanco, un tapete de género rosado, cuatro tazas conteniendo agua, con tres piedras chinas, dos huevos, un carapacho de jicotea, varios papeles conteniendo cuentas, semillas y espuelas de gallos, una caja de lata con manteca de corojo, otra taza conteniendo un peso plata, dos centavos americanos y un medio antiguo, un güiro, tres ojos de bueyes, una cabeza de pollo seca, un cuerno de venado, varios collares, una botella conteniendo agua corrompida, un hábito de género blanco adornado con género rojo, un candelero, pedazos de velas, un pomo conteniendo líquido, una lata con sal, algodón, una lata con caracoles, un pañuelo rosado, tres güiras con agua y piedras y cueros de carnero.

Según noticias, el moreno *Ta Julián* ha hecho varias curas con hierbas a distintas personas, y asegura que la muerte del joven Rivero haya sido ocasionada po*r daño* que le echaran, por una cuestión que tuvo con varios individuos.

MATANZAS

Ha sido curada en la Estación Sanitaria la morena Cipriana M., habiéndose vertido encima una botella de petróleo, quemándose todo el cuerpo. Fue calificada de gravísima, siendo remitida al hospital.

Dejó una carta escrita, en donde dice que se suicida por haber recibido una carta ayer de La Habana, sin firma, en la cual dice muchas cosas que no son verdades.

Se sospecha esté mezclada en esto la brujería.

MACAGUA

La Guardia rural de esta zona persigue a los brujos.

El capitán A. activa la persecución. Dícese que trataban de levantar la sociedad para extenderse por los pueblos inmediatos.

El domingo por la noche fueron sorprendidos por la Guardia rural, en la finca *San José*, en ésta, practicando actos de brujería, diez y siete individuos de la raza de color. Fueron ocupados varios objetos y un gallo vivo colocado en el altar para inmolarlo. El Juzgado de este pueblo los condenó a veinticinco días de prisión.

HATO NUEVO

El cabo de la Guardia rural de Hato Nuevo detuvo al moreno Segundo R. J., ocupándole dos muñecas de madera, cruces, marugas, machetes, caracoles y otros objetos de brujería.

BATABANO

La Policía especial del Gobierno, con noticias de existir casas de brujería en Batabanó, pasó a dicho pueblo y practicó registro en la casa de la morena Daniela V., sorprendiéndola con dos morenos y una niña bailando *el santo*, y ocupándole infinidad de objetos simbólicos, como mazorcas de maíz envenenadas, piedras en distintos ácidos, un plato con pedazos de coco y queso e infinidad de papeles de polvos y huevos de gallina.

También en casa de la morena Rufina G., se encontraron, entre otros objetos, tres tambores de los que llaman *yuca*.

A mediados del mes último dio a luz en el Surgidero de Batabanó, la blanca Serafina A., de diez y seis años de edad, una niña mestiza, lo que fue una verdadera sorpresa para aquel vecindario, que creyó—cuando estaba en estado la infeliz joven—que había sido desgraciada por su novio.

Por investigaciones que hizo la Policía especial del Gobierno de esta provincia, se averiguó que el padre de la niña era un moreno brujo, que desde hacía tiempo la *curaba*, ejerciendo de médico clandestino, suponiéndose que la haya sugestionado para cometer tan reprobable acto.

A los cuatro días, próximamente, de haber dado a luz se trasladó a La Habana la joven A., permaneciendo aquí unos días. Al regresar a Batabanó fue interrogada por varias personas acerca de la existencia de su hijita, contestando aquélla que había fallecido en el hospital número 1.

Hasta ahora ha sido imposible hallar el paradero de la niña, que se cree está en La Habana.

Se ha averiguado, además que el moreno brujo, autor de la violación, ha amenazado de muerte a la madre de Serafina A.

Hay noticias de que cuando la A. vino a La Habana, el moreno se hallaba también aquí.

SAN FELIPE

El Jefe del puesto de San Felipe, con personal a sus órdenes y acompañado del policía del Gobierno, sorprendió en dicho poblado a cinco individuos en momentos de celebrar prácticas de brujería, ocupándoseles gran número de atributos y objetos simbólicos; los detenidos han sido entregados al Juzgado, a cuya disposición quedaron los objetos ocupados.

GÜINES

Hoy, a las tres de la tarde, se celebró el juicio correccional del pardo achinado Tomás G., el cual fue detenido el día de ayer en una colonia sita en Palenque, por estar practicando la brujería.

El Juez lo condenó a 30 pesos de multa.

Al citado Tomás G. se le encontraron, en una habitación de su casa, los objetos siguientes: un orinal de peltre, un plato de peltre, un güiro marímbula, una jícara, una media de color, de hombre, una cachimba, un escapulario, un pañuelo, tres caracoles, un collar blanco, dos botones grandes, uno chico, un cabo de vela, una jicarita, una china pelona, una cuchara de coco, una cadena de hierro, tres dientes de ajo, tres medios en plata, un centavo en perra, una taza de hierro grande, un pollo enterrado en el fondo de un baúl, un papel con pólvora, una oración de cinco minutos, unos garbanzos, unas semillas silvestres y un escapulario.

Las autoridades locales deben emprender una campaña activa contra los brujos, pues en este pueblo abundan mucho.

RODAS

La tercera comandancia del Regimiento núm. 2 comunica de Cienfuegos, que el teniente Heriberto Hernández, destacado en Rodas, secunda al Juzgado en la práctica de diligencias que se verifican con motivo de haber sido profanado un cadáver en el cementerio de Cristalina.

SAN CRISTOBAL

Federico Rojas expuso ante el señor Juez de Instrucción, confirmando noticias confidenciales suministradas por el Sargento de la Guardia rural, que allá por el año 1899, su esposa I., comadre de la referida Modesta Chile, había sido víctima de un veneno que ésta le hizo tomar en una taza de café que le brindó en su casa, luego de hacerla parar sobre una cruz de pólvora recién quemada; veneno que produjo a la citada esposa una hemorragia uterina, de la que no sanó más nunca, y a consecuencia de la cual falleció en el hospital, en La Habana, en Noviembre del pasado año.

HABANA

El día 18 el vigilante número 928 detuvo a la morena Marta A., de la calle Tenerife, por acusarla el moreno J. A., sereno del departamento de Obras Públicas, de que encontrándose en las calles Zulueta entre Arsenal y Misión, vio a aquella colocar en el suelo un bulto en lugar obscuro, y sospechando que se tratara de brujería la hizo detener. El bulto era un pañuelo grande que contenía dos guineas muertas, granos de maíz, pimienta y varias boberías.

El día 24 se presentó en la Octava Estación de Policía, la parda María G., natural de La Habana, de veinticuatro años de edad, soltera y vecina de la calle Trinidad número..., y la menor Pilar G., vecina del mismo lugar.
La primera manifestó al Capitán que el moreno Eligio A., vecino de San Joaquín número 55, el que es curandero por medio de la brujería, es concubino de Lucrecia P., hermana por parte de padre, de la Pilar, a la cual le ha hecho tomar substancias, sin duda, de brujerías, de tal manera que no tiene voluntad propia de sus actos, obligándola a tomar esos menjurjes, por medio de amenazas.
Que Eligio A. con sus medicinas ha hecho perder el juicio a un hermano de Lucrecia, nombrado Leonardo, el cual reside en su domicilio.
Agregó la María G., que el brujo se encuentra en la actualidad en el campo, y como quiera que la amenaza, tanto a ella como a Pilar, de matarla, por medio de la brujería, si no viven en concubinato con él, formula la correspondiente denuncia, para lo que haya lugar, con la cual se dio cuenta al Juzgado de Instrucción del Oeste.

Varios vecinos de la calle de Picota, entre Jesús María y Acosta, se nos quejan de que diariamente se ven en las puertas de sus casas adminículos propios de brujerías, como maíz, plumas y otras materias sucias, que constantemente los tienen en zozobra.
Llamamos la atención del Capitán de Policía de la zona, para que ponga remedio a ese mal.

COLON

Hace unos 20 días que se encuentra en el hospital de esta villa, la señora L. M., sufriendo ataques de locura.

De las noticias que he tenido referentes al origen de la enfermedad me han dicho que la citada señora se encontraba en estado, y que sintiéndose medio mala la prometió curarla un negro llamado Baltasar R., que vivía en un sitio próximo al Jacán, recetándole dos botellas para tomar cucharadas y unos baños de hierbas podridas, dando por resultado, según parece, que estos medicamentos o menjurjes, le causaron el aborto y de ahí los ataques de locura que está sufriendo.

La señora M. pasará en breve al asilo de dementes.

La existencia de la brujería en este término se comprueba con el prendimiento que de diez y siete de ellos ha hecho en la presente semana una pareja de la Guardia rural.

AGRAMONTE

El Jefe de Policía, auxiliado de los vigilantes a sus órdenes, sorprendió en la morada del congo Andrés S., moderno *behique* conocido entre sus fieles por *Soco-Soco,* atributos con que se dedicaba a sus prácticas brujeriles. Dichos atributos, con su sacerdote a la vanguardia, fueron puestos a disposición del Juez Municipal.

1905

Enero.

TRINIDAD

En el barrio de Condado (Trinidad) fueron sorprendidas y detenidas veintiocho personas en momentos de celebrar prácticas de brujería, ocupándoseles objetos y atributos simbólicos, que junto con los detenidos fueron entregados al Juzgado correspondiente.

RANCHO VELOZ

Una pareja de guardias rurales del destacamento de Rancho Veloz, encontró en un cañaveral del ingenio *Caridad*, un saco que contenía una cadena, una camiseta, un maxilar inferior de persona menor y varios huesos, una cabeza de cotorra, dos muñecas y otros objetos que se suponen han sido colocados por individuos tildados de brujos, sobre los que se ejerce vigilancia.

HABANA

A nuestro compañero Eduardo Varela Zequeira, jefe de información de *El Mundo*, le acaban de echar brujería, sin duda para vengarse de quien tomó tan directa parte en el esclarecimiento del asesinato de la niña Zoila.

Consiste el *embó* en un paquete de papel de color fino atado con una cinta roja, conteniendo un collar con veinte granos de maíz remojado y un botón de loza de borde encarnado; un hilo con cinco cuentas pequeñas blancas, dos puntillas, un diente de ajo y un colmillo con casquillo y argolla de metal dorado; nueve granos de maíz y tres puntillas sueltas; un clavel seco; un mechón de pelo rubio, atado con un hilo dorado, y todo eso entre un polvo de color amarillo quemado.

Febrero.

SANTIAGO DE CUBA

En posesión de ciertas confidencias el capitán de Policía practicó un registro en una casa de la calle del general Escario, esquina a San Miguel, domicilio de A. R. R., y allí se ocuparon una calavera de niño y un fragmento de otra, cuatro rosarios de oraciones con varios amuletos, un cuerno, un espejo, una campanita y un poco de pólvora; objetos empleados en prácticas de brujería.

HABANA

Ruperto B., de Monte 499, acusa a Manuela M., de Manrique 146, de haber regado la puerta de su establecimiento con unos polvos blancos, y haber echado en el interior del citado establecimiento un líquido para él desconocido, por lo cual cree se trate de brujería.

El blanco Francisco F. P., tabaquero y vecino de Santo Tomás 31, acusa al moreno Cándido R. R., vendedor, y de Monte y Pila, de que estando curándose hace cuatro meses por un procedimiento extraño, le entregó veintidós pesos que le dio la morena Valentina V. y seis abrigos de estambre para niños de su concubina Asunción D. Y como no ha encontrado mejoría (?) en sus males con las aguas y el collar que le recetó, lo denuncia de estafa.

Marzo.

JIGUANI

El Debate, de Manzanillo, fecha 8 de Marzo 1905, dice:

"En las inmediaciones de Jiguaní —nos dicen— se ha cometido en estos días un crimen cuyos detalles horrorizan. Unos padres, con el cerebro perturbado por la acción de la brujería o del espiritismo barato, han dado muerte a una hija suya de muy pocos años, porque necesitaban comer un poco de carne humana para hacer desaparecer el *daño* que tenían."

MANAGUA

En la calle San Rafael, de esta villa, viven en concubinato el pardo Angel S. L., y la morena Claudia M. P., los cuales hace tiempo venían haciéndose célebres por las continuadas tragedias, borracheras, reuniones o rumbas que **duraban hasta altas horas de la noche**, en las que el rumor público denunciaba de que se *bailaba el Santo*, se daban sesiones de brujería y se practicaban curaciones.

Lo que el público sabía *lo ignoraban las autoridades*,

sin que llamara la atención los escándalos mencionados, ni la situación de la casa donde se efectuaban los hechos relacionados.

Según versiones, parece ser que en los días del crimen de la Güira le fue enviada al Juez especial, licenciado Landa, una carta, en la que se le daban datos sobre estos hechos, por si podía existir aquí ramificación con los de Bejucal y Quivicán, para que pusiera los medios a fin de evitar que se realizara un hecho luctuoso.

Al mediodía del domingo presentóse nueva reyerta entre los concubinos mencionados, por lo que fue reducido a prisión el Angel S., por acusarlo la Claudia M. de amenazas.

Hoy, lunes 13, celebróse el juicio correccional, y, en dicho acto manifestó el acusado que su acusadora ejercía actos de brujería, por medio de la cual se atentaba a la salud pública, asegurando, además, que poseían objetos y adminículos dedicados a ese fin.

Una vez terminado el juicio de faltas, el señor Juez sacó testimonio de la denuncia, y después de ratificada bajo juramento, procedió a practicar un registro minucioso en el domicilio de la acusada, en el cual fueron encontrados multitud de objetos de los que usan los brujos, y entre los cuales había una piedra llamada *elecué*, con manchas al parecer de sangre, y en la cual decía el acusador que hacía pocos días había *operado*, sacrificando dos gallos, dos patos y dos palomas, con el fin de curar a unos niños de la localidad, cuyos nombres no consigno por no perjudicar la marcha del sumario.

Además, fueron encontrados dos muñecos, conocido uno, por Santa Bárbara, y el otro por *Jimagua*; una cabeza de San Antonio, un cuadro de yeso con figuras al relieve bastante obsceno, algunos pescados y jutías cocinadas, en estado de putrefacción; una campanilla, sacos con caracoles, pimienta de Guinea, plumas de aves, maíz asado, marugas, güiros cimarrones, varios envases con distintas hierbas, muchos murciélagos disecados, varias piedras de las llamadas *chinas pelonas*, un galón y botellas con brebajes, al parecer para curaciones, e infinidad de objetos más.

Manifestó Angel S. que formulaba la denuncia porque sus tragedias obedecen a que él hacía tiempo venía oponiéndose a que su concubina continuara practicando la brujería, como asimismo que a la Claudia le auxiliaban en sus ceremonias la parda Caridad P. y el moreno José Dolores C., siendo además este último el que se ocupaba en dar viajes a La Habana y otros lugares, enviado por Claudia para asuntos relacionados con la brujería.

Para cuando este asunto llegue al Juzgado de Instrucción de Guanabacoa, me permito llamar la atención del recto juez Sr. Vélez, para que investigue si el expediente incoado en el Juzgado Municipal de esta villa hace días, con motivo del sacrificio de un chivito propiedad de un vecino de la calle de Independencia, guarda alguna relación con estos actos de brujería, y por cuya causa guarda prisión un vecino de esta localidad.

CIENFUEGOS

Según se rumora, dice *El Diario Cubano*, de Cienfuegos, parece que se extiende la brujería en la Perla del Sur con notable rapidez. Hay barrios de la ciudad donde ya no viven más que brujos. Se dice que Pueblo Grito es uno de esos sitios. Hace pocos días fue denunciada una dama que ante el Juzgado Correccional olió a bruja, por poner a la puerta de una vecina dos huevos con pimienta adentro, con objeto, según su manifestación, de quitarle el marido. Hay de esos brujos y brujas que hacen de curanderos, con grave riesgo del vecindario, que creen en sus remedios. Además se añade que existe una sociedad de brujos, la que tiene cierto número de socios.

Estos tienen derecho, por un módico interés mensual, al beneficio de que se les proporcione su maléfica influencia sobre ciertas y determinadas personas que no les sean gratas.

Otros venden bolsitas o reliquias que, *llevándose en los bolsillos, se vive sin trabajar.*

La campaña que sigue *El Diario Cubano* contra la brujería en la Perla del Sur, le ha proporcionado curiosas revelaciones.

El Sr. Jaime R. García, vecino de dicha ciudad, escribió una carta al Director del diario cienfueguero, de la cual copiamos este párrafo:

"Sin ir más lejos, he visto la otra noche a una morena entrar en casa de una familia vecina, ofreciendo a una de las señoritas de la casa un sobre conteniendo tres uñas de personas, una pequeña cantidad de ruda y un poco de unto de gallina, todo lo cual, enviado a la otra pretendida por su novio—según la bruja—, se fatalizaría aquélla para toda su vida y se disgustaría con el joven.

"Puedo decirle los nombres de la morena y de la señorita."

Según noticias que llegaron a *El Diario Cubano*, de Cienfuegos, en una casa de familia respetable de dicha ciudad, en el aldabón de la puerta principal que da a la calle, fue encontrada una bolsa de tela, conteniendo tres cayajabos, una cabeza de gallo, un collar y otra bolsa chica de cuero.

Dicen que todo eso fue puesto para *echar brujería* a la cocinera, porque ésta criticó y habló mal de un moreno de Abreus que en días pasados fue condenado a seis meses de prisión en el Correccional, por haber extraído varios huesos del cementerio de aquel poblado.

Esto viene en corroboración del artículo hablando de los brujos de Pueblo Grito.

SANTIAGO DE CUBA

El *Cubano Libre*, de dicha ciudad, publica:

"Va tomando cada día caracteres más alarmantes el rumor que circula en esta ciudad sobre la aparición de varios *ñáñigos* en el seno de la población.

"Según tenemos entendido, en la noche del martes o miércoles de esta semana (20 Marzo 1905), y favorecido por la obscuridad, intentó uno de esos *ñáñigos* secuestrar a una niña, hija de un conocido señor, y hasta se asegura, sin que de ello (tengamos) hayamos adquirido, como del intento referido, la noticia cierta, que por la calle de San Antonio ha desaparecido un niño."

HABANA

El vigilante número 354, detuvo ayer al moreno Maximino Galán y L., vecino de San Juan de Dios, por manifestar el policía número 658 que dicho moreno había arrojado en un solar del Vedado, un bulto que contenía varias piezas de ropa, cuatro velas adornadas con lazos negros y otros objetos de los que acostumbran a usarse en prácticas supersticiosas.

Maximino declaró que aquel bulto lo había lanzado al solar por encargo de Anacleta D., costurera y vecina de Lagunas.

Interrogada Anacleta, manifestó que realmente había suplicado a Maximino que botara los citados objetos, y para explicar la rareza de algunos de ellos, agregó Anacleta que anteayer la había amenazado su concubino Fabián Z., por lo que encendió las cuatro velas enlutadas y se dio un baño, creyendo que así se preservaba de la paliza que le anunciara su concubino.

Se dio cuenta del caso al Juez Correccional del distrito.

Mayo.

HABANA

Por denuncia de Blas G., vecino de Crespo 9, de que Santos Z. y O., de Picota 16, y Angélica C., se dedicaban a ejercer la brujería y que éstas le retenían un pantalón, con intenciones de echarle *changó*, el teniente Pujols detuvo a ambas, ocupando en la habitación de la primera, multitud de objetos relacionados con el objeto de la denuncia.

Quedó en libertad la Z., por estar lactando un hijo, y fue remitida al vivac la C.

Como a las cuatro de la tarde del lunes 29, notaron el capitán Masó y el sargento Zubil, que de una casa situada en la calle Soledad, entre San Miguel y San Rafael, salieran quejidos, penetraron en ella, sorprendiendo a más de cien personas de ambos sexos, unas con caretas y otras sin ellas, quienes se entregaban a las prácticas de la brujería; muchas de las cuales huyeron, siendo detenidas con el auxilio de otros vigilantes que acudieron al producirse el natural escándalo, treinta y dos mujeres y doce hombres, y remitidos al segundo vivac para su comparendo en el Juzgado Correccional, ocupándose: un altar con el muñeco llamado *Shangó*, al que adornaban piedras blancas y negras, cuernos, caracoles, cocos secos, un gallo, una calavera de chivo, un plato de quimbombó, patas de carnero en estado de descomposición y otros objetos.

CIENFUEGOS

El comandante Valle comunica que en el barrio de *Condado* fueron detenidos tres individuos, encontrados realizando actos de brujería, ocupándoseles varios atributos y huesos humanos. Los detenidos y objetos ocupados fueron entregados al Juzgado correspondiente.

CAIMITO (GUANAJAY)

El cabo Llanes, de Caimito, auxiliado de los guardias rurales de ésta, detuvo a Marcial O., supuesto autor del delito de brujería, encontrándole varios objetos sin importancia. Fue puesto a disposición del Juzgado de Instrucción.

Junio.

HABANA

A las ocho y veintidós minutos de la mañana de hoy, día 8, ha sido teatro de un sangriento drama el tranvía número 110 de la línea del Vedado a Cuatro Caminos.

....

Al pasar el tranvía por la calle 12, pidió al motorista que detuviera la marcha para subir otra mujer también de la raza de color, bastante joven; que *vestía el hábito de San Lázaro*. El tranvía se detuvo y la mujer subió a la plataforma.

En ese instante la mujer que acababa de entrar esgrimiendo un puñal, se abalanzó sobre la pasajera a que ya nos hemos referido, dándole diferentes golpes. La pasajera logró incorporarse; pero exhalando un débil gemido cayó de espaldas.

....

En el tranvía, que fue corrido hacia la curva del Cementerio, yacía agonizante la pasajera.

Esta era, como ya decimos, de la raza de color, y *vestía la promesa de la Caridad del Cobre*.

....

El doctor Hevia reconoció el cadáver. Al despojársele de sus ropas pudimos ver que tenía al cuello varios collares de cuentas de colores y un escapulario.

....

A fin de obtener en lo posible datos ciertos acerca de los móviles que impulsaron a la morena Julia Gómez de la Nuez (figura número 33) a dar muerte a la de su raza Amparo Aguiar, nos entrevitamos ayer con la madre de la primera, Bárbara de la Nuez.

Pertenece ésta también a la raza negra, cuenta treinta y cinco años de edad y libra el sustento con el lavado de ropas.

—¿Conoció usted a la morena Amparo Aguiar, a quien su hija dio muerte ayer?

—Sí, señor; desde hace nueve años.

....

—¿Qué más ocurrió entre su hija y Amparo?

—Con motivo de aquella acción surgieron serios disgustos, al extremo que Amparo juró darnos muerte poco a poco, por medio de la brujería.

—¿Hizo ella algo que demostrara propósitos de realizar sus juramentos?

—Sí, señor; frecuentemente encontrábamos *brujo* a la puerta de nuestra casa.

—¿A qué llama usted brujo?
—Pues a lo que le echan a uno...
—¿Qué es lo que le echan?
—Pues coco, maíz tostado, polvos, plumas y otras muchas cosas.
—¿Y usted cree que eso puede producir la muerte a una persona?
—Se dan muchos casos...
—¿A su hija le impresionaban esos hallazgos?
—¡Ya lo creo, señor!

....

Julia niega en absoluto haber concertado duelo alguno con Amparo. Sus propósitos, dice, fueron darle muerte aquel día, pues Amparo le aseguró que acabaría poco a poco con ella y con su madre por medio de la brujería.

Cuando Julia habla de la brujería se retrata en sus ojos el horror que tiene a esas creencias fanáticas.

....

(Cuando pocos meses ha la citada negra fue llevada ante el tribunal que había de juzgarla, en una de las sesiones del juicio oral cayó al suelo víctima de un ataque que el médico declaró ser de carácter histérico-epiléptico.

Durante el proceso se ha demostrado plenamente el histerismo de la criminal y la probabilidad de que otros factores patológicos hubieran lesionado su psiquis. El estudio de este tipo de delincuente, por su sexo, por su aspecto psiquiátrico, por su fobia contra la brujería, sería interesantísimo (1). A juzgar por las concisas relaciones que del proceso ha hecho la Prensa, la homicida es una de las más curiosas figuras criminales cubanas que han ocupado recientemente el banquillo de los acusados; no mereció, sin embargo, especial consideración, y a pesar de sus anomalías psíquicas probadas ha sido condenada a más de catorce años de reclusión. ¡A ello obliga nuestra legislación y nuestra jurisprudencia!)

---

(1) **La criminal es zurda.**

Agosto.

HABANA

En las oficinas de la Policía Secreta se presentó la morena Irene Q., acusando a la también morena Antonia M. P., vecina de Factoría entre Corrales y Apodaca, de haber causado *daño*, por medio de la brujería a ella y a su concubino Antonio S.

Irene y Antonia tuvieron un serio disgusto recientemente. La última amenazó a la primera con matarla echándole *brujo*.

De entonces acá, Irene halla frecuentemente en la puerta de su domicilio pollos muertos, maíz, corojo y otras cosas que entre los brujos son símbolos de maleficios.

Y anteayer ha enfermado Irene—ella lo dice—, arrojando por la naríz una substancia verdosa, que se supone sea consecuencia del *daño* que Antonia le echara en alguna forma.

Agrega Irene que su amante Antonio, citado ya, se ha enfermado repentinamente, demostrando una perturbación cerebral.

GIBARA

Teniendo noticias el Alcalde Municipal de que en esta villa se venían celebrando sesiones de las conocidas vulgarmente con el nombre de *brujerías*, asaltó, en la noche del día 7, acompañado de policías municipales, la morada del vecino Enrique Alfaro, donde sospechaba se reunían los *brujos*.

El Alcalde penetró en la casa y en ella encontró al dueño, a un viejo moreno llamado Santiago L. y a las morenas Lucila y Micaela L. V. y Anincia y Anastasia A.

Cuando el Alcalde entró con los guardias, todos los concurrentes se encontraban alrededor del Santiago L., y en actitud de orar, teniendo en el suelo un saco con objetos de *bilonguería*.

Se ocuparon: dos velas encendidas, dos paquetes de velas empezadas, un paquete conteniendo veinticinco granos de frijoles, otro con veinticinco granos de maíz, una peseta de las llamadas de cruz, hollada, unos fulminantes, dos rosarios de cuentas viejas, un pedazo de piedra abrillantada, un poco de pólvora, un collar de flores secas de caoba, una escoba vieja con un pedazo de palo, un güiro tapado conteniendo tierra, dos pomitos con líquido, al parecer agua, un curricán fino, un muñequito de loza, un papel con hojas secas, un carretel de hilo, dos escudillas, una con unas hierbas manchadas dentro y la otra con polvos rojos, una cuchilla vieja, un plato de lata viejo, una vela de cera blanca, un pomito con serrín, unas tijeras viejas, dos piedrecitas amarradas, varias raíces, una taza con unos polvos rojos, un cuchillo, dos gallinas negras y una botella de aceite de comer.

A las dos de la tarde del día 9 comparecieron ante el Juez Municipal los *brujos* citados, siendo condenados a la pena de un mes de arresto el dueño de la casa y a veinticinco días los otros.

Es muy aplaudida la actividad desplegada por el Alcalde, al sorprender a los *brujos*, que por ignorancia se convierten en criminales, pues causan muchas veces la muerte a los que se dejan embaucar por aquellos seres miserables que causan asco.

Septiembre.

RANCHO VELOZ

Fue sorprendido por una pareja de guardias rurales un baile de brujos. Los guardias Brunet y León, una vez cerca de la casa pudieron distinguir infinidad de luces, que resultaron ser velas encendidas y enterradas en la tierra hasta la mitad (estas luces estarían como a diez varas de la casa), y a un moreno que se entretenía en regar agua sucia de un taza que contenía también plumas de aves, en la esquina de la casa y en los horcones. Entrando en la casa detuvieron al dueño, que resulta llamarse Tomás González, y ocuparon los objetos que, según dicen los brujos, se denominan en la forma siguiente:

Una taza grande conteniendo pesos 1-95 plata española, regalo de los *ahijados* a los *santos;* cinco collares *Shangó,* tres ídem *Obatalá,* tres ídem *Ogú,* cuatro ídem *Eleguá,* cuatro conchitas; una taza llena de agua amarillenta, una sopera conteniendo cuatro piedras de rayo, un rosario de Nuestra Señora del Carmen, un crucifijo grande de madera, un papelito envuelto conteniendo semillitas rojas, un crucifijo de loza pequeñito, una taza mediana con agua amarillosa, tres piedras *ollá* y tres huevos; un muñeco, una muñeca grande de biscuit, un *Niño Jesús de Praga,* una mazorca de maíz asado viejo, un pomo de agua, bendita por ellos; una campanilla de tres pulgadas de diámetro, dos angelitos de loza, un crucifijo pequeñito y seis piedras de *ollá,* todo en una taza de agua pequeña; cuatro velas, una taza conteniendo dos piedras *íle;* una banda roja de lana, un gorro rojo con franjas blancas que lo usaba en el baile *el caballo santo* (?), un mazo de hierbas para bañar los enfermos que acudían al baile; un gallo medio destripado, un bastón lleno de jorobas y pintado de rojo, dos platos sucios con patas de gallo crudo, que comían en el acto de ser sorprendidos.

Se les ocupó una licencia del Alcalde Municipal, donde los autorizaba para una reunión familiar.

HABANA

Esta madrugada, el moreno Cándido R., de Antón Recio número 1, llegó frente a la casa número 264 de la calle de San Miguel, rompió un papel y regó por el suelo el contenido; se arrodilló, hizo varios movimientos y extendió los brazos.

El vigilante 450, que detuvo a R., vio que lo que había en el suelo era una guinea, un huevo y pimienta.

La inquilina de la casa, Caridad A., reconoció como brujo al detenido.

CAPITULO VI

PORVENIR DE LA BRUJERIA

I. Desafricanización de la brujería. — II. El brujo, tipo de la mala vida. — Brujos incorregibles y corregibles. — III. Represión actual de la brujería. — Necesidad de criterios positivistas. —Acción directa contra los brujos. — Su justificación. — Sus formas. — Su extensión. — Sustitutivos penales. — La instrucción. — La religión. — Otras medidas profilácticas.

Conocidos en sus diversos aspectos la historia y el estado de la brujería en Cuba, ocurre preguntar acerca de su porvenir.

Sin las pretensiones de infalibilidad de los propios brujos agoreros, puede vaticinarse la evolución futura de la brujería, teniendo en cuenta el elemento esencial que le da vida y las circunstancias favorables y adversas del ambiente.

La ignorancia produce el miedo y de éste nacen, con carácter defensivo, las supersticiones, que son defensivas tan sólo aparentemente, y que evolucran un elemento negativo para el progreso social, tan negativo como el sentimiento de miedo que los inspira. Por esto Sergi las ha llamado *función patológica de la defensa psíquica*. Siendo así, natural es que el progreso intelectual traiga a Cuba, como al resto del mundo, la progresiva debilitación de las supersticiones, infunda más fe en nosotros mismos y vaya borrando la que se tiene en lo sobrenatural, pues como ha dicho Bain, *el gran remedio contra el miedo es la ciencia*.

Si los blancos religiosos van logrando, aunque lentamente, ir desembarazando su fe del elemento puramente metafísico, refugiándose en lo que le resta del moral, los fetichistas, en cambio, fieles de una religión amoral, aún se aplican, sobrenaturalmente, los fenómenos naturales. Si los blancos han separado poco a poco de la religión a la ciencia, considerando aquélla solamente como norma ética de vida, los brujos no tienen otra ciencia que su fe religiosa, y su moral está muy lejos de someterse a reglamentos divinos. Si aquellos blancos intelectualmente superiores han despersonificado totalmente la naturaleza y concedido autonomía e imperio a la ciencia, y los fenómenos religiosos no son para ellos sino supervivencias; si la masa social poliétnica permanece en equilibrio entre religión y ciencia, cuyos fenómenos de ambos son en ella concomitantes, para los negros brujos, los errores religiosos lo obscurecen todo y los fenómenos científicos no son sino lo que se puede llamar *superveniencias*.

El aspecto exclusivamente religioso de la brujería es el que va desapareciendo rápidamente, no siendo dudoso que se extinguirá cuando todavía los brujos sean curanderos y adivinos. En 1899 se contaba en Cuba unos 13,000 negros nativos de Africa; cuando éstos desaparezcan, lo que sucederá tras un par de generaciones a lo sumo, la fe en *Obatalá* habrá cesado, ya que no son de presumir nuevas inmigraciones de negros africanos igualmente primitivos. Los negros de entonces, o seguirán las creencias de los blancos con acentuación más fetichista, o serán arrastrados por la despreocupación general en materia religiosa, y por el torbellino de las luchas económicas, que rebosarán de los ya hoy desmoronados diques de la fe.

El brujo hechicero tendrá más vida, porque, siguiendo la corriente iniciada, va abandonando los resabios religiosos, y entra en el campo del curandero, de la medicina popular y casera; pero ésta exige una inteligencia más desarrollada que la de los infelices negros brujos, los cuales, cuando aún exista la creencia en la curandería, han de verse derrotados por los blancos, que ya hoy les hacen terrible y a veces victoriosa competencia.

El brujo agorero subsistirá, probablemente, aún sin ser sacerdote ni hechicero. Si no lleva trazas de desaparecer la supervivencia de los oráculos entre los blancos, tan potente todavía, puede deducirse una tenacidad igual, por lo menos, en las semejantes mateotecnias de los negros. Pero claro está que el brujo negro tiene su suerte unida al progreso intelectual de su raza, que tendrá que asimilarse los procedimientos adivinatorios, bastante más intelectuales de los blancos, como, por ejemplo, la quiromancia; y que, pese a esto, verá crecer más y más su desprestigio, por el nivel de la cultura general que va elevándose y por la concurrencia de las supersticiones adivinatorias de los blancos, por las quirománticas, las cartománticas y hasta por las seudo-científicas, magas de la mediumnidad espiritista.

La brujería en cualquiera de sus tres aspectos se irá desafricanizando; he ahí todo, pues desgraciadamente, cuando ya *Obatalá* no tenga fieles, cuando ya los *embós* no produzcan la *salación* o la dicha; cuando ya el *collar* de *Ifá* resulte indescifrable, todavía las inteligencias pobres encontrarán pábulo a sus supersticiones en las creencias que hoy son patrimonio casi exclusivo de los blancos; y su miedo al porvenir, a la enfermedad, a lo desconocido en general, hallará los moldes blancos en que vaciar sus fantásticas inspiraciones. Pasará mucho tiempo antes de que el miedo, consciente o inconsciente a lo sobrenatural, así en la sociedad cubana como en las extranjeras, así en una como en otra raza, quede ahogado por superiores estratos de civilización y deje de ser una determinante de importancia en la vida y un freno a los avances del progresivo mejoramiento humano.

I I

Son suficientes los razonamientos que anteceden para determinar cuál debe ser la posición de la sociedad civilizada, representada por los poderes públicos, frente a tales manifestaciones de grosera superstición. El carácter de antisocial, de rémora de la cultura, que puede atribuirse sin vacilación a la brujería, basta para justificar las medidas tendentes a la atenuación y ulterior desaparición de aquélla. Pero para poder precisar medios concretos de acción, es necesario antes definir por completo el carácter antisocial de la brujería en sus tres conocidos aspectos, con la consideración de las formas concretas en que aquél se demuestra, recordando en parte observaciones anteriores.

Como ya he dicho en otro lugar, no puede achacarse a la brujería afro-cubana el carácter maléfico en el grado que a la haitiana, a la jamaiquina, etc. Las muertes cometidas por sus sectarios son insuficientes para tachar a aquélla de criminosa hasta el extremo del homicidio habitual. Es seguro que en la soledad de los *palenques*, o en los campos en tiempos antiguos, los brujos han llevado a cabo asesinatos con objeto de procurarse ingredientes para sus *embós*, y quizás a la vez ofrendas para sus ídolos; pero actualmente un hecho semejante es excepcional, como lo demuestra la extraordinaria impresión causada por el crimen brujo cometido por Bocú en el Gabriel y los demás posteriores. Pero el germen delictuoso casi siempre se encuentra, aunque larvado, en la psiquis del brujo, y cuando en éste se reúnen el fanatismo de sus supersticiones con un exceso de impulsividad busca salida por la vía de la brujería y entonces se llega al delito.

También he de recordar aquí lo dicho en otra parte de este libro referente a los envenenamientos de la brujería, excusando repetirlo.

La brujería afro-cubana, tal como hoy se manifiesta, no inspira habitualmente el homicidio. Cuando tan grave crimen tiene lugar es que la criminalidad de un brujo, criminosidad que existe por sí dentro o fuera de sus supersticiones y hechizos, se ha plasmado en la brujería como en un molde propicio para dar forma a sus impulsiones criminosas; pero no que aquélla sea manera de pendiente por la cual ha de rodar forzosamente el brujo hasta caer en el homicidio. La brujería puede decirse que es (adoptando el conocido símil de Lacassagne) el *caldo de cultivo* adecuado para el desarrollo del *microbio criminoso* contenido en la psiquis del brujo; pero si en ésta no existe larvado el germen de la criminalidad, no se produce en aquélla por generación espontánea.

Un curioso aspecto de la influencia del fanatismo brujo en el homicidio es el revelado por el caso reseñado al final del capítulo anterior. Una negra amenaza con matar a otra por medio de la brujería y confía su venganza a la acción de sucesivos *embós* contra su víctima; pero ésta, una histérica, africanamente impulsiva (figura número 33), aterrorizada por el continuo peligro de morir por la brujería, se decide a asesinar a su enemiga por medio más rápido; compra un cuchillo para el crimen, va en busca de aquélla y al encontrarla en un tranvía sube a él y la apuñala con la fuerza que da el convencimiento de realizar un acto justo, con la seguridad de obrar en su propia defensa. Una inteligencia civilizada habría despreciado los *embós;* la inteligencia salvajemente africana de la homicida determinó su acto de histérica acometividad, como lo hubiera hecho en Africa, hacia el asesinato, que allí en el continente negro, por haber reaccionado contra la autora de un hechizo, habría merecido la unánime aprobación de la sociedad primitiva en que se hubiese cometido. Ambas negras, asesina y víctima, estaban afiliadas a distintas cofradías brujas, a juzgar por los distintos hábitos que llevaban. De ser así, ¿no puede haber intervenido en el móvil del delito la rivalidad de dos brujos entre sí, o por lo menos la rivalidad entre los *hijos* de distintos *santos?* La respuesta me es imposible; pero la pregunta es, sin duda, motivada.

El aspecto mixto de religión y hechicería de las supersticiones y prácticas brujas obra como factor de otro delito que causa repulsión intensa, cual es el llamado violación de sepulturas, y que es una atenuación y a la vez en ciertos casos un sustitutivo del homicidio, por razones ya expuestas.

El mismo culto brujo lleva también a otros delitos, aunque de menor transcendencia. Así, por ejemplo, se ha dado el caso de tener un brujo dedicado un muchacho al hurto de gallos para las ofrendas litúrgicas. Aparte de la hoy no siempre bien provista bolsa de los sacerdotes de la brujería, como de la mayoría de sus creyentes, lo que no en pocos casos dificultará que los dioses reciban el sacrificio que apetecen, puede también impulsar al hurto de gallos, el rigor del ritual que exige en ciertos casos precisamente gallos para ser ofrendados, llegando a veces hasta a detallar el color de sus plumas. Lo mismo puede decirse con referencia a otras aves, ya para *limpiezas*, ya para la preparación de los *embós*, etc. Así también para otros animales; en el campo, donde debido al ambiente favorable es más fácil el sacrificio de reses, se llega al robo de éstas para su consagración a los ídolos. A veces para el éxito de ciertas prácticas de hechicería es necesario algún objeto adquirido ilegítimamente. No obstante, los delitos contra la propiedad nacidos del culto brujo son de escasa importancia. Si el respeto a la propiedad ajena no es muy firme en los brujos, contribuye a ello los resabios africanos derivados de su condición sacerdotal, que allá les permitía cualquier acto depredatorio disfrazado con alguna finalidad religiosa. Hasta los mismos fieles se valían de esta su condición para atropellar al prójimo; díganlo sino los robos cometidos religiosamente por los sectarios de *Shangó*, como ya he dicho.

Un factor que puede ser considerado como verdaderamente antisocial, por lo salvaje, es el baile brujo; lo mismo si se trata del baile convulsionario, procedimiento hipnótico para producir el estado epiléptico llamado *dar el santo*, como respecto al baile lascivo frecuente en sus fiestas así religiosas como profanas, sin que sea preciso insistir en demostrar su antisocialidad.

Lo mismo puede decirse de aquella superstición muy extendida que hace confiar ciegamente en tal o cual amuleto preparado por el brujo, o en el fetiche gráfico de procedencia europea llamado *oración al Justo Juez*, como garantía contra las *persecuciones de la justicia*, como salvaguardia de la impunidad. Si el brujo, en su carácter de sacerdote, no llega hasta la absolución previa de los pecados futuros, es por que éstos no han de existir para él. La amoralidad del brujo no le lleva a procurar la impunidad de sus fieles en la vida de ultratumba; pero le preocupa conseguir la indemnidad terrenal por medio de los amuletos. El delito, como todo acto general, no es reprobable por él sino en cuanto acarrea el peligro de las represalias, como si se tratara del más inocente paseo nocturno por el interior de una selva habitada por fieras. Contra los dos riesgos hay que preservarse por los *gris-gris*, no siendo esencial la diferencia entre ambos.

El culto brujo es, en fin, socialmente negativo con relación al mejoramiento de nuestra sociedad, porque dada la primitividad que le es característica, totalmente amoral, contribuye a retener las conciencias de los negros incultos en los bajos fondos de la barbarie africana.

El brujo afro-cubano, como hechicero, es no menos socialmente dañino. No obstante, ya me he referido al contraste que presentan entre sí los brujos de Cuba y sus colegas de otras Antillas y alguna región americana continental, respecto a su fama de envenenadores, por más que tal contraste no llegue a los extremos que harían suponer la superstición popular de aquellos países, achacando preciosas dotes de toxicólogos y habitual tendencia criminosa a sus *obis*, *ouangas*, etc., y la falta de estadística criminal en Cuba, que libra a nuestros brujos de una acusación semejante formulada en vista de datos positivos. La opinión pública ha señalado no ha mucho tiempo algunos casos de envenenamientos; pero los brujos afro-cubanos gozan, sin embargo, de mejor fama que los citados colegas. Pero si nuestros hechiceros no han llegado a la ejecución habitual de envenenamientos, merece tenerse en cuenta el empleo de terribles *embós*, ejecutores de *envenenamientos intencionales*, como con expresión feliz dice Corre. Y es de considerar si la facilidad con que se consiguen y aplican los *embós* maléficos ocasiona la conservación en aquéllos que los emplean de la tendencia homicida o delictuosa en general, aunque reducida la forma más intranscendentemente alevosa; o bien sirve de base a una especie de simbiosis de la superstición, por cuya tangente se desvarían, de ser así, ciertos impulsos criminosos, que de no plasmarse en un *embó* determinarían el delito por el puñal o el veneno.

Pero aunque los *bilongos* brujos inspiren generalmente lástima y mofa, no es menos cierto que la hechicería entra a menudo en un terreno de hecho indiscutiblemente delictuoso.

De los filtros que prepara, principalmente los amorosos, pueden resultar verdaderos atentados a la salud de las personas que sufran su acción. La venta de afrodisíacos, por ejemplo, para *amarrar* la voluntad del amante esquivo, al cual se le administran lo más ocultamente posible, puede llegar hasta producir una real acción. Lo mismo puede decirse respecto a los anafrodisíacos.

Delictuosa es también la preparación de abortivos, dándose casos de haber éstos originado trastornos mentales en las infelices que los tomaron, y hasta su muerte. Caso curioso de aborto provocado es el citado en las páginas anteriores, en el cual se revela toda la barbarie africana de sus autores.

En los estupros, violaciones y seducciones, interviene también, con frecuencia, la brujería, a veces con simples afrodisíacos, pero en otras ocasiones con narcóticos, no siendo raro el caso en que el mismo brujo sea el que se aproveche de sus hechizos.

En todo caso, cuando la hechicería de los brujos prepara *embós*, tengan o no acción real sobre el organismo humano, ello constituye un ejercicio ilegal de la medicina, y desde este punto de vista excuso patentizar la antisocialidad de aquélla porque salta a la vista. Y la medicina bruja no sólo se extiende a los negros; bastantes blancos son sus víctimas, lo que prueba su arraigo y temibilidad.

Como agorero el brujo es también involutivo. Desde luego, lo que cobra por *echar los caracoles* o *el collar de Ifá*, así como el precio de algunos *embós* y de las *limpiezas*, son verdaderas estafas, explotación abusiva de la ignorancia y fanática credulidad de las víctimas.

Los vaticinios brujos y sus *descubrimientos* de cosas ocultas, aun cuando no conduzcan a la aplicación de un *embó*, consiguen trastornar más aún las vacilantes normas de conducta de sus víctimas, sometiéndolas por sugestión al influjo de determinantes casi siempre inmorales, ilógicas por lo menos. Principalmente, en la paz conyugal el brujo influye con harta frecuencia y casi siempre de manera disolvente.

La brujería, en fin, es un obstáculo a la civilización, principalmente de la población de color, ya por ser la expresión más bárbara del sentimiento religioso desprovisto del elemento moral, que en algunas épocas y países alcanza una especie de simbiosis de aquél, ya por ser la negación de la cultura en cuanto se refiere a la causalidad de los fenómenos naturales y, concretamente, de las enfermedades; ya porque subvierte moralmente por la creencia y empleo de *embós* vengativos y amorosos, y sugiere en las personas que la consultan por la predicción de un porvenir, que *está escrito*, o la pretendida revelación de un hecho oculto, desviaciones de aquellas normas de conducta que son propias de las conciencias sanas y emancipadas de la superstición.

En la psicología personal del brujo afro-cubano se manifiesta toda la antisocial de las supersticiones que ampara y aviva, en tal grado, que es incuestionable su definición como uno de los tipos más repugnantes y dañinos de la mala vida cubana.

Casi siempre delincuentes, estafador continuo, ladrón a menudo, violador y asesino en algunos casos, profanador de sepulcros cuando puede. Lujurioso hasta la más salvaje corrupción sexual, concubinario y polígamo, lascivo en las prácticas del culto y fuera de ellas, y fomentador de la prostitución ajena. Verdadero parásito social, por la general explotación de las inteligencias incultas y por la particular de sus varias concubinas.

Pero así como el brujo, según ya he dicho, cree en la virtualidad de sus ídolos, de sus *embós* y sortilegios, la misma buena fe se extiende a gran parte de sus actos, aun cuando éstos sean considerados como inmorales y delictuosos. Porque el brujo cree que el corazón de una niña es remedio contra un *daño*, ordena el asesinato para lograr aquél; porque cree en el poder de un fetiche formado con restos humanos, profana las tumbas; porque cree en la eficacia de una *limpieza*, de un *embó* y de un oráculo, y se considera como sacerdote, hechicero y agorero, estafa a sus víctimas cobrando el *oyá*. Y al fanatismo del brujo se une la amoralidad de sus supersticiones, para permitir ciertos actos que él tiene por éticamente indiferentes. No son delictuosos ni inmorales para él la aplicación de hechizos dañinos, ni la desnudez en sus ritos, ni los pornográficos consejos, etc. Un penalista clásico hablaría aquí de la atenuación del grado del delito por defecto de inteligencia de su autor. La buena fe llega a veces hasta el punto de que sus actos, objetivamente antisociales, sean inspirados subjetivamente por fines altruistas; los *embós*, aún los que contienen sangre y huesos humanos, no son siempre para *salar*, y con gran frecuencia sirven para *curar daños*.

Debe notarse, y ello es en gran parte consecuencia del anterior carácter, que el brujo es reincidente. Bien es verdad que la represión de la brujería no ha sido nunca rigurosa, ni las leyes consienten que sea eficaz; las penas comunes de multa y de breve privación de libertad no son para ellos sino riesgos del oficio, que pueden correrse ventajosamente a cambio de los beneficios que les proporcione su parasitismo. Pero no es menos cierto que el fetichismo, como suele decirse, *está en la masa de la sangre* de los negros africanos, y en mayor grado en la psiquis de los brujos.

La brujería es deficiencia de evolución. Los que en ella creen siguen las mismas creencias que en su país, si son africanos, o si criollos, son los hijos de aquéllos y amamantados con sus mismas creencias; aparte de los blancos fetichistas que tanto se avecinan psicológicamente a los africanos, si es que no se identifican con éstos. Cuando el brujo de Africa y el de Cuba no son una misma persona, no media entre ellos más que un paso, una generación.

El brujo afro-cubano, desde el punto de vista criminológico, es lo que Lombroso llamaría un delincuente nato, y este carácter de congénito puede aplicarse a todos sus atrasos morales, además de a su delincuencia. Pero el brujo *nato* no lo es por atavismo, en el sentido riguroso de esta palabra, es decir, como *un salto atrás* del individuo con relación al estado de progreso de la especie que forma el medio social al cual aquél debe adaptarse; más bien puede decirse que al ser transportado de Africa a Cuba fue el medio social el que para él saltó improvisadamente hacia adelante, dejándolo con sus compatriotas en las profundidades de su salvajismo, en los primeros escalones de la evolución de su psiquis. Por esto, con mayor propiedad que por el atavismo, pueden definirse los caracteres del brujo por la *primitividad psíquica;* es un delincuente *primitivo*, como diría Penta. El brujo y sus adeptos son en Cuba inmorales y delincuentes porque no han progresado; son salvajes traídos a un país civilizado.

La observación de este tipo demuestra por contraste lo acertado de la teoría lombrosiana del atavismo, como explicación de la delincuencia. Si el brujo es primitivo porque su ambiente se hizo de repente superior, sin que él pudiera en su evolución dar un salto que restableciera la truncada adaptación al medio, el delincuente de las sociedades civilizadas es otro primitivo porque ha sido él el que ha saltado hacia atrás, incapaz de mantenerse en un superior nivel de progreso moral. En el primer caso es éste el que varía, en el segundo es el individuo; pero en ambos la adaptación es la misma e idénticos son sus efectos.

Junto al brujo verdaderamente afro-cubano, al brujo que puede criminológicamente llamarse nato, vegeta otro brujo, criollo generalmente, siguiendo o imitando las prácticas fetichistas de aquél, corrompidas por la acción del ambiente y de su propia psiquis algo progresados; es un brujo criminológicamente *habitual*, que explota esta forma de cómodo parasitismo por la determinación de factores sociales que lo arrastraron a ella, como lo hubieran conducido a otra análoga. Así como en el primero puede descubrirse un máximum de buena fe, ésta en el segundo no es sino un mínimum.

En estas consideraciones que anteceden debe basarse toda obra de higienización social contra la brujería y de aniquilamiento de sus parásitos.

III

Con esta como con otras manifestaciones de antisocialidad ha sucedido y sigue sucediendo en Cuba lo que con la higiene, en general, ha ocurrido hasta no ha mucho. La acción de los poderes públicos fue siempre superficial; no pasó sino pocas veces de la promulgación de preceptos legales, y cuando quiso profundizar y hacer algo positivo, su acción, conducida por medios rutinarios, fue del todo perdida.

En la legislación vigente en Cuba la brujería no ha sido atacada de frente y casi ni de flanco, y únicamente en aquellos casos en que notoriamente extiende su acción fuera de los borrosos límites marcados por la ley penal. Así, por ejemplo, en el caso de represión de un delito brujo, el del proceso de los asesinos de la niña Zoila en El Gabriel, se ha castigado el delito de asesinato; y lo mismo se hubiera sentenciado si el móvil del crimen hubiese sido la lujuria o la venganza por no haber satisfecho la codicia de un calculado rescate, o la malevolencia contra los padres de la tierna víctima, etc. La brujería no ha caracterizado el delito ante los tribunales. Y lo mismo sucede con los demás motivos legales de represión de la brujería. Son condenados los brujos en sus respectivos casos por los delitos de robo y hurto, por el de violación de sepulturas, por el de amenazas, por el de aborto, por el de estafa, y principalmente por comisión de faltas, tales como celebrar reuniones no autorizadas y tumultuosas, alteración del sosiego público, asociaciones ilícitas, ejercicio de la profesión médica, profanación de cadáveres y cementerios, arrojar animales muertos a la calle, etcétera.

Solamente una disposición del Código penal reconoce un aspecto de la brujería, si bien no bajo este nombre. Tal es el Artículo 614, que dice así: "Serán castigados con la pena de arresto menor, si el hecho no estuviese penado en el 2º de este Código (es decir, como defraudación, especialmente por el Artículo 565), los que por interés o lucro interpreten sueños, hicieran pronósticos o adivinaciones, o abusaren de la credulidad pública de otra manera semejante". A la pena de arresto menor puede añadirse el omiso de los efectos que se empleen para adivinaciones u otros engaños semejantes, dispuesto por el Inciso 7o. del Artículo 630 del mismo cuerpo legal.

Pero dicho se está que la disposición represiva está casi olvidada y que el Artículo 614 del Código penal, es de hecho, como se dice, *letra muerta*, así como lo suele ser en los demás países la ley represiva de las formas modernas de magia y advinación, si es que existe.

Merece observarse también que el interés o el lucro es lo que para la ley hace que la adivinación o abuso semejante de la credulidad pública caiga bajo la sanción penal, y que dado el caso de un agorero desinteresado, por lo menos aparentemente, éste puede abusar de la mencionada credulidad pública sin incurrir en pena alguna.

Este criterio represivo no puede menos de ser deficiente. De él resulta que la brujería en sus conocidas y múltiples manifestaciones es tácitamente lícita; basta que no incurra en tal o cual delito o en tal o cual falta o contravención de policía, para que pueda subsistir, dentro de límites estrechos, si así se quiere, porque la red penal la envuelve casi completamente, pero al fin dentro de límites fijados por la ley, la mera existencia de los cuales basta para demostrar que resta un campo legal a la brujería. Pero además debe tenerse en cuenta que los actos delictuosos más comunes de los brujos, como el aborto, la estafa, las amenazas, etc., son difícilmente descubribles, porque los que pudieran ser acusadores, por su carácter de cómplices o víctimas, están interesados en que permanezcan ocultos para evitar que sobre ellos recaiga también la sanción punitiva de los tribunales, o la sanción pública del ridículo, o la imaginaria o real sanción vengativa del brujo. Asimismo sucede por lo que respecta a las faltas, el castigo de las cuales es aún más difícil, porque de los preceptos del tercer libro del Código penal no se ha hecho nunca todo el caso que se debiera, quedando su efectividad confiada casi exclusivamente a los más modestos funcionarios de Policía (de los que tiempo atrás se destacaba el tipo especial del *celador*, que a menudo era tan hampón como los del subsuelo del barrio por él vigilado), los cuales por la escasa transcendencia perjudicial de las faltas, por no distraer su actividad de atenciones y por motivos de tolerancia, más o menos reprobables, no siempre han dedicado a la vigilancia del cumplimiento de aquélla todo el cuidado que sería de desear. Unanse a estas consideraciones las ya expuestas referentes a especiales causas de encubrimiento y hasta de repugnante apoyo a la brujería. De ahí que su campo de acción, más de lo que harían suponer los preceptos legales, se agrande y sea suficiente para permitir su ejercicio con cierta cómoda holgura, y consiguientemente el parasitismo de los brujos y la explotación e inmutable atraso de sus creyentes.

Si la represión de la brujería se ha dividido, se ha pulverizado, distribuyéndose en múltiples y angulosas direcciones, es porque ha sido inspirada, como todo el resto de los criterios penales vigentes, en el poco menos que estéril doctrinarismo clásico. Se han previsto tales y cuales delitos de faltas, pero la figura del brujo no la vio el legislador; así como se describieron y penaron el asesinato y el robo, quedaron en la sombra el asesino y el ladrón. Se quiere atacar a la brujería, y, en general a la delincuencia sin estudiar al brujo y al delincuente, sin descubrir los factores que la determinan. Se quiso extirpar la fiebre amarilla sin estudiar al enfermo ni descubrir su factor morboso. Y escribo esta comparación porque nada mejor que la victoria total que en Cuba hemos alcanzado contra la fiebre amarilla merced a la aplicación de enérgicos procedimientos médicos e higiénicos impuestos por la ciencia moderna tras el descubrimiento del doctor Finlay, el genial médico cubano, puede hacer vaticinar el éxito que se obtendría en la lucha contra la brujería, y, en general, contra las otras formas de la mala vida, si se siguieran los también enérgicos procedimientos represivos y preventivos (de terapéutica y profilaxis sociales) exigidos asimismo por el progreso científico contemporáneo.

Demostrada la naturaleza de los delitos, y en general de los actos antisociales del brujo, y, por tanto, de su temibilidad, se descubre la diferencia que existe desde el punto de vista criminológico positivista entre la criminalidad del brujo y la de otra especie de delincuentes; entre el asesinato de una niña para obtener sus vísceras y aprovecharlas en la confección de un *embó*, y el asesinato de una niña para encubrir un estupro, por ejemplo. Así como idénticos fenómenos patológicos pueden obedecer a distintas causas, así crímenes iguales en la forma son producidos por móviles diferentes; de ahí que para combatir con éxito la enfermedad o el delito sea preciso estudiarlos a través del individuo y en vista de sus causas eficientes.

La campaña contra la brujería debe tener dos objetivos: uno inmediato, la destrucción de los focos infectivos; mediato el otro, la desinfección del ambiente, para impedir que se mantenga y se reproduzca el mal.

Para luchar con mayores probabilidades de éxito que ahora contra la brujería, es preciso ante todo que la personalidad del brujo se ponga a la vista, para dirigir contra ella los primeros ataques. Como ya he dicho, el brujo no es, por ejemplo, homicida porque sus supersticiones lo lleven forzosamente a este delito, sino porque la delictuosidad particular de su psiquis se revela a través de su actividad profesional. Si hay un brujo que necesita un corazón infantil y para obtenerlo mata, habrá otros cuya más avanzada evolución moral los refrenará y los desviará de ese delito por un derivativo de menor gravedad. Pero si bien esto es cierto, no lo es menos que todo brujo afrocubano, aún sin incurrir en determinado delito (lo cual es poco menos que imposible), es un factor antisocial que debe ser eliminado, para el bien de nuestra sociedad, de la misma manera que en las sociedades cultas se combate la mendicidad, la vagancia y la embriaguez, aun cuando no sean formas de delictuosidad. Basta que un individuo sea probadamente brujo de profesión para que merezca ser objeto de la oportuna acción social defensiva. Dada la imposibilidad de que en Cuba, como en los demás países, se pase de un salto a la actuación de las reformas que proclama la moderna ciencia criminológica, no cabe pedir por ahora que cese de aplicarse el criterio represivo consistente en punir la delictuosidad de los brujos por cada una de sus manifestaciones. No obstante, el primer paso en firme que ha de darse consiste en que el simple ejercicio habitual de la brujería pase al catálogo legal de los actos delictuosos. Es decir: búsquese una forma de represión para el que vive de la brujería, para el que tiene su práctica como profesión, sin peligro de seguir juzgando singularmente los demás delitos en que éste incurra, hasta tanto que el progreso criminológico traiga más radicales innovaciones.

No importa para aplicar este criterio de represión de los brujos por el mero hecho de ser tales, saber si el brujo es un redomado bribón que explota y engaña a sabiendas la credulidad de sus adeptos, o si es el primer creyente de sus hechizos y de su culto, y percibe el precio de sus servicios sobrenaturales como una subjetivamente justa recompensa a su labor. Si esta consideración actualmente podría decidir, dentro del clasicismo penal imperante, una graduación de la pena, según el dolo que se reconociera al brujo en cada caso, bajo una teoría positivista no determinaría sino una variación en la forma de tratamiento conveniente, según que el brujo fuese un convencido de su hechicería o un simple parásito, que se vale de esta forma de sugestión como se valdría de otra cualquiera. Pero la represión en todo caso se impone. Hoy, que el determinismo criminológico ha fijado la temibilidad del reo como base científica de la penalidad, o, mejor dicho, de la reacción social, establecer que el brujo es un individuo temible por ser socialmente perjudicial es extender hasta él la acción defensiva de la sociedad.

El criterio de represión especial de la brujería no es tampoco un retroceso, como a primera vista pudiera creerse, que nos haría volver a los tiempos pasados, en que la hechicería era uno de los más aborrecidos crímenes. No se trata de encender hogueras para celebrar con los brujos nuevos autos de fe, ni de estrangularlos por medio del *garrote*, esa máquina de muerte que todavía conservamos en Cuba. Antiguamente se castigaba a los brujos precisamente porque se creía en sus adivinaciones y hechizos, y secundariamente porque quedaban fuera de la fe ortodoxa, como herejes y renegados. Así lo prueban las consideraciones que hace Alfonso el Sabio en su código de las *Siete Partidas* (1), disponiendo el castigo de los *agoreros o sorteros o feticheros que catan agüeros de aves o de estornudos o de palabras, o echan suertes*, etc., mientras permite la adivinación por la Astrología, *porque*—dice— *los juycios y los asmamientos que se dan por esta arte, son catados por el curso natural de los planetas e de las estrellas, e fueron tomados de los libros de Ptolomeo;* asimismo castiga con pena de muerte a los hechiceros y necromantes, estableciendo a la vez que *los que ficieron encantamiento o otras cosas con entención buena, así como sacar demonios de los cuerpos de los omes, o para desligar a los que fuesen marido e mujer que non pudiesen convenir, o para desatar nieve que echase granizo o niebla porque non corrompiesen los frutos; o para matar langosta o pulgón que dañe el pan o las viñas, o por alguna otra razón provechosa semejante destas non deve aver pena; ante dezimos, que debe recebir galardón por ello*. Los brujos de aquel entonces eran tenidos por sacerdotes y amigos del diablo, por motivos de que ya he tratado, y las persecuciones contra ellos, como contra los enemigos de la religión dominante, no fueron sino un aspecto de las luchas religiosas que ensangrentaron a Europa. El progreso intelectual y político hizo reaccionar a los pensadores contra la cruenta, absurda y contraproducente represión de la hechicería y de la criminalidad en general. Pero si respecto de ésta motivó una progresiva atenuación de las penas, que ha llegado a ser dañosa por lo exagerada, respecto de la brujería abolió por completo toda penalidad, como radical reacción contra el carácter religioso de tal delito, asimilado al de herejía, a ciertos sacrilegios y demás delitos incompatibles con la conquistada libertad de las conciencias. Y la reacción abolicionista fue en este campo tan radical, que se llegó a olvidar la existencia de individuos que seguían practicando la hechicería y la adivinación, y explotando la credulidad de las gentes de manera tan per-

---

(1) **Partida VII, tít. XXIII.**

judicial, por lo menos, como otra forma de parasitismo delincuente; pues si bien es verdad que a las hogueras inquisitoriales fueron la mayor parte de las víctimas, especialmente mujeres, infelices que hoy irían a manos de los psiquiatras, y otros culpables de independencia intelectual o política, no es menos cierto que siempre hubo verdaderos hechiceros, astrólogos, nicrománticos, brujos, en fin, que vivían de su misteriosa profesión, no siempre clandestina. Pero actualmente, cuando ya la ciencia ha producido la incredulidad en el poder sobrenatural o diabólico de hechiceros buenos o malos, y en la bondad de los actos de adivinación, sean éstos basados en el vuelo de las aves o en los libros de Ptolomeo, la sociedad debe defenderse de los brujos, no dando un paso atrás, para volver a perseguir en ellos a los enemigos de las supersticiones ortodoxas ni a los aliados del demonio, sino avanzando un paso más para atacar de frente una de tantas formas de parasitismo social, que se mantiene con caracteres especiales y bien definidos. La higienización social ha de llegar hasta este campo como al del alcoholismo, la vagancia, la mendicidad, etc., que en tiempos anteriores no merecían la atención de los poderes públicos y hasta el desarrollo de algunas de estas llagas, como la mendicidad, era favorecida por errados conceptos religiosos.

Al extender el criterio de represión directa de la brujería hasta el caso en que el brujo no cometa ninguno de los actos reconocidos como delictuosos por la presente ley penal, es decir, hasta el caso en que el brujo reduzca su actividad al mero ejercicio de sus funciones sacerdotales, puede nacer una objeción aparente. Puede decirse: al perseguir el culto brujo, cuando éste no se manifiesta bajo ninguna forma ilícita, ¿no se violará el principio de la libertad de pensamiento, de la libertad de cultos, reconocido por nuestra Constitución política y por tantas otras? Si el brujo que se limita a ser sacerdote de su religión ha de ser sometido a una persecución legítima, ¿por qué no han de serlo a la vez los sacerdotes de todos los otros cultos? Si la religión fetichista es juzgada como falsa, ¿por qué no han de serlo las demás? ¿O es que el poder social ha de restablecer la tiranía religiosa, tolerando unas y persiguiendo otras? Desde este punto de vista no iba desencaminada aquella opinión parlamentaria expuesta en una de nuestras Cámaras Colegisladoras (1). Si se aprueba tal artículo de tal proyecto de ley, se decía, por la cual los alcaldes deben proteger todo culto religioso, siempre que se celebre en el interior de su respectivo templo, dichas autoridades quedarán obligadas a proteger el ejercicio del culto de la brujería, lo cual sería un absurdo.

Ante todo, el caso de un brujo exclusivamente sacerdote, que no prepare hechizos ni practique agüeros, no puede darse sino como una abstracción mental, fuera de la realidad, ni presumible en un procedimiento judicial positivista. Precisamente el carácter sacerdotal es el más debilitado, porque se basa en una fe tan primitiva que se desmorona ante un escaso progreso intelectual, y si se sostiene y lograra permanecer por mucho tiempo no será sino como parte integrante de la agorería y de la hechicería. Las pasiones humanas no se contentan en el bajo nivel psíquico propio de los brujos, con la mística esperanza de la futura justicia divina; necesitan la inmediata satisfacción por medio de un *embó* maléfico o benéfico, o de las revelaciones de un agüero. De modo que pensar en un brujo cuya moral sea tan superior que le haga abandonar toda práctica delictuosa o antisocial, y que, sin embargo, se halle intelectualmente en tan primitivo estado de barbarie religiosa, es un absurdo psicológico acerca de cuya imposibilidad no es necesario insistir. Pero como quiera que los convencionalismos procesales pudieran suponer este caso, cuando faltasen pruebas de dichas prácticas especialmente ilícitas, hay que suponerlo aquí también y combatir aún sobre esta base hipotética la objeción de referencia.

La ciencia ha dicho ya que la religión no es sino una función patológica de defensa; pero aunque así sea, no cabe duda de que cuando es propia de sociedades algo civilizadas alcanza una especie de simbiosis, por cierta

---

(1) Cámara de Representantes: Sección del día 16 de Noviembre de 1904. Discurso del representante Sr. Sobrado.

intensificación de la coacción subjetiva al cumplimiento de las normas de la moralidad, aunque por las clases intelectualmente directoras se tengan por caducos los principios en que se funda. La moralidad, que subsiste fuera de las religiones, es para éstas un sustentáculo sin el cual caerían aquéllas más prontamente en el desprestigio; las religiones, en cambio, se preocupan de reforzar mediante la sugestión del miedo a ultratumba la fuerza coactiva de los principios morales, muchos de los cuales, a su vez se debilitarían sin aquéllas, como se debilitarán y atrofiarán al fin, y serían sustituidos por otros cuyo advenimiento se juzga todavía prematuro. Pero en la religión fetichista de los afro-cubanos no se descubre esta relativa ventaja social. La brujería, como he dicho varias veces, es amoral, y juzgada con especial criterio sociológico, desde el punto de vista de su transcendencia en la sociedad cubana, es hasta inmoral y delictuosa. Aún considerándola solamente como amoral, ¿puede haber una razón que justifique la tolerancia de la sociedad cubana hacia esta forma de barbarie que mancha y refrena su civilización? Siendo groseros y brutales los dioses de la brujería, como sus representaciones, ¿por qué tolerar su existencia y posible difusión de las supersticiones a ellos referentes, si no pueden producir ventaja social alguna que pueda servirle de asidero, pues, al contrario, tal es el más debilitado, porque se basa en una fe tan primitiva que se desmorona ante un escaso progreso intelectual, y si se sostiene y lograra permanecer por mucho tiempo no será sino como parte integrante de la agorería y de la hechicería. Las pasiones humanas no se contentan en el bajo nivel psíquico propio de los brujos, con la mística esperanza de la futura justicia divina; necesitan la inmediata satisfacción por medio de un *embó* maléfico o benéfico, o de las revelaciones de un agüero. De modo que pensar en un brujo cuya moral sea tan superior que le haga abandonar toda práctica delictuosa o antisocial, y que, sin embargo, se halle intelectualmente en tan primitivo estado de barbarie religiosa, es un absurdo psicológico acerca de cuya imposibilidad no es necesario insistir. Pero como quiera que los convencionalismos procesales pudieran suponer este caso, cuando faltasen pruebas de dichas prácticas especialmente ilícitas, hay que suponerlo aquí también y combatir aún sobre esta base hipotética la objeción de referencia. La ciencia ha dicho ya que la religión no es sino una función patológica de defensa; pero aunque así sea, no cabe duda de que cuando es propia de sociedades algo civilizadas alcanza una especie de simbiosis, por cierta intensificación de la coacción subjetiva al cumplimiento de las normas de la moralidad, aunque por las clases intelectualmente directores se tengan por caducos los principios en que se funda. La moralidad, que subsiste fuera de las religiones, es para éstas un sustentáculo sin el cual caerían aquéllas más prontamente en el desprestigio; las religiones, en cambio, se preocupan de reforzar mediante la sugestión del miedo a ultratumba la fuerza coactiva de los principios morales, muchos de los cuales, a su vez se debilitarían sin aquéllas, como se debilitarán y atrofiarán al fin, y serían sustituidos por otros cuyo advenimiento se juzga todavía prematuro. Pero en la religión fetichista de los afrocubanos no se descubre esta relativa ventaja social. La brujería, como he dicho varias veces, es amoral, y juzgada con especial criterio sociológico, desde el punto de vista de su transcendencia en la sociedad cubana, es hasta inmoral y delictuosa. Aún considerándola solamente como amoral, ¿puede haber una razón que justifique la tolerancia de la sociedad cubana hacia esta forma de barbarie que mancha y refrena su civilización? Siendo groseros y brutales los dioses de la brujería, como sus representaciones, ¿por qué tolerar su existencia y posible difusión de las supersticiones a ellos referentes, si no pueden producir ventaja social alguna que pueda servirle de asidero, pues, al contrario, mantiene y hasta acrecienta el atraso intelectual y moral de grandes masas de nuestro pueblo? Tuviera la brujería su moral, como las demás religiones practicadas en Cuba, adaptable a la moral media elaborada por la sociedad cubana, y fuera tolerable, así como el parasitismo que de ella deriva; pero no siendo así, el progreso exige que se barran estos restos de salvajismo africano que infectan nuestro país y tanto perjudican, especialmente a las clases en que ellos hacen presa, las cuales, libres de esas trabas intelectuales, pueden colaborar eficazmente a la obra de la civilización.

Lo primero, pues, en la lucha defensiva contra la brujería ha de ser acabar con los brujos, aislarlos de sus fieles, como los enfermos de fiebre amarilla, porque la brujería es esencialmente contagiosa, y mientras aquéllos gocen de libertad más o menos completa para continuar su parasitismo, éste subsistirá y procurará mantener los seres que le sustentan en la pasividad intelectual necesaria para que sigan soportándolo hasta con agrado. Desaparecidos aquellos embaucadores, terminadas sus fiestas, danzas y salvajes ritos, desbaratados sus templos, decomisados sus impotentes dioses, cortados todos estos tentáculos de la brujería, que encadenan a sus creyentes al fondo bárbaro de nuestra sociedad, podrán éstos, libres de ataduras, ir aligerando sus aún no desafricanizadas mentes del peso de sus farraginosas supersticiones y subir a sucesivas zonas de cultura.

Para conseguirlo no hay que llegar, ciertamente, a un radical procedimiento de eliminación social, como sería la pena de muerte, incompatible con el progreso penitenciario contemporáneo, que ya ha fallado su desaparición.

La expulsión de los brujos del territorial nacional, practicada tiempo atrás con los *obis* de las colonias inglesas (1) podría merecer alguna consideración si fuese prácticamente posible su deportación a los países africanos de su procedencia, así como se expulsa a los inmigrantes nocivos, a ciertos delincuentes extranjeros, etc.; pero aún así, habiendo numerosos brujos criollos, esta medida resultaría de eficacia muy restringida. La expulsión general de todos los brujos, sin transportarlos a los países africanos, es opuesta a los actuales usos internacionales y a los sanos dictados de la ciencia, además de ser su ejecución prácticamente imposible.

No resta otro medio eliminativo que el de su reclusión, único sistema eficaz de aislamiento.

Pero se choca con un obstáculo formidable, cual es el

---

(1) BACHILLER Y MORALES: *Los Negros*, pág. 124.

atrasado sistema penitenciario que todavía conservamos. Castigar al brujo (1) al encierro en una de nuestras cárceles-jaulas, durante un plazo predeterminado por la sentencia, es injusto. Si la pena privativa de libertad es de breve duración, el brujo, glorificado por la persecución, no tardará en atraer, aún involuntariamente, sus antiguos fieles, y probablemente a otros nuevos. Si la reclusión es larga para evitar este retorno del brujo a su parasitismo, dados los actuales principios que determinan la liberación de los presos y el referido sistema de prisiones, se caerá en las injusticias científicas, si no legales, que en general origina su aplicación con respecto a casi todos los delincuentes reclusos, y que han sido con precisión señaladas por los criminólogos positivistas.

En los reos de parasitismo brujo habría que distinguir las dos categorías a que me he referido ya: la de aquellos brujos fanáticos, que son tales por el convencimiento que tienen de llenar una función social, y si embaucan a sus creyentes y perciben sus *oyás* lo hacen sin ánimo preconcebido de explotarlos, o sean los brujos de buena fe, los brujos criminológicamente natos, por decirlo así; y otra categoría, la de los brujos por hábito, que se han hecho tales y siguen siéndolo porque encuentran en la brujería un fácil modo de vida, un medio como tantos otros de explotar la ignorancia de las gentes. De los primeros, entre los cuales se contarán con preferencia los viejos africanos, no hay que esperar mutación alguna en su sistema de ideas: son brujos y morirán tales, son incorregibles. Los segundos, principalmente criollos, podrán abandonar sus prácticas supersticiosas según el arraigo de su hábito parasitario y deben ser equiparados a los demás delincuentes habituales, que pueden ser corregibles. Claro está que ambas categorías no están ni pueden estar perfectamente delimitadas, y que la inclusión de algún reo en una u otra puede ser muchas veces dudosa; así sucede con todas las categorías y clasificaciones imaginables de delincuentes, y en general, de todos los seres de la Naturaleza.

---

(1) Me refiero siempre a la reacción social contra la brujería, fuera de las acciones delictuosas especiales que puedan acompañarla.

Para los brujos de la primera categoría el aislamiento del ambiente propicio a las supersticiones, especialmente del femenino, debería ser perpetuo. Pero no se trata de recluir a los brujos, de encerrarlos como bestias feroces, ni de sustituir su parasitismo sacerdotal por su parasitismo penitenciario. La sociedad no debe sustentar al brujo recluido, en vez de los crédulos que lo sustentan actualmente. El brujo no debe ser objeto de otra reacción social defensiva que la de su aislamiento del ambiente en que puede arraigar su parasitismo, y la general de ser constreñido al trabajo, solamente para ganarse su propio sustento. Por otra parte, la reclusión de los brujos en las prisiones sería inconveniente y a veces peligrosa. Si eran encerrados, como es usual, en el presidio o en las cárceles, en tal o cual galera, junto con los delincuentes de su raza, probablemente continuarían su parasitismo a costa de los criminales, pues éstos serían el campo más favorable para el cultivo de sus supersticiones. Cuando ingresaron en la cárcel los brujos procesados por el asesinato del Gabriel los presos se apartaban de ellos con temor y evitaban su contacto, porque creían en su poder misterioso. Además, aunque sometidos al deficiente régimen de trabajo impuesto en el interior de la prisión, éste sería poco menos que improductivo. Y aunque la reclusión especial de los brujos en galera particular fuese posible, no lo sería, como está probado hasta la saciedad, evitar sus relaciones con los demás presos.

Esta dificultad de conseguir el aislamiento del brujo se allanaría en gran parte mediante la aplicación a ellos de un riguroso sistema celular; pero esto pugna, con razón, con los principios de la moderna ciencia penal.

Si en Cuba hubiera una verdadera colonia penitenciaria el problema estaría casi resuelto, pues en ella los brujos podrían ser dedicados a trabajos especiales, aislados de las demás categorías de delincuentes.

Pero aún en la actualidad los brujos meramente tales, es decir, los que no han sido declarados delincuentes por otras causas, podrían ser sometidos a un régimen de trabajo y a la vez de aislamiento de los ambientes infectos o infectables, rompiendo de una vez con el vigente rutinarismo penal en la ley que se promulgara sobre represión de la brujería, destinando a los nuevos delincuentes a ciertos trabajos fáciles en ciertos establecimientos públicos; por ejemplo: a la limpieza y servicio interior de fortalezas, cuarteles, etc., o en obras públicas, siempre que se garantizase mediante algunos vigilantes la separación, durante las horas de ocio por lo menos, de los demás trabajadores honrados o criminales, y no fuesen sometidos a trabajos ni más ni menos pesados que los obreros libres. Lo mismo puede decirse para las escasas mujeres brujas profesionales. Su ocupación no sería difícil (lavado, costura, etc.). Estas soluciones se facilitan por el número relativamente escaso de brujos en relación con las demás clases de delincuentes.

Sin embargo, por la necesaria condición de especial aislamiento en que deben mantenerse los brujos, en esta categoría de incorregibles deberían entrar no sólo los meramente tales, sino también los brujos que hubiesen sido condenados por otros delitos, siempre que la brujería sea en ellos profesional y caracterice los delitos, como sucede en el caso del brujo *Bocú*, asesino por pura brujería. Porque encerrar a estos con los demás delincuentes y no a los demás brujos, sería un absurdo, tanto más cuanto que la temibilidad de los primeros es mayor, pues su fanatismo los lleva más allá del parasitismo, hasta el crimen.

La mayor o menor temibilidad podría dar motivo a una vigilancia más o menos estrecha para mantener su aislamiento y evitar la fuga, pero no a una diferencia radical de tratamiento penitenciario respecto al aislamiento. Estos casos quedarían también solventados por la colonia penitenciaria; pero no hay que pensar en ella por ahora.

Para la segunda categoría de brujos, para aquellos que embaucan a sabiendas y que generalmente no cometen en el ejercicio de sus funciones más que leves delitos contra la propiedad, algún aborto, etc., porque su fanatismo inexistente o débil, por lo menos, no los ciega hasta impulsarlos a correr los peligros del crimen grave; para estos brujos, que no son sino una categoría de estafadores, cuya temibilidad social se intensifica y caracteriza por la circunstancia de que las víctimas lo son de buen grado y hasta quedan agradecidas de la explotación parasitaria, para esos brujos pueden señalarse los criterios penales aplicables a los demás delincuentes análogos, siempre con la norma del aislamiento. Para muchos bastaría la aplicación de penas hoy llamadas correccionales, la obligación de trabajar habitualmente en oficio por ellos elegido, bajo la vigilancia de la autoridad; la condena condicional, etc.

Pero todo lo expuesto es inactuable mientras dure el caduco clasicismo dominante en las leyes penales y en las prisiones. La eficaz represión no podrá obtenerse sino a medida que evolucione el vigente régimen criminológico hacia fórmulas más conformes con los descubrimientos y principios científicos contemporáneos. Pero al menos un avance en ese sentido, que no es muy difícil, es la consideración legal del parasitismo brujo como un delito especial sometido a determinada pena; y, además, dado que no se quieran aplicar criterios punitivos especiales a ciertos delitos caracterizados por la brujería, considérese a ésta como circunstancia agravante ciertamente, con fundamento tan justo como el que motivó, por ejemplo, la agravante de ser vago el culpable, pues no hay duda de que el parasitismo brujo es tan antisocial, por lo menos, como el de la vagancia.

Desde luego, en todo caso, aun cuando no se llegase a una condena, deberían decomisarse los ídolos, imágenes, collares, fetiches, altares, *chumbas* y demás enseres y cachivaches de los templos brujos, los cuales, al menos los más característicos, en vez de ser destruídos, como se ha hecho hasta ahora, debieran ser destinados a uno de nuestros museos. Para obtener esto no es necesaria ninguna innovación legal; bastaría una recomendación de los centros directores competentes para mover la buena voluntad de las autoridades inferiores judiciales en pro de la propuesta conservación de dichos objetos en interés de la ciencia.

Pero al emprender con decisión y seriedad la lucha directa contra la brujería, destruyendo los focos de infección, no hay que olvidar que entre éstos pueden contarse ciertos parásitos no incluidos en la clase de brujos, tal como éstos son definidos generalmente en Cuba y como han sido estudiados en este trabajo. Refiérome en primer lugar al curandero, que tanto abunda y que tantos puntos de contacto tiene con el brujo, especialmente cuando explota los fenómenos del magnetismo e hipnotismo, tomando la aptitud de un inspirado por los espíritus; y, en segundo lugar, a las adivinadoras blancas, que con diversos nombres *(quirománticas, clarividentes, palmistas, cartománticas, sonámbulas, etc.)* se titulan infalibles escrutadoras de lo oculto, y cuyos templos son conocidos de todos y anunciados por la Prensa; que uno y otras contribuyen a mantener y explotar la credulidad de las gentes ignorantes en la causalidad de los fenómenos de la Naturaleza y de la vida, no es preciso demostrarlo. Los curanderos y las adivinadoras no son sino brujos evolucionados y especializados, y que, por lo tanto, ejercen su parasitismo en clases superiores, a pesar de la relativa superioridad intelectual de éstas, que en algunos casos llega a ser externamente de refinada cultura, sin tocar a la médula, que se mantiene salvaje. La expresión popular en Cuba de *indios con levita*, dicha por una parisiense, tiene respecto a esta cuestión una aplicación más general de lo que comúnmente se cree; hasta en la misma *Ville Lumiére*, en cuyos *boulevards*, como dice un francés, Berenger Feraud (1), se encuentran crédulos tan ciegos como en el centro de Africa.

Los curanderos por ejercicio ilícito de la medicina, éstos y las adivinadoras por parasitismo social, que se basa en pequeñas e incesantes estafas, pueden y deben ser comprendidos en la órbita de la represión de la brujería y sometidos a penas correccionales, hasta sin necesidad de que el legislador dé nuevas armas al poder judicial; bastan las actuales para poder efectuar una campaña represiva que sería muy eficaz, pues hay que tener en cuenta que curanderos y adivinas son, en su gran mayoría, por no decir en absoluto, embaucadores a sabiendas, que, conocedores de la credulidad común, la explotan astutamente adoptando procedimientos sugestivos en consonancia con

---

(1) *Superstitions*, etc., t. V, pág. 393.

el barniz de civilización de las que han de ser sus víctimas, y, por lo tanto, no oponen el inquebrantable fanatismo de los brujos afro-cubanos.

Las medidas de represión podrían extenderse también a los adeptos de la brujería, en algunos casos, para dificultar la realización de ciertos actos brujos; tales, por ejemplo, las danzas rituales, las comilonas con motivo de las fiestas, la aplicación de *embós* intencionalmente benéficos o maléficos, o realmente inocentes o dañinos, etc., porque a estos actos cooperan aquéllos positivamente. En estos casos serían convenientes las penas leves, que hoy ya se dictan por nuestros tribunales correccionales, como las multas y la reclusión breve con trabajo obligatorio.

Hasta aquí la acción social inmediata que puede eficazmente dirigirse contra la brujería. Ello no basta, sin embargo, y la sociedad debe utilizar en su defensa métodos indirectos de resultado mediato, pero infalible (los llamados por Ferri *sustitutivos penales),* o sea la progresiva inmunización contra el microbio de la brujería.

Para obtenerla es indispensable la intensa difusión de la instrucción en todas las clases de la República; no de la instrucción superficial que se adquiere generalmente cuando niños, sino de la que abarque sólidas nociones científicas acerca de la causación real de los fenómenos naturales y hasta de los sociales. Si la instrucción nada vale respecto a los brujos en particular, pues éstos por su salvajismo o su mala fe están imposibilitados de recoger de aquélla fruto alguno que les sirva de provecho, y, antes al contrario, puede ser utilizada para extender su radio de acción (como se vio en las cartas del brujo *Bocú)* no obstante, difundida entre los crédulos producirá a la larga su progresiva disminución, pues se harán de cada día más refractarios a las supersticiones y al parasitismo de los fetícheros. La acción instructiva, no sólo con referencia a la brujería, sino en relación con el nivel general de incultura en nuestras clases inferiores, y aún bajo ciertos aspectos más restringidos a las clases algo elevadas intelectualmente, no debe abandonarse por completo a las escuelas públicas y a los establecimientos llamados de enseñanza superior. No será eficaz si no penetra directamente en el mismo vulgo ignorante. Al efecto son útiles toda clase de conferencias públicas de carácter popular, continuas y sistemáticas, breves cursos que pongan al alcance de todos los descubrimientos y adelantos en el campo de las ciencias naturales y de las sociológicas. Para ello bastaría una dosis de buena voluntad, de esa voluntad que nos roba la anemia tropical, e inspirarnos en las instituciones de vulgarización científica, universidades populares, etcétera, de que tan ópimos frutos se están recogiendo en el extranjero.

Como el asunto, si bien de eficaz aplicación contra la brujería, es de índole general, no insisto en él. No es si no un capítulo de la pedagogía moderna, una fase de los deberes de cooperación intelectual que el progreso de las sociedades impone a las clases directoras.

La instrucción, sin embargo, no destruirá la brujería en pocas generaciones; pero, al menos, contribuirá a su desafricanización, y, por lo tanto, a la desaparición de las formas más graves de la delictuosidad bruja y de los brujos africanos, que al irse civilizando se harán adaptables, resultando menos intolerable su parasitismo, análogamente a las actuales adivinas blancas.

La instrucción no es, como se creyó, una panacea infalible para curar la delincuencia, siendo a veces hasta perjudicial y favorable al aumento de ésta; pero respecto a la brujería, obrará en dos sentidos: sobre los brujos, haciendo que sean menos bárbaros, menos violentos, aunque sí más astutos, y sobre los adeptos de la brujería, despertando en ellos sus dormidas inteligencias y elevándolos hasta dejar rezagados a los brujos y poder huir de las garras de su parasitismo, que hoy hace presa fácilmente en masas compactas, disgregables a medida que la instrucción vaya abriendo brecha en el vulgo ignorante.

Ha de ayudar también a la lucha contra el fanatismo y las supersticiones brujas toda acción social tendente a limitar la extensión de los fenómenos religiosos, especial-

---

(1) *El Delito*, trad. esp., Madrid; pág. 195.

mente la exteriorización de sus ritos, cualquiera que sea la confesión que los inspire. Para algunos también la religión ha sido la única salvaguardia contra todos los vicios; pero se ha demostrado el error parcial de esta creencia. Como dice Lombroso (1): "La religión es útil cuando se funda absolutamente sobre la moral y abandona el culto de las fórmulas. Esto no puede realizarse sino en las religiones nuevas. Todas en un principio son morales; pero en seguida poco a poco, se cristalizan, y las prácticas rituales ahogan el principio moral menos fácil de concebir y de ser retenido por el vulgo. Los nuevos sectarios, monoideístas entonces, están defendidos por la idea contra las pasiones innobles". Sería preciso, pues, que vinieran a Cuba religiones nuevas y superiores, para poder confiar en una acción religiosa moralizadora. Acaso entonces se podría observar un fenómeno análogo al que expone el mismo Lombroso (1): que la conversión de los negros de los Estados Unidos al metodismo ha impulsado su mejoramiento moral (2). Pero, no obstante, mientras la psiquis africana se mantenga en Cuba con el mismo arraigo de ahora, una cruzada evangélica, por fructífera que fuese, no lograría desterrar el fetichismo, ni quebrantar el parasitismo brujo, que en la propia primitividad de sus supersticiones halla una condición de vitalidad, cual es la amoralidad que lo aleja de las luchas religiosas y lo hace compatible con las diversas iglesias cuyas predicaciones catequistas son principalmente morales (3). Además, aunque amputado el elemento religioso de la brujería por la conversión en masa de sus fieles a una teología moral, subsistiría la base principal del parasitismo brujo, el ejercicio de la hechicería y de la adivinación, que nada tiene que ver con la moral, ni con los dogmas tal como son entendidos por el vulgo, aparte de una vaga intervención de las divinidades, y ya sabemos que los fetichistas afro-cubanos no se muestran intransigentes en

---

(1) Ob. cit. página 193.

(2) Sin embargo, habría que analizar si esta conversión es causa del progreso moral o efecto del mismo y del intelectual, o ambas cosas a la vez.

(3) Así sucede en los Estados Unidos, Jamaica, etcétera.

materias teológicas, y que una simple suma de panteones basta, según ellos, para soldar dos credos religiosos. Más bien lograría prosélitos entre los fetichistas afro-cubanos, la predicación de una de esas absurdas sectas, creadas por verdaderos paranoicos—como dice Lombroso—que tan a menudo aparecen como fuegos fatuos sobre los ruinosos dogmas de las viejas religiones, y especialmente si presentara algún aspecto sobrenatural o de hechicería. Los fetichistas de Cuba, para abandonar su fetichismo, aunque temporal y superficialmente, necesitan ver milagros, porque una religión sin milagros no es para ellos. Que el ambiente es propicio para una epidemia religiosa en ese sentido lo demuestra la agitación producida por cierto sujeto apodado *Hombre Dios* en algunas comarcas de la República, donde su milagrería andante llegó a motivar alteraciones de orden público. Pero una predicación religiosa que arrastra creyentes, no conseguiría sino sustituir un parasitismo por otro, unas supersticiones por otras, y mantener la intelectualidad de los afro-cubanos, poco más o menos, en el mismo atraso actual. Por esto debe perseguirse el mejoramiento intelectual del pueblo, para atenuar y canalizar, por lo menos, el sentimiento religioso.

Tampoco es preciso que me extienda sobre este tema, aspecto parcial, aunque de los más importantes, de la marcha progresiva de la civilización humana. Después de expuestos los contactos semejantes y puntos de identidad entre el culto civilizado más extendido en Cuba y la brujería, es evidente que la debilitación del uno ha de redundar en perjuicio de la otra, por más que para algunos esta afirmación parezca paradójica. Atenuándose de cada día el sentimiento religioso, por lo menos tal como hoy se manifiesta, llegará la pulverización de todos los ídolos, el olvido de dogmas estériles y su sustitución por ideales de positivo altruismo.

Un aspecto parcial de esta campaña civilizadora habría de ser la prohibición de la venta de oraciones indiscutiblemente atávicas y hasta delictuosas, como la del *Justo Juez*, de la *piedra imán*, etc., que hoy se venden públicamente.

Sería conveniente también para combatir el ejercicio de la brujería terapéutica y del curanderismo, el aumento de los médicos rurales municipales, para poner gratuitamente al alcance de todos los necesitados los beneficios de la ciencia, y poder vigilar más de cerca y eficazmente las prácticas ilícitas de los embaucadores.

Entre los medios de sugestión por los cuales logran los brujos rodearse de un núcleo de adeptos, cuéntanse los bailes africanos, que al son de tambores celebran, periódicamente si pueden, con el aparente objeto de divertirse inocentemente. Las autoridades especialmente las rurales, podrían aumentar su celo en la vigilancia de tales bailes, que pueden encubrir fiestas religiosas, negando el permiso a quienes fueren sospechosos de brujería, inspeccionando los lugares donde se celebran, etcétera.

No habiendo razón para excluir de la represión del parasitismo brujo, a los curanderos y a las modernas sibilas, debiera excitarse la buena volutad de la Prensa en pro de su acción civilizadora, no para tener oculta esta llaga social, como tampoco las otras, sino para dejar de hacer el reclamo a las explotadoras de la credulidad, y a veces de la infelicidad humana, suprimiendo desde luego los anuncios directos, aún los de las páginas destinadas en los periódicos a la publicidad particular, del mismo modo que la Prensa honrada se resiste a publicar anuncios de delincuentes y de pecadoras. Tampoco debieran publicarse las corrientes entrevistas con las adivinas, y la descripción de sus *templos*, siempre que ello redunde en pro de aquellos tipos de la mala vida, de la difusión de sus supersticiones y de la sugestión de nuevas víctimas. Al público se le puede hablar con toda claridad de las modernas magas, como de todos los aspectos del hampa, sin favorecer su parasitismo; para ello bastaría que al tratar de estos asuntos, aún a título de curiosidad, se comentaran como merecen y se suprimiera de ellos todo dato de carácter personal que pudiera favorecer particularmente el crédito de tal o cual sibila, y, en general, el de todas.

El problema de la influencia de la Prensa en la delincuencia entra de lleno en el campo general de la criminología, por lo que me limito extenderlo hasta el parasitismo brujo.

Para luchar contra la brujería pueden ser los auxiliares más eficaces del poder social aquellos individuos de color que, ascendidos por mérito de su inteligencia y de su moral a un nivel superior al de la mayoría de los de su raza, tienen entre éstos prestigio suficiente para facilitar en mucho la difusión de la cultura.

Hay que confiar también para ello en las buenas y no desconocidas condiciones de la población cubana de color, que ha hecho imposibles en esta Isla la triste situación y atraso que se observa en otras regiones de América, y es de asegurar que cuando sea más vigorosamente impulsada por la senda del progreso, secundará de buena voluntad la acción civilizadora, pues ya avanza con paso firme, alentador de esperanzas en futuros éxitos.

Y hay que esperar también en la cultura y celo de las autoridades que rigen los derroteros de la patria recién nacida, las cuales deben dar más certeros golpes que hasta ahora contra ese baluarte de la ignorancia, que se aprovecha para vivir de la *vis inertiae*, que nos entumece y hace que aún sean de titubeante infancia nuestros actos de pueblo libre, actos que ya debieran acercarse a la robusta virilidad, siquiera por la larga y cruenta gestación revolucionaria que les precedió.

Sobre todo luz, mucha luz, que las supersticiones no anidan sino en las sombras. Difundamos la instrucción, vulgaricemos las verdades científicas. Lo dijo uno de nuestros maestros: *Sólo la verdad nos pondrá la toga viril.*

F I N

Indice

Prólogo .... *VIII*

Cronología Selecta de Don Fernando Ortiz Fernández .... *XX*

Carta Prólogo *1*

Advertencias Preliminares *3*

CAPITULO PRIMERO

LA MALA VIDA CUBANA

I. Interés especial de su estudio.—Componentes étnicos de la sociedad de Cuba.—II. Condiciones sociales de las distintas razas. Su fusión parcial.—III. Fenómeno característico de la mala vida cubana.

Página 9

CAPITULO II

LA BRUJERIA

I. El fetichismo africano en Cuba. — Triple aspecto de la brujería afro-cubana. — II. La religión. — Dificultades para su estudio. —Dioses de Yoruba. — *Oloruñ.* — Los *Orishas.* — *Obatalá.* — *Shangó.* — *Ifá.* — *Yemanyá.* — *Osho-oshí.* — *Ogún.* — *Oshún. Orúmbila.* — *Ololú.* — *Babayú-ayé.* — *Dideña.* — *Orisha-okó.* — *Eshú.* — *Elegbará.* — Los *Jimaguas.* — Otras divinidades. — Otras religiones. — *Alá.* — El culto *Vodú.* — Amuletos. — Supersticiones necrófilas. — Resumen.

Página 23

CAPITULO III

LA BRUJERIA

(Continuación)

I. El culto brujo. — El templo y el altar. — Cofradías. — Vestiduras. — Sacrificios. — Música y danzas. — *Dar el santo.* — II. La hechicería. — Salación, ñeque, embó, bilongo. — Limpiezas. — Terapéutica bruja. — Hechizos amorosos. — Hechizos maléficos. — Otras supersticiones. — Envenenamientos y asesinatos. — III. La agorería. — Collar de *Ifá.* — Echar los caracoles. — Otros procedimientos adivinatorios.

Página 61

CAPITULO IV

LOS BRUJOS

Brujos y brujas. — Su edad. — Sus nombres. — Su astucia y buena fe. — Triple carácter del brujo. — Jerga sagrada. — Independencia. — Otras características. — Parasitismo.

Página 117

CAPITULO V

DIFUSION DE LA BRUJERIA

I. Aparente catolización de los negros. — Afinidades entre la religión de los negros y la de los blancos. — Despreocupación religiosa en Cuba. — II. Prestigio del brujo hechicero y sus causas. — III. Prestigio del brujo agorero y sus causas. — IV. Resumen.

Página 151

CAPITULO VI

EXTRACTO DE LAS NOTICIAS PUBLICADAS POR LA PRENSA DE LA HABANA, REFERENTES A VARIOS CASOS DE BRUJERIA.

Página 181

CAPITULO VI

PORVENIR DE LA BRUJERIA

I. Desafricanización de la brujería. — II. El brujo, tipo de la mala vida. — Brujos incorregibles y corregibles. — III. Represión actual de la brujería. — Necesidad de criterios positivistas. —Acción directa contra los brujos. — Su justificación. — Sus formas. — Su extensión. — Sustitutivos penales. — La instrucción. — La religión. — Otras medidas profilácticas.

Página 221

*Esta segunda edición de "LOS NEGROS BRUJOS",
se terminó de imprimir hoy, 20 de Mayo de 1973,
en Miami, Florida, Estados Unidos de América.*

P. O. Box 353 (Shenandoah Station)
Miami, Florida 33145. U.S.A.

www.ingramcontent.com/pod-product-compliance
Lightning Source LLC
Chambersburg PA
CBHW031236290426
44109CB00012B/324